· 儒 学 学 科 丛 书 ·

舒大刚 朱汉民 主编

舒大刚 著

周易研读

上海古籍出版社

图书在版编目(CIP)数据

周易研读 / 舒大刚著. -- 上海：上海古籍出版社，2024.11. -- (儒学学科丛书). -- ISBN 978-7-5732-1357-0

Ⅰ. B221.5

中国国家版本馆 CIP 数据核字第 202469890S 号

儒学学科丛书

周易研读

舒大刚 著

上海古籍出版社出版发行

(上海市闵行区号景路 159 弄 1-5 号 A 座 5F 邮政编码 201101)
(1) 网址：www.guji.com.cn
(2) E-mail: guji1@guji.com.cn
(3) 易文网网址：www.ewen.co

商务印书馆上海印刷有限公司印刷

开本 700×1000 1/16 印张 17.75 插页 34 字数 344,000
2024 年 11 月第 1 版 2024 年 11 月第 1 次印刷
ISBN 978-7-5732-1357-0
B·1425 定价：98.00 元

如有质量问题，请与承印公司联系

国际儒学联合会委托项目"中国儒学试用教材"成果

湖南大学岳麓书院国学研究院"岳麓书院国学文库"系列成果

国家社会科学基金重点项目
"巴蜀易学文献通考与研究"（23AZX007）阶段成果

四川省哲学社会科学基金重大专项
"巴蜀学案编撰与蜀学流派研究"（SCJJ24ZD88）阶段成果

编委会名单

主 编
舒大刚　朱汉民

编 委
（序齿）

陈恩林（吉林大学）
刘学智（陕西师范大学）
蔡方鹿（四川师范大学）
朱汉民（湖南大学岳麓书院）
李景林（北京师范大学）
牛喜平（国际儒学联合会）
廖名春（清华大学）
王钧林（曲阜师范大学）
舒大刚（四川大学）
颜炳罡（山东大学）
郭　沂（韩国首尔大学）
杨朝明（中国孔子研究院、山东大学）
尹　波（四川大学）
干春松（北京大学）
张茂泽（西北大学）
肖永明（湖南大学岳麓书院）
彭　华（四川大学）

审 稿
李存山　张践　单纯　陈静　于建福

秘 书
杜春雷　马琛　马明宗

出 版 说 明

儒学(或经学)作为主流学术在中国流行了2 000余年,形成了系统的经典组合、历史传承、学术话语等体系,积累了丰富的学术思想、制度设施和教育成果,我们今天所说的"中华优秀传统文化",儒学无疑是其主体内容。

从《尚书》"敷五教",《周礼》"乡三物",到孔子"文、行、忠、信"四教,以及他所培养的"德行""政事""言语""文学"四科人才,儒学都以特色鲜明的学科体系、学术体系和话语体系,作育人才,淑世济人。可是,自从民国初年废除"经学"科以后,儒学学科便被肢解分散,甚至被贬低抛弃,儒学研究和人才培养顿时体系不再,学科不存,绕树三匝,无枝可依。这极不利于民族文化自觉和当代学术振兴。

为寻回中华民族久违了的教育轨迹、古圣先贤的学术道路,重构当代中国特色、中国风格的学科体系,四川大学国际儒学研究院于2016年接受国际儒学联合会的委托,从事"中国儒学试用教材"编撰和儒学学科建设研究。嗣后邀请到北京大学(干春松)、清华大学(廖名春)、北京师范大学(李景林)、中国孔子基金会(王钧林)、山东大学(颜炳罡)、山东师范大学(程奇立)、中国孔子研究院(杨朝明)、湖南大学(朱汉民、肖永明)、西南政法大学(俞荣根)、陕西师范大学(刘学智)、四川师范大学(蔡方鹿)、四川大学(舒大刚、杨世文、彭华),以及韩国首尔大学(郭沂)等校专家,参加讨论并分工撰写,由舒大刚、朱汉民总其成。数年以来,逐渐形成"儒学通论""经典研读""专题研究"等三个系列,差可满足人们了解儒学,学习经典,深入研究的需要。现以收稿早晚为序,分批逐渐出版,以飨读者。其有未备,识者教焉。

四川大学国际儒学研究院
湖南大学岳麓书院国学研究院
2019年12月

目　录

出版说明 …………………………………………………… 1
凡例 ………………………………………………………… 1

《周易》导读

一、《周易》释名 ………………………………………… 3
  1. "三易"名义 ……………………………………… 3
  2. "周易"名义 ……………………………………… 6
  3.《周易》作者 ……………………………………… 9

二、《周易》结构 ………………………………………… 10
  1. 阴阳、八卦、六十四卦 …………………………… 11
  2. 卦象、卦序、卦德 ………………………………… 13
  3. 卦名、爻题、爻象 ………………………………… 14
  4. 卦辞、爻辞、用辞 ………………………………… 16
  5. 上经、下经 ………………………………………… 17

三、"十翼"通说 ………………………………………… 18
  1. "十翼"的形成 …………………………………… 18
  2. 彖传（上下） ……………………………………… 20
  3. 象传（大小上下） ………………………………… 20
  4. 系辞传（上下） …………………………………… 21
  5. 文言传 ……………………………………………… 22

6. 序卦传 ………………………………………………… 23

　　7. 说卦传 ………………………………………………… 24

　　8. 杂卦传 ………………………………………………… 25

四、《周易》释辞 …………………………………………… 25

　　1. 元亨利贞 ……………………………………………… 26

　　2. 吉凶悔吝厉无咎 ……………………………………… 27

　　3. 内外往来 ……………………………………………… 28

　　4. 中正时位 ……………………………………………… 28

　　5. 乘承比应 ……………………………………………… 29

五、《周易》释例 …………………………………………… 29

　　1. 卦序反对例 …………………………………………… 29

　　2. 卦德递连例 …………………………………………… 30

　　3. 卦变例 ………………………………………………… 31

　　4. 之卦例 ………………………………………………… 33

　　5. 互卦例 ………………………………………………… 34

　　6. 往来例 ………………………………………………… 34

六、《周易》释义 …………………………………………… 35

　　1. 太极义 ………………………………………………… 35

　　2. 河洛义 ………………………………………………… 35

　　3. 乾坤义 ………………………………………………… 36

　　4. 四象义 ………………………………………………… 37

　　5. 刚柔义 ………………………………………………… 37

　　6. 变通义 ………………………………………………… 38

　　7. 德业义 ………………………………………………… 40

　　8. 时中义 ………………………………………………… 40

七、《周易》述学 …………………………………………… 41

　　1. 两派六宗 ……………………………………………… 41

　　2. 先天后天 ……………………………………………… 41

　　3. 卜筮易 ………………………………………………… 42

　　4. 象数易 ………………………………………………… 43

5. 义理易 ……………………………………………………………… 43
   6. 图书易 ……………………………………………………………… 44
   7. 复古易 ……………………………………………………………… 45
   8. 医家易 ……………………………………………………………… 46
   9. 谶纬易 ……………………………………………………………… 47
八、《易》学举要 …………………………………………………………… 47
   1.《周易注疏》十三卷附《略例》一卷，三国魏王弼、晋韩康伯注，
     唐孔颖达疏 ………………………………………………………… 49
   2.《周易集解》十七卷，唐李鼎祚撰 ……………………………… 49
   3.《东坡易传》九卷，宋苏轼著 …………………………………… 50
   4.《程氏易传》六卷，宋程颐著 …………………………………… 50
   5.《周易义海撮要》十二卷，宋房审权原辑、李衡删要 ………… 51
   6.《周易本义》十二卷，宋朱熹著 ………………………………… 51
   7.《易学启蒙》四卷，宋朱熹著 …………………………………… 52
   8.《杨氏易传》二十卷，宋杨简著 ………………………………… 52
   9.《周易要义》十卷，宋魏了翁著 ………………………………… 52
   10.《大易集义》六十四卷，宋魏了翁著 …………………………… 53
   11.《易学滥觞》一卷，元黄泽著 …………………………………… 53
   12.《周易折中》二十二卷、首一卷，清李光地等奉敕撰 ………… 54
   13.《易汉学》八卷，清惠栋著 ……………………………………… 54
   14.《周易集解》十卷，清孙星衍著 ………………………………… 55
   15.《易图明辨》十卷，清胡渭著 …………………………………… 55
   16. 战国楚竹书《周易》，廖名春释读，上海博物馆藏本 ………… 56
   17. 帛书《周易》，马王堆汉墓出土，廖名春释读 ………………… 56

《周易》古注集校

《周易》卷一 ……………………………………………………………… 61
   上经 …………………………………………………………………… 61
      ䷀乾 ………………………………………………………………… 61

坤	67
屯	71
蒙	73
需	76
讼	77
师	80
比	82
小畜	84
履	87

《周易》卷二 90

泰	90
否	92
同人	94
大有	96
谦	98
豫	100
随	102
蛊	105
临	107
观	109

《周易》卷三 112

噬嗑	112
贲	114
剥	117
复	119
无妄	121
大畜	123
颐	126
大过	128
习坎	130

☲ 离 133

《周易》卷四

下经 136

☶☱ 咸 136

☳☴ 恒 138

☰☶ 遯 141

☳☰ 大壮 143

☲☷ 晋 146

☷☲ 明夷 147

☴☲ 家人 150

☲☱ 睽 152

☵☶ 蹇 154

☳☵ 解 156

☶☱ 损 159

☴☳ 益 162

《周易》卷五

☱☰ 夬 166

☰☴ 姤 169

☱☷ 萃 171

☷☴ 升 174

☱☵ 困 176

☵☴ 井 179

☱☲ 革 181

☲☴ 鼎 184

☳☳ 震 187

☶☶ 艮 189

☴☶ 渐 192

☳☱ 归妹 194

《周易》卷六

☳☲ 丰 198

☲ 旅 ·· 200
☴ 巽 ·· 203
☱ 兑 ·· 205
☵ 涣 ·· 207
☶ 节 ·· 209
☷ 中孚 ·· 211
☶ 小过 ·· 213
☵ 既济 ·· 216
☲ 未济 ·· 218
《周易》卷七 ·· 222
　系辞上传 ·· 222
《周易》卷八 ·· 241
　系辞下传 ·· 241
《周易》卷九 ·· 257
　说卦传 ·· 257
　序卦传 ·· 260
　杂卦传 ·· 265

后记 ·· 269

影印宋版《周易注疏》卷一

凡　例

一、本书是《周易》古注的研读，包括"《周易》导读""《周易》古注集校""注疏影印"三个部分。

二、"《周易》导读"是关于《周易》文献学、经学、思想史等相关知识的概述，包括《周易》名义、结构、经传、义例、辞语、要义、学史、要籍等方面，是一组简明《周易》百科知识介绍。

三、"《周易》古注集校"选用在历史上影响最大的三国魏王弼注（上下经）和晋韩康伯注（《系辞》以下），以及很有特色但却极少流传的宋苏轼《东坡易传》，将三家传注加以辑录集校。

四、"注疏影印"则选取唐孔颖达《周易注疏》的南宋两浙东路茶盐司刻本，该本内容齐全、版本珍稀，今取其一卷，以窥全豹。

五、王韩注采用《四部丛刊》影印之宋刊《周易》作底本，又吸收了清阮元《十三经注疏校勘记》、宋凤翔《周易考异》等成果，个别还涉及马王堆帛书、上海博物馆藏战国简本、阜阳汉简本，以及汉石经本等异文。

六、《东坡易传》以张海鹏《学津讨原》本作底本，参校冰玉堂本、万历二十五年刻《两苏经解》本、《津逮秘书》、文渊阁《四库全书》本、《青照堂丛书》本等。

七、本书意图为《易》学爱好者提供简明而富有启发的读本，"导读"部分，引用了《周易辞典》（吕绍纲主编、常金仓副主编、舒大刚常务编委，吉林大学出版社）、《儒学文献通论》（舒大刚主编，杨世文、金生杨、王小红、张尚英、李冬梅副主编，福建人民出版社）、《儒藏》"易类"（舒大刚总主编、王小红分主编，四川大学出版社）的部分条目，还吸收了前修时贤的其他研究成果，由于读本体例关系未能一一注明出处，在此谨向原创作者表示深切谢意！

其有未备，自然是本次编著者的责任，不周之处，尚希识者批评指正。

 《周易》导读

《周易》是中国也是人类历史上发生最早、形式最奇、内容最博,影响也最为深远的经典。《周易》以其特殊的符号,简约的语言,丰富的寓意,奇特的想象,影响一代又一代国人,也辐射着周围的世界。《周易》的形成有一个过程,它的结构也有一套独特的体系。

一、《周易》释名

《周易》传说"世历三古,人更三圣",是中国上古文化,特别是夏、商、周三代文化的结晶。相传上古《易》书有三,即《连山》《归藏》《周易》,号为"三易"。《周易》是唯一一部完整流传至今的神秘经典。

1. "三易"名义

所谓"三易",即《连山》《归藏》与《周易》,是目前有迹可考的最早的古典文献。《周礼·春官》大卜职:"掌三易之法,一曰《连山》,二曰《归藏》,三曰《周易》。其经卦皆八,其别皆六十有四。"① 又《筮人》篇也说:"掌三易以辨九筮之名:一曰《连山》,二曰《归藏》,三曰《周易》。九筮之名,一曰巫更,二曰巫咸,三曰巫式,四曰巫目,五曰巫易,六曰巫比,七曰巫祠,八曰巫参,九曰巫环,以辨吉凶。凡国之大事,先筮而后卜。"② 筮即筮,巫通筮,九巫即九筮。可见,"三易"是三部以八卦、六十四卦为结构的,由太卜掌管,供筮人使用的卜筮类著作。东汉初桓谭《新论》进一步道:"《连山》八万言,《归藏》四千三百言。"③ "《连山》藏于兰台,《归藏》藏于太卜。"④ 《连山》《归藏》汉代犹存。

---

① 郑玄注、贾公彦疏:《周礼注疏》卷二十四,阮元校刻:《十三经注疏》,中华书局,2009年,第1733页。
② 郑玄注、贾公彦疏:《周礼注疏》卷二十四,阮元校刻:《十三经注疏》,中华书局,2009年,第1739页。
③ 李昉等:《太平御览》卷六〇八,中华书局,1960年,第2737页。
④ 虞世南:《北堂书钞》卷一〇一,中国书店,1989年,第385页。

后历战乱,《连山》亡于南北朝,《归藏》亡于唐。郑玄注《礼记·礼运》,以《坤乾》为"殷阴阳之书","其书存者有《归藏》"。在其《易赞》及《易论》中,又言:"夏曰《连山》,殷曰《归藏》,周曰《周易》。"①所以,"三易"原本为三代进行占筮活动的易书。据汉唐人注,《连山》为夏代之《易》,以艮为首,有八经卦、六十四别卦,其书唯有佚文传于后世;《归藏》为商代之《易》,以坤为首,也是八经卦、六十四别卦,其书后代有传,但伪本重出,不可信据。二书今有王谟、洪熙煊、马国翰、任兆麟、严可均、观颃道人等多家辑本。司马迁《史记·龟策列传》明确说"夏、殷欲卜者,乃取蓍、龟,已则弃去之"②,则夏、商两代卜、筮兼用并无疑问,《连山》《归藏》的历史性存在是可信的③。唐、宋出现的《归藏》《三坟》书,学者多指为伪,但其文辞古朴,又往往让人疑信参半。宋代学者张行成就说,扬雄《太玄》"用《连山》筮法",北朝卫元嵩《元包》"用《归藏》筮法",可见二书自汉到南北朝犹有蜀人用之。郑樵《通志·艺文略》也信其有:"《连山》亡矣。《归藏》,唐有司马膺注十三卷,今亦亡。隋有薛贞注十三卷。今所存者,《初经》《齐母》《本蓍》三篇而已。言占筮事,其辞质,其义古。后学以其不文,则疑而弃之,往往《连山》所以亡者复过于此矣,独不知后之人能为此文乎?……三易皆始乎八,而成乎六十四。……《连山》用三十六策,《归藏》用四十五策,《周易》用四十九策。诚以人事代谢,星纪推移,一代二代,渐繁渐文,又何必近耳目而信诸,远耳目而疑诸?"④

---

① 王弼、韩康伯注、孔颖达等正义:《周易正义》,阮元校刻:《十三经注疏》,中华书局,2009年,第17页。
按:其说或本之佚《山海经》:"伏羲氏得《河图》,夏后氏因之曰《连山》。黄帝氏得《河图》,商人因之曰《归藏》。列山氏得《河图》,周人因之曰《周易》。"(宋罗泌《路史》卷三二"论三易"引,朱震《汉上易传》卷上、王应麟《玉海》卷三五等引)

② 司马迁:《史记》卷一二八,中华书局,1982年,第3223页。

③ 东汉郑玄注:"夏曰《连山》,殷曰《归藏》,周曰《周易》。"这与《山海经》佚文"伏羲氏得'河图',夏后氏因之为《连山》"吻合。由于《连山》《归藏》早佚,内容面貌不清。我们从唐人注疏略知《连山》有许多夏代故事。根据三星堆"青铜神坛"的"天、地、人"结构,我们发现这与《华阳国志》所载古巴蜀人"天皇、地皇、人皇"信仰正好吻合,说明"三才合一"观念在巴蜀渊源甚古。再考察"神坛"圆形底座酷似"太极",其上首尾衔接的两个怪兽实像"两仪",再上四个立人又像"四象",立人头顶四座连峰合围则像"连山",连山之上又有四方形天庭,每方还有舞姿翩跹的五个立人。整座铜像与《周易·系辞》"易有太极,是生两仪,两仪生四象,四象生八卦(《连山》'经卦皆八'),八卦定吉凶,吉凶成大业"的宇宙生成论和易道演化说若合符契,同时铜器的五级构建和四方五人还带上了巴蜀"五行"观念的烙印。这或许是"兴于西羌"的大禹制作《连山》后的文化遗存(或"连山文化"的器物表达)。可见,"禹制《连山》"史有其事,"生于广柔"的大禹正是继承了古蜀"阴阳""三才""五行""太极"等观念才制作出了《连山》。(舒大刚:《巴蜀全书:中华文明寻根溯源新尝试》,载《光明日报》2022年1月24日第15版"理论版"。)

④ 郑樵:《通志二十略》,中华书局,1995年,第1449—1450页。

1993年，湖北江陵王家台15号秦墓出土了一篇内容为"易占"的竹简，整理者命名为《归藏》。学者们通过考证，认为传世《归藏》佚文有一定的依据，同时认为王家台竹简《归藏》与《连山》佚文也有相似性。但对《归藏》的研究才刚刚起步，其中疑惑，现阶段还没有一一解决。

关于《连山》《归藏》的得名，除了郑玄"象山之出云连连不绝""万物莫不归藏于其中"①之"取义说"外，古代易学家更多的是主张"取首卦"为名说，《连山》得名首卦《艮》，《归藏》得名首卦《坤》。

晋皇甫谧释《连山》说："夏人因炎帝曰《连山易》，其卦以纯《艮》为首。艮为山，山上山下，是名《连山》。"邵雍："夏以建寅之月为正月，人统。易曰《连山》，以《艮》为首，艮者人也。"(《玉海》卷三五引)方悫："《连山》则首乎《艮》，其卦具内外而一体。"(《礼记集说》卷五四引)陆佃："《连山》始于《艮》，故曰《连山》。《易》曰'兼山艮'是也。先儒以为象'云气之出于山连连不绝'，非是。"(《埤雅》卷一一)朱震："《连山》所以首《艮》者，八风始于不周，实居西北之方，七宿之次"云云(《汉上易传》卷中)。郑谔："《连山》以《艮》为首，夏人之易。其易艮上艮下，故曰《连山》。言如山之相连也。"(《周礼订义》卷四二)以上诸人都说《连山》首卦为《艮》，艮为山，艮上艮下，象山与山相连，故名《连山》。实为得之。

据孔子言，《归藏》书名本作《坤乾》。《礼记·礼运》载孔子曰："吾欲观夏道，是故之杞，而不足征也，而得《夏时》焉。吾欲观殷道，是故之宋，而不足征也，吾得《坤乾》焉。"何为《坤乾》，孔颖达《正义》曰："殷易以坤为首，故先坤后乾。"贾公彦《周礼注疏》卷二四："殷人因黄帝曰《归藏》。"又《仪礼注疏》卷一二："《归藏易》以纯《坤》为首。坤为地，万物莫不归而藏于地，故易名《归藏》。"刘敞也说："坤者万物所归。商以《坤》为首。《礼运》'宋不足征，吾得《坤乾》焉'。此《归藏》之易。"(《周礼订义》卷四二引)诸氏所说甚是。

《连山》《归藏》东汉犹存，桓谭诸人犹及见之，《新论》说："《连山》八万言，《归藏》四千三百言。"(《太平御览》卷六〇八引)又曰："《连山》藏于兰台，《归藏》藏于太卜。"(《北堂书钞》卷一〇一引)诸学者之娓娓道说"《连山》首艮""《归藏》首《坤》"，必是东汉以来相承旧说，定非虚语。

即使在《连山》《归藏》失传多时的今天，从现存《周易》之中，也不难找到《连山》《归藏》的影子。干宝认为《说卦》"帝出乎震，齐乎巽，相见乎离，

---

① 王弼、韩康伯注，孔颖达等正义：《周易正义》，阮元校刻：《十三经注疏》，中华书局，2009年，第17页。

致役乎坤,说言乎兑,战乎乾,劳乎坎,成言乎艮"一段话,"此《连山》之易也"。金景芳先生也"发现《连山》《归藏》的遗说,就在《说卦传》中"。指出:"从'天地定位'到'坤以藏之',是《归藏》的遗说。""从'帝出乎震',到'然后能变化既成万物也',是《连山》遗说。"(《周易系辞传新编详解·后语》,辽海出版社,1998年)。这些判断是极有价值的。《说卦传》:"乾以君之,坤以藏之。"又曰:"艮东北之卦也,万物之所成终而所成始也,故曰成言乎艮。"又说:"终万物成万物者莫盛乎艮。"都极推坤、艮二卦,反映的正是《连山》《归藏》首艮、首坤的特征。

2. "周易"名义

(1) 释"周"。"周易"之"周"有"周普""周代"二义,后世学者,或以取地为说,或以取义为说,互为轩轾,不相上下。而今观之,二说皆未允当。

《周易》又称《易经》,是儒家"六经"(或"五经")之一。其他"五经"皆不以朝代命名(《周礼》本名《周官》,原本非经,东汉后乃收入),何以"周易"独得"周朝"之名?对此前人有不同解释。郑玄认为"周"是形容词,意为"周普""周遍","易"道广大,无所不包,故题名曰《周易》。孔颖达则认为"周"是朝代名称,该书是周人的"易",故称《周易》。后人多从孔颖达之说。

孔颖达说"《周易》称'周',取岐阳地名,《毛诗》云'周原膴膴'是也"(《周易注疏》卷首)。认为是周原地名影响了《周易》书名,而文献表明,周原之"周"不始于周人,相反,应是周人因居周原乃得其族称,周原之名应溯源于古羌语。《诗经》《史记》都记载了周之先君古公亶父避戎狄之祸,弃豳迁岐,邑于周原的故事。《史记·周本纪》说:"古公亶父复修后稷、公刘之业,积德行义,国人皆戴之。薰育戎狄攻之,欲得财物,予之。已复攻,欲得地与民。民皆怒,欲战。古公曰:'有民立君,将以利之。今戎狄所为攻战,以吾地与民。民之在我,与其在彼,何异?民欲以我故战,杀人父子而君之,予不忍为。'乃与私属遂去豳,度漆、沮,逾梁山,止于岐下。豳人举国扶老携弱,尽复归古公于岐下。及他旁国闻古公仁,亦多归之。于是古公乃贬戎狄之俗,而营筑城郭室屋,而邑别居之。作五官有司。民皆歌乐之,颂其德。"古公即周文王的祖父。裴骃《集解》引徐广:"(岐)山在扶风美阳西北,其南有周原。"又引皇甫谧:"邑于周地,故始改国曰周。"张守节《正义》也说:"因太王所居周原,因号曰周。"可见"周原"其名在前,古公迁之在后,周人正是因迁居周原之后才得名为"周"的。

《诗经·大雅·绵》述其事:"绵绵瓜瓞,民之初生,自土沮漆。古公亶父,陶复陶穴,未有家室。古公亶父,来朝走马,率西水浒,至于岐下。爰及姜女,聿来胥宇。周原膴膴,堇荼如饴。爰始爰谋,爰契我龟。"此系周人自述,当为信史。诗中明白告诉我们,古公亶父起初"未有家室",他率领族人翻过梁山,沿着沮漆水一直往西行,到达岐山之下的周原,才安居下来。诗人用"来即姜女,聿来胥宇"来描绘古公的这次长途跋涉。原因是姬、姜二姓,长期互婚,周之贤后,远有"姜原",后有"太姜",都是姜姓后妃中的佼佼者。古公亶父弃豳迁周,其实就是为逃避狄祸,投奔姜姓的互婚部落以求庇护。周原一带自然是姜人势力范围,甚至就是姜姓所居。周原的地名在古公迁居之前已经命名,就可想而知了。古公迁来之后,其族人始称为"周";古公迁来之前,其地自非周人所有。《史记》说迁来周原之后,"古公乃贬戎狄之俗,而营筑城郭室屋,而邑别居之",说明周原一带原有"戎狄之俗",其为异族所居无疑。现代考古学已显示:"周人姓姬,身为都城的周原,非姬姓贵族的青铜器却占到了绝大多数,这很难解释。"(曹玮)在"周原出土的数百件青铜器铭文中,非姬姓贵族的铜器占到百分之九十二点一八,而姬姓贵族只占百分之七点八"(徐天进语。见《新京报》2004年10月26日)。这种令专家学者无限困惑的现象,如果结合周原与周人的关系来解释,就不难理解了。因为周原本非姬姓周人原有领地,也不是周人所固有,在那里发掘出大量非姬姓青铜器就不足为奇了。

周原得名非由周人,而系旧称,亦已证明。那么,其旧称又缘何而得呢?笔者以为系由其地形东西横亘,形似游龙,羌人谓龙为周,故名"周原"。雍正《陕西通志》卷七岐山县引《府志》:"天柱后擎,太白前峙,凤脉西绕,龙尾东环。周原奠其中,渭水潆其外。"说明周原之地,山势实有龙的形态。胡渭《禹贡锥指》:"岐山之南,周原在焉,东西横亘,肥美宽平。"周原既是东西横亘,可排除周原之"周"得名周匝或周圆的可能性。《水经注》卷一八"渭水":"又屈径周城南,城在岐山之阳,……又历周原下,北则中水乡成周聚,故曰有周也。水北即岐山矣。……岐水又东径姜氏城南,为姜水。"《元丰九域志》:"岐山县有姜水。"可见周原及其附近不仅有姜氏城,还有姜水,其地原为姜姓所居盖无疑义。《史记》述炎、黄二族以为,黄帝以姬水成,故姓姬;炎帝以姜水成,故姓姜。《水经注》同篇"为姜水"下引《世本》:"帝姜姓。"又引《帝王世纪》:"炎帝神农氏,姜姓。母女登,游华阳,感神而生炎帝。帝长于姜水,是其地也。"佚《山海经》说"列山氏得《河图》,周人因之曰《周易》"(《玉海》卷三五引),列山氏即炎帝神农,羌人亦奉为祖先;姜姓即羌人东迁的一支,其所传《易》书为周人所得,就是《周易》。

姜姓的炎帝部落与黄帝的姬姓部落虽然后来都是华夏民族的祖先,但是究其起源仍属古羌系统无疑。"姜""羌"二字,古音亦相近,古书中亦以"姜"代"羌"。《公羊传》僖三十三年"然而晋人与姜戎要之殽而击之",《论衡·儒增》姜戎即作"羌戎"。然则《周易》原为周原一带故物,筮法为姜姓旧法,为炎帝部族所传。周人来到后,才承袭其法以为己有。"周易"原义是"以龙卦居首的易",自从周人承袭之后,反而本义迷失,被后起的族名所掩,"周易"成了"周人之易","龙易"演为"周普之法"了。反客为主,本义不彰,亦可叹也!

《易》与龙实有千丝万缕的联系,其首卦《乾》备述"潜龙""见龙""跃龙""飞龙""亢龙""群龙"诸象,实为"龙卦"。当代学人亦认为《乾卦》群"龙"诸象,皆对东方苍龙星行于天际不同位置的摹写,盖亦有理。只不过夏尚直质,直接以起源的山(即首艮)命名,周人尚文,故其易以其所象征之物(卷首乾卦群龙)来命名了。方之夏、殷二"易",《连山》因首艮而得名,《坤乾》以首坤而获称,《周易》不得独逃上古名书惯例,独以取义(周普)、取地(周朝)而为名。《周易》的得名与周人无关,甚至周原的得名也在周人迁居之前。《周易》首卦为乾,自初、二至上、用,全以龙物取象,乾卦即是"龙卦"。古以首篇作书名,以乾为首的易即是"龙易",古羌语谓"龙"为"周",故称之为"周易"。如果说,古公之迁于岐下,得姜姓的周原以为都邑,乃是物质继承的话。那么,后来文王演《周易》,以为一代哲学重典,乃是周人对古羌文化的精神继承。

(2)释"易"。郑玄据《易纬·乾凿度》,认为"'易'一名而含三义:易简,一也;变易,二也;不易,三也。""易简"即《系辞》中"乾以易知,坤以简能"的"易""简",意谓天地规律本不深奥,容易被人理解和掌握。"变易"即发展、变化,量变、质变,即《系辞》中所谓"易穷则变,变则通,通则久"。"不易"即相对的稳定性,即《系辞》中所谓"天尊地卑,乾坤定矣;卑高以陈,贵贱位矣"。此说为后世学者普遍承认,流传甚广。

此外,后汉道士魏伯阳撰《周易参同契》,又提出"日月为易"说,许慎《说文解字》从之,认为"易"字是"日"与"月"的会意,象征阴阳之事。《庄子》说:"《易》以道阴阳。"似亦有理,但缺乏文字字形和训诂依据。"日月为易"说在道教《易》学中较为流行。

沿着这一"取义"的思路,清人甚至有"交易""变易""反易""对易""移易"五义(毛奇龄),如此等等,皆后起衍申之言。观《说文解字》:"易:蜥易、蝘蜓、守宫也,象形。秘书说:'日月为易。'象阴阳也。一曰:'从勿。'"人们却多在"蜥易""日月为易"上做文章,其实蜥易一样缺乏字形依据,与其说是因蜥易变化而生变化之义,倒不如说因有自然变化之象乃移名蜥易。

人们对"一曰从勿"一说无所诠解,甚至认为"唯'从勿'之义,则颇难通"。

其实,"一曰从勿"并非不可解,而是缺乏校勘工作。元杨桓《六书统》卷九:"易,夷益切。变易也。从勿从日。勿,旗也。有号令于民,则持此以告之。号令更张,则亦以此告之也。日者,与民为期约也。谓自某日当易某事、行某事也。"其说颇新,且为我们保存了《说文》"从勿从日"的缺文,正可据以校勘《说文解字》。唯其解"勿,旗也"似非原意。"勿"此处应借为"物",出土文献尚多有之;"日"则是"时"字,此亦多见于古汉语之中。《系辞》有"《易》之为书也,原始要终以为质也。六爻相杂,唯其时物也",讲的正是作为书籍的《易》的本质("时物")。"原始要终"即注意事物发展变化的始和终两种状态,"唯其时物"即事物随着时间推移而产生出变化情状。《乾象传》讲乾德"品物流形,大明终始,六位时成,时乘六龙以御天。乾道变化,各正性命,保合大和,乃利贞",讲释的正是"时物"二字。《文言》屡说"因其时而惕","时舍也","与时偕行","六爻发挥,旁通情也。时乘六龙,以御天也","君子以成德为行,日可见之行也","乾乾因其时而惕",都讲的是龙德因时物变化而采取的不同措施。特别是在讲"大人"时,赞其"与日月合其明,与四时合其序""先天而天弗违,后天而奉天时"等,正是讲龙德因时而变化。由此看来,这个"易"字大有讲究,应当是"从勿从日",日者时也,勿者物也,易即"时物",亦即时事变化以生新物之意。《说文》引据此说,非无意也。传世本只作"一曰从勿"者,盖因前有"一曰"而夺其下"从日"二字,当据杨氏"从勿从日"以补足之,唯其如此,于义乃足。如此看来,"龙易"者,乃是讲龙德之人随时事变化而采取正确行动的书。

3.《周易》作者

关于《周易》的作者,班固《汉书·艺文志》曰:"《易》道深矣,人更三圣,世历三古。"三圣,指伏羲、文王(包括周公)、孔子。三古,指上古原始社会、中古西周盛世、下古春秋时期。传统说法为伏羲画卦,文王作卦辞,周公作爻辞,孔子作十翼。周公为文王之子,父兼子业,故略而不数,只称"三圣"。

《周易》分为经卦、别卦、卦画、卦辞、爻辞等,其作者也不尽相同。《易纬·辨终备》曰:"至哉《易》,三圣谋。"(三圣,郑玄《注》谓伏牺、文王、孔子),说的是画卦作者的问题。一般都说是伏羲画卦,见于《系辞传》:"古者包牺氏之王天下也","始作八卦"。

八卦只揭示八类基本的事物及其性质,若要进行占筮必须重为六十有四。《系辞传》说:"八卦成列,象在其中矣;因而重之,爻在其中矣。"八卦只是静态的取象,六十四才能动态地占筮。伏羲画八卦,是谁"因而重之"为六十四的呢？历史上，关于重卦之人凡有四说。王弼以为伏牺，郑玄以为神农，孙盛以为夏禹，司马迁、班固以为文王。自今日看来，夏代易既然已经有重卦的别卦，前引《周礼·春官·大卜》即说三易"其别皆六十有四"；郑玄《易赞》亦云"夏曰《连山》，殷曰《归藏》"，又知重卦不能晚于夏代。

卦辞、爻辞谁作，孔颖达《周易正义》卷首指出凡有二说，一说以为卦辞、爻辞并是文王所作，主此说者有纬书及司马迁、郑玄。二说以为卦辞文王作，爻辞周公作，主此说者有马融、陆绩等。按，卦爻辞必作于殷周之际，《系辞传》说，"《易》之兴也，其于中古乎"，"作《易》者其有忧患乎"，"《易》之兴也，其当殷之末世，周之盛德邪，当文与纣之事邪"，即是证明。文王与周公分别作卦爻辞的可能性较大，但目前尚不能作肯定的结论。卦辞的作者同时是今本六十四卦次序的排定者则无疑义。金景芳先生说："以《易传》与左氏为据，定位周初作品，较为允当。"①

《易传》即"十翼"的作者，《史记·孔子世家》说："孔子晚而喜《易》，序《彖》《系》《象》《说卦》《文言》。读《易》，韦编三绝。"《汉书·儒林传》说：孔子"盖晚而好《易》，读之韦编三绝，而为之传"。《艺文志》又说："孔氏为之《彖》《象》《系辞》《文王》《序卦》之属十篇。"都以为是孔子。马王堆帛书《易传》之《要》篇说："夫子老而好《易》，居则在席，行则在橐。有古之遗言焉，予非安其用，而乐其辞。后世之士，疑丘者或以《易》乎！"证明《史记》《汉书》言孔子作《易传》之说不诬。但是《易传》内容丰富而复杂，除却孔子所作，应当还有孔门弟子所录，前人成说之汇集，甚至还有后人窜入的东西。前三部分可以代表孔子的易学观，是他对经典文字、宇宙演化以及变化之理的研究和阐发；后一部分则是后人的发挥与添加，有的合乎孔子思想，有的就未必。《易传》中思想属于孔子又与经文内容一致的，是儒家正宗的易学观。

二、《周易》结构

《易经》包括卦和辞两大类，卦就是卦的画像，有阴爻阳爻。辞就是每一卦爻有一句话来解释它们。卦分经卦和别卦，经卦即八卦，只有三画，别卦即两两相重为六爻的六十四卦。构成卦的最根本的元素是阴阳，阴阳代表了当时人们所认识的事物内部的规律。辞包括卦辞和爻辞。以下将对阴

---

① 金景芳：《易通》，《金景芳全集》第一册，上海古籍出版社，2015年，第22页。

阳、八卦、六十四卦以及构成六十四卦的诸要素略加解释。

1. 阴阳、八卦、六十四卦

阴阳观念是《易经》最基础的观念。从符号上来讲也是《易经》中最基础的符号，一个阴爻，一个阳爻。《庄子》曰："《易》以道阴阳。"阴阳本指事物内部的正、负两个方面，也指自然界存在的天地、日月、昼夜、寒暑、明暗、生死、男女等的对立统一关系。阴阳的对立统一是一切事物的共同属性，也是一切事物运动变化和发展的原动力。因而先民们抓住万事万物这一共同的属性（阴阳的对立统一）来表现事物及其变化，从符号上来讲，就用直而实的"—"代表阳，离而虚的"--"代表阴，分别表示事物内部和事物之间共同存在的两个方面，这就是"两仪"。

卦辞爻辞中虽然不见阴阳二字，但其思想和原理通过阴阳爻画表达出来，阴阳爻画毋宁就是阴阳二字。传文中明确提出了阴阳二字，"阴"字最早见于坤初六"小象"："履霜坚冰，阴始凝也。""阳"字最早见于乾初九"小象"："潜龙勿用，阳在下也。"孔颖达《周易正义》于后者解释说："经之称龙，则阳气也。"阴与阳都是气。阴为气之惰者柔者，阳为气之动者刚者。盈天地之间一气尔，宇宙万物都是气组成的，气莫不有阴有阳，万物亦负阴而抱阳。《系辞传》说"易有太极，是生两仪"之"两仪"就是阴阳，方之宇宙就是天地，就是日月。《系辞传》说："阴阳之义配日月。"《序卦传》说："有天地然后万物生焉。"天地日月就是宇宙间最大最显著的阴阳。圣人画卦正是观察到这一自然现象而制作的。《说卦传》说："观变于阴阳而立卦。"又说："《易》六画而成卦，分阴分阳，迭用柔刚，故《易》六位而成章。"《易》卦作者通过观察自然界的阴阳变化，于是利用--、—两个符号分别模拟至柔、至刚两种气化物质，并且用阴阳二爻交错迭用而构成八卦。《易》通过阴阳卦画（筮也分阴阳）反映物质情态和世界发展变化。《易》不仅仅是占筮用书，而是表现世界之阴阳变化的经典。《庄子·天下篇》就说："《易》以道阴阳。"《史记·太史公自序》也说："《易》以神化。"世界万物是阴阳变化的过程和呈现，《易经》则是反映这一过程的摹本。阴阳相易，阴阳相生，阴阳相胜，阴生阳，阳生阴，阴阳生生不息，这就是物质世界的本质特征，故《系辞传》说："生生之谓易。"阴阳交迭无穷，相生相衍，这就是世界变化的根本原理和不变规律，故《系辞传》说："一阴一阳之谓道。"物质变化有必然性的一面，也有偶然性的一面；有人可测的一面，也有人难知的一面。故《系辞传》说："阴阳不测之谓神。"阴阳无处不在，《周易》也无处不有阴阳。筮法中的一、三、五、七、九为天数，天数即阳数。二、四、六、八、十为地数，地数即阴数。

七、八、九、六中的七、九代表阳爻,九为老阳,七为少阳。八、六代表阴爻,六为老阴,八为少阴。进入卦中,七、九用阳符号—表示,八、六用阴符号--表示。阴阳具有普遍性。

《易》作者又用阴阳爻的不同组合代表不同类型的事物,比如乾卦是三阳爻,坤卦是三阴爻。同时用阴阳爻的不同移换表示事物的发展变化,由此组合成八卦和六十四卦。因此八卦与六十四卦中也有阴阳之分。八卦中乾为阳,坤为阴。其他六卦则"阳卦多阴,阴卦多阳",故巽☴、离☲、兑☱为阴卦,震☳、坎☵、艮☶为阳卦。六十四卦中阴阳之分尤明显。乾是阳物,坤是阴物,乾坤是阴阳之根本。其余六十二卦亦以阴阳而分。有的卦阳盛,有的卦阴盛。阴盛阳盛,或以卦或以爻,各不相害。据程颐《易传》之《上下篇义》说,除乾坤与坎离,咸恒与既济未济各居上下篇之始终,有特殊之意义以外,其余居上篇的为阳盛之卦,居下篇的为阴盛之卦。含乾之卦如需、讼,一阳之卦如师、比,二体皆阳之卦如屯、蒙,皆为阳盛之卦。含坤之卦如晋、明夷,阴居上下如小过,二体皆阴如睽、革,皆为阴盛之卦。卦之位亦有阴阳之分,初、上之外,二与四为阴位,三与五为阳位。《易》虽由阴阳构成,承认阴阳不可或缺,但是视阴为小,阳为大;阴为虚,阳为实;阴为小人,阳为君子。有鲜明的崇阳抑阴的思想。

八卦。即八经卦,三画。其名称出于《系辞上传》《系辞下传》和《说卦传》。阴阳是《周易》的元素,八卦是构成《周易》的基石。古人认识了事物含有阴阳两种因素之后,在数位观察上也就认识了两、二。在这种数位观念作用下,先民在用阴"--"、阳"—"组合表达概念时,首先重成了四个两画卦:太阳、少阳、少阴、太阴,即"四象"。当古人形成三的数位观念后,又重成了三画的八卦,卦画符号分别是☰、☷、☳、☴、☵、☲、☶、☱,题以乾、坤、震、巽、坎、离、艮、兑之名,这就是世传伏羲所画的八卦。此八卦是组成《易经》最基本的符号,所以叫经卦,也叫八卦、八经卦。

八卦代表八种属性,分属于不同的事物。据《说卦》所云:乾是刚健,坤是柔顺,震是震动,巽是深入,坎是倾陷,离是附丽,艮是停止,兑是愉悦。八卦在不同的场域中代表不同的事物,例如在自然界中,乾为天,坤为地,震为雷,巽为风,坎为水,离为火,艮为山,兑为泽(余见《说卦》)。八卦所要揭示的是抽象的意义、普遍的规律,但表达的途径又是通过取象来实现的。这是熔抽象与具体于一炉的八卦的思维特色。

八卦本身是"小成",不能反映世界的变化,因而不能定吉凶。八卦在进入六十四卦时,其性质与取象才显现出来。八卦的性质不变,而取象则变化无定。《系辞上传》有"八卦定吉凶"的话,应是略语。八卦因而重之,构成六十四个六画卦才能定吉凶。《说卦传》"乾为天为圜为君"一段文字讲八卦之象。朱熹《周易本义》说："此章广八卦之象,其间多不可晓者,求之于经,亦不尽合。"黄震《黄氏日抄》以为是古代"占卜之杂象"。清人陈澧《东塾读书记》："此章之象凡一百一十三,为数虽不多,然其类甚备。有天之类,地之类,人之类,人身之类,人病之类,动物之类,植物之类,珍宝之类,器物之类,物形之类,物色之类。以类推之,必更多也。此为占事知来之用,所谓'遂知来物',非为解经而作。故求之于经,多无之,且未必孔子所作。乃自古相传有此术,后世如东方朔、管辂、郭璞之流盖得其传者也。"象不可尽,汉人又弄出半象、佚象、假像等,亦属多事。

六十四卦。六十四别卦由八经卦相互重叠而来。《系辞传》："八卦成列,象在其中矣。因而重之,爻在其中矣。"北宋邵雍作伏羲八卦,六十四卦图,以为六十四卦是由太极"一分为二、二分为四、四分为八、八分为十六、十六分为三十二、三十二分为六十四"而成,显与《易大传》相违。易学史上关于重卦之人有四说。王弼以为伏羲画八卦,因而自重。郑玄以为神农重卦。孙盛以为夏禹重卦。司马迁以为文王重卦。详见孔颖达《周易正义》卷首《论重卦之人》。八卦表示静态的事物,六十四卦表示动态的事物;八卦表现事物的性质和物象,六十四卦则表达事物的运动和变化规律。八卦通过直观的取象告诉是什么、怎么样;六十四卦则通过运动变化揭示规律、预示吉凶的方式,回答为什么、怎么办。八卦与六十四卦的关系是本与末、体与用的关系。

六十四别卦包括卦象、卦题、卦辞、爻象、爻题、爻辞六大要素。比如乾卦:

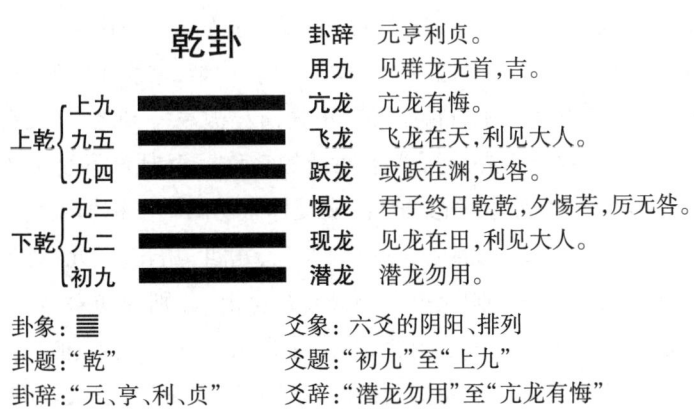

卦象:☰
卦题:"乾"
卦辞:"元、亨、利、贞"
爻象:六爻的阴阳、排列
爻题:"初九"至"上九"
爻辞:"潜龙勿用"至"亢龙有悔"

2. 卦象、卦序、卦德

(1)卦象,指卦画的阴阳结构。别卦六画由两个三画经卦相重而成,在下的经卦称下卦或内卦,又称贞卦。在上的经卦称上卦或外卦,又称悔卦。

每一卦的性质和吉凶,就是由卦象决定的。这又分两种情况,一是由上下卦的不同组合决定卦的性质和吉凶,一是由卦内阴阳爻排列的形式不同而决定卦的性质与吉凶。当阴阳爻的排列决定卦的性质和吉凶时,每卦中往往有一爻起主要作用,决定一卦的基本趋向,这就是"主爻"。六十四卦主爻和取象的意义,《象传》有详尽的解释。

(2)卦序,即六十四卦的排列顺序。传世的《周易》六十四卦以乾为首卦,未济卦为末卦,但马王堆出土的帛书《易经》则是以乾卦为首,以益卦为末。二者卦序完全不同,帛书本的卦序较之《周易》经文的卦序更有规律,或是由于"通行本是渊源更远的经文原貌,帛书本则是学者出于对规律性的探索而改编经文的结果。"①另外,《周易·杂卦》的卦序也与通行《周易》经文卦序不同,或许也代表着另一种排列方式。

(3)卦德,是从卦象引申出来的义理,指卦的"性情"。《系辞传》:"蓍之德圆而神,卦之德方以知。"朱子曰:"卦德,如乾健坤顺之类。"②其《周易本义》注《说卦》"乾,健也。坤,顺也。震,动也。巽,入也。坎,陷也。离,丽也。艮,止也。兑,说也"曰"此言八卦之性情"③。

3. 卦名、爻题、爻象

(1)卦名,即卦的名称。六十四卦中,由八经卦两个本卦相重而得者,仍沿经卦的名称。如乾,乾下乾上;坤,坤下坤上;震,震下震上……皆为同卦相重,各沿本称。除此八卦之外,其余由不同的经卦相重所得新卦,都各自另起新名,如震下坎上为屯;坎下艮上为蒙,等等。一般说来,卦题是一卦性质的高度概括。如乾表示健,坤表示顺,屯表示难,蒙表示蒙昧,……既济表示矛盾解决,未济表示矛盾再生等。王弼曰:"故举一卦之名,义有主矣!"

(2)爻题,即六十四卦三百八十四爻的名称。每卦自下至上为初、二、三、四、五、上六位。《周易》阳爻称九,阴爻称六。阴阳爻称加上爻位即得爻题,如乾卦自初至上,爻题为初九、九二、九三、九四、九五、上九;意为第一个阳爻,第二个阳爻,第三个阳爻……坤卦自初至上,分别题初六、六二、六三、六四、六五、上六;意为第一个阴爻,第二个阴爻……以此类推。称初、二、三、四、五、上,是六爻之位决定的;称九、六,则是《周易》筮法决定的。

(3)爻象,即爻位。每卦六爻有六个位,自下至上,分别为初、二、三、

---

① 朱伯崑:《易学基础教程》,九州出版社,2001年,第37页。
② 黎靖德:《朱子语类》卷第六十七,中华书局,1986年,第1664页。
③ 朱熹:《周易本义》,中华书局,2009年,第264页。

四、五、上。阴阳爻在六位中上下移动，排列组合，形成不同形式，反映矛盾运动不同的力量对比和发展态势，表现出不同事物的特质和吉凶祸福的不同趋势。《系辞》下说：“《易》之为书也，不可远，其为道屡迁。变动不居，周流六虚（六位），上下无常，刚柔相易，不可为典要，唯变所适。”即此之谓。根据《周易》经传的表述，我们可将爻象归纳为趋时、当位、中正、比辅、乘承、相应、远近、贵贱八种关系。

（3.1）趋时。王弼曰："卦者时也，爻者适时之变也。"如前所云，六十四卦是事物运动变化的不同时代，六爻则是每一时代的不同阶段。初爻为一卦始，力量微弱，故多称潜称隐。二爻为出隐之显，故多称见。三、四为渐进，其中三居下卦之终，有危厉，故凶；四近迫于五，多危惧。五爻为壮盛，上爻为亢极，故凡居五者有盛大、美好之象，居上者多亢极生悲之辞。认清自己的位置，把握准确的时代而行动，这就是趋时。

（3.2）当位。《易》作者以初、三、五三个单数的爻位为阳位，以二、四、六三个偶数的爻位为阴位。阳爻居阳位，阴爻居阴位，象征德称其职，才堪其任，名实相符，为当位。否则，阳爻居阴位，阴爻居阳位，象征贤者失位，不肖者当道，名实不符，为不当位。当位者吉利，不当位者不吉利。如既济卦六爻都各当其位。

（3.3）中正。指居中和守正。守正的爻象意义是当位，居中的爻象意义是处中爻。二爻、五爻分别处上、下卦之中，居中，有奉行中道，行为得体，不偏不倚，无过不及之象，因此《易经》中的中爻，多为吉利之占。

（3.4）比辅。

（3.5）乘承。比指亲比，有亲比则有辅助。阴阳相求，若相邻两爻阴阳异类，异性相吸引，则为比，比则吉。若相邻两爻阴阳同类，同性相排斥，则无比，无比则凶。在相比的两爻中，若阴爻在上，阳爻在下，柔履刚，为乘刚，乘刚则不利。若阳爻在上，阴爻在下，刚履柔，柔承刚，承刚则有利。

（3.6）相应。《文言》曰："同气相求，同声相应。"初与四同居上下卦的初爻，二与三同居上下卦之中爻，三与上同居上下卦之上爻，有同气、同声之象。若这三组两两对应的爻位上，一阴一阳，阴阳相求，为有应。若皆为阳，或皆为阴，则为无应。有应象征此倡彼和，为吉利；无应象征志不同，道不合，为不利。

（3.7）远近。远近是相对于五爻君位而言。《系辞》下曰："二与四同功而异位，其善不同：二多誉，四多惧，近也。"二与四，同是阴位，二居下卦之中，远离君位，有行为适中之象，故多称誉。四迫近君位，伴君如伴虎，故多惊惧。王弼："远近者，险易之象也。"

(3.8)贵贱。《易》兼三才之道,以初二为地,三四为人,五上为天。《系辞》下曰:"《易》之为书也,广大悉备,有天道焉,有地道焉,有人道焉。兼三才而两之,故六。六者非它,三才之道也。"比附于人事,六爻又象征尊卑关系,《系辞》上曰:"卑高以陈,贵贱位矣。"又曰:"列贵贱者存乎位。"初爻处地位之下,居一卦之初,有隐者之象;二爻居地位之上,有入世出仕之象;三、四两爻为人臣;五爻居天位,处上卦之中,有君临天下之象,为一卦最尊之位;上爻居天之上,有亢极之象。各自地位不同,贵贱不等,所得吉凶也有异。

4. 卦辞、爻辞、用辞

(1)卦辞:又称"彖辞",《系辞》下曰:"彖,材也。"材通裁,即判断。作《易》者既画卦重卦,命以卦题,又根据卦象撰写卦辞。卦题总括一卦的性质,卦辞则补充说明其特征和吉凶。如"乾"已表达了健的意义,"元、亨、利、贞"则是对健的具体说明。故《系辞》上曰:"系辞焉以尽其言。"尽其言,即详尽表述卦题未尽之意。一卦的主要内容已包含在卦辞之中,故《系辞》下曰:"观其彖辞,则思过半矣。"

(2)爻辞:说明卦中各爻意义与吉凶者为爻辞,六十四卦三百八十四爻各系一条,乾、坤二坤各多用九、用六一条,故《易经》共有三百八十六条爻辞。爻辞是根据爻象拟定的。根据该爻在本卦中所处的位置以及与其他各爻的组合关系,来断定其吉凶。卦为时代,爻为阶段,爻辞即是告诉人们处于一定阶段下如何运动,如何趋吉避凶。卦表达天下万物的深奥道理,爻用以指导人们的社会实践,故《系辞》上又曰:"极天下之赜者存乎卦,鼓天下之动者存乎辞。"六爻之辞分说一卦之不同阶段的状态,初辞是开始状态,终辞是终结状态,中间各爻为发展中状态。爻辞紧扣卦的主题来推说吉凶,但其中常常使用历史典故、谣谚、比喻,不易理解。不过,只要紧紧抓住一卦的主题思想,结合爻象,参以《象传》,还是不难寻出其一以贯之的脉络的。

(3)用辞:只有乾卦、坤卦各有一条。《乾》:"用九,见群龙无首吉。"《坤》:"用六,利永贞。"九六和七八皆《周易》记录揲蓍时的四个数字,九称老阳,六称老阴,七称少阳,八称少阴。得七与九画阳爻,得八与六画阴爻。《系辞上传》记古筮法,在天地之数五十有五中,取四十九根蓍草,经过分二、卦一、揲四、归扐等四营成一变,三变成一爻,十有八变成一卦。四营成一变时,可能得到七或八、九、六等数,七、九画阳爻,八、六画阴爻。《仪礼·士冠礼》贾公彦疏云:"筮法依七八九六之爻而记之,但古用木画地,今则用钱(按,用钱记爻,非用钱代蓍)。"《周易》阳爻只称九,阴爻只称六,而不称七或八。其故何也?杨彦龄《笔录》曰:"杨损之,蜀人,博学善称说,余尝疑

《易》用九六而无七八。损之云：'卦画七八，爻称九六。'"孔颖达《周易正义》乾初九疏，阳爻称九不称七，阴爻称六不称八，其故有二：一说乾体三画，坤体六画，阳得兼阴，故其数为九。阴不得兼阳，故其数为六；二说老阳数九，老阴数六，老阴老阳皆变，《周易》以变者为占，故称九六不称七八。杜预《左传》襄公九年注、郑玄《周易注》、朱熹《周易本义》等皆主第二说。顾炎武《日知录》卷一引欧阳修《明用》："《易》道占其变，故以其所占者名爻。不谓六爻皆常九六也。"以为欧阳氏之说"得之"。俞樾《群经平议》卷一谓"前一说不可通"，后一说"不可易"。孔疏以为，"揲蓍之数，九过揲则得老阳，六过揲则得老阴。其少阳称七，少阴称八，义亦准此"。俞樾《群经平议》则据《周书·武顺篇》"男生而成三，女生而成两"和《说卦传》孔疏引郑注"三之以天，两之以地"为说，以为九六之数起于此，"乾卦三阳，阳之数三，三其三则为九，故九者乾之数也。坤卦三阴，阴之数二，三其二则为六，故六者坤之数也。以是推之，震、坎、艮皆一阳二阴，其数七。巽、离、兑皆一阴二阳，其数八。《易》用九六不用七八者，用老不用少，统于尊也"。"九与六所以为老阳老阴而七与八所以为少阳少阴者，即本乎八卦之数。非以意为之也"。《周易》占变爻，老阴老阳皆当变，少阴少阳则不变。乾之六阳爻，为阳之极，据理当变为坤；然而成阳爻者有九亦有七在其间，故不能剧变；坤卦六阴，为阴之极，亦将变乾，然而有八存焉，亦不能剧变。故都不宜直接用变卦之坤或乾为占，故特设一个用爻，以为乾坤占筮之特例。"用九"表示在占得乾六爻皆九的情况下用"用九"这条辞占；"用六"亦表示在占得坤六爻皆六的情况下用"用六"这条辞占。又出土文献"用九""用六"作"迵九""迵六"，廖名春读为"通九""通六"，意谓乾卦六爻皆称九，坤卦六爻皆称六。

5. 上经、下经

今本《周易》分经为经、传两大部分：经是《周易》本经部分，共六十四卦，分为上下二篇，习称"上下经"；传是关于《易经》的解释。

《易经》以乾坤二卦居首，既济、未济二卦居末。乾坤代表天地，代表矛盾对立的两个方面，六十二卦代表万物，以乾坤居首，既是"有天地然后有万物"这一自然法则的摹写，也是对事物矛盾规律的揭示。既济，代表矛盾的解决；未济代表矛盾的再生。以既、未居末，既表示矛盾最终得到解决的必然性，也表示矛盾无处不在、无时不有的客观性。《易经》首乾坤、末既未，所表达的观念是十分深刻的。乾坤与既济、未济之间的六十卦，分别代表事物发展的不同状态，或者不同时代。乾坤之后为屯卦、蒙卦，乾坤是天地，是阴阳。屯是事物始生的艰难状态,屯字的意象,上面是土,下面像是嫩芽,要破土而出;屯之后是蒙,蒙为事物的蒙昧状态。阴阳交而万物生,物生必遇艰难,故乾坤之后,继之以屯;物始生必蒙昧无知,故屯之后,继之以蒙……一卦一卦,环环相扣。

《易经》上篇三十卦、下篇三十四卦。清丁晏《周易解故》说:"荀慈明(即荀爽)谓文王分上下经,其说最确。《汉书·艺文志》'文王重《易》六爻,作上下篇'。考汲郡古文《易》无《彖》《象》《文言》《系辞》,杜元凯谓'仲尼造之于鲁,尚未播于远国',而是时已称上下经,则经别为二,出于孔子之前,其为文王所分,无疑也。"《周易》分为上下两篇的意义,应据《序卦传》为说。上篇三十卦以乾坤居首,而以坎离居末,《序卦传》说:"有天地然后万物生焉。"反映《易》作者天地生万物,而以水火为滋润的思想。下篇三十四卦以咸恒居首,《序卦传》说:"有万物然后有男女,有男女然后有夫妇,有夫妇然后有父子,有父子然后有君臣,有君臣然后有上下,有上下然后礼义有所错。"反映《易》作者一夫一妻的个体婚制是文明社会之前提的思想。下篇三十四卦以既济未济二卦为终,《序卦传》说:"有过物者必济,故受之以既济。物不可穷也,故受之以未济。"反映《易》作者事物的发展变化表现为过程,但过程没有穷尽,旧过程的完结即是新过程的开始的思想。上下二篇称上下经起于何时,孔颖达《周易正义》卷首说:"《子夏传》云,'虽分为上下二篇,未有经字,经字是后人所加,不知起自谁始'。案,前汉孟喜《易本》云,'分上下二经'。是孟喜之前题经字。其篇题经字虽起于后,其称经之理则久在于前,故《礼记·经解》云'絜静精微,《易》教也'。既在《经解》之篇,是《易》有称经之理。"

三、"十翼"通说

《周易》在上下经之外,又有十篇阐释经义的文字:《彖传》上下篇、《象传》上下篇、《文言》、《系辞》上下篇、《说卦》、《序卦》、《杂卦》,是为《易传》,又称"十翼"。传即注释;翼即辅翼。

1. "十翼"的形成

"三易"既成,可用于占筮,斯为太卜所掌、筮人所用。其中寓有丰富的哲理和生产生活经验,由于表达奇特,语言隐晦,故需要解说和阐释,于是逐渐产生了说《易》之文,孔子之前已有"易象"之数文献,后经孔子汇集和补充,就是形成了"易传"。孔子晚而喜《易》,观"古之遗言",而"求其德"①,以至于"韦编三绝"。《易》本用于占筮,孔子之意却不在于此。他企图超越象数,着重从义理上对《周易》加以改造与发挥,"后其祝卜"而"观其德义",从而"与史巫同途而殊归"②。孔子将《周易》当作人生哲理书读,自称"五十以学《易》,可以无大过矣"③。他引用《周易·恒》九三爻辞"不恒其德,或承之羞"两句,结论是"不占而已矣"④。司马迁以为孔子"序《彖》《系》《象》《说卦》《文言》"⑤,作有《十翼》。唐以前学者均赞同此说,所以孔颖达在《周易正义》卷首《论夫子〈十翼〉》中说:"其《彖》《象》等《十翼》之辞,以为孔子所作,先儒更无异论。"尽管《十翼》出于孔子之手不可信,但孔子赞《易》却是事实,所以他有"后世之士疑丘者,或以《易》乎"的感慨⑥。从北宋欧阳修到清代崔述,尤其是到近现代,以疑古派为代表,出现了大量怀疑孔子作《易传》的说法,人物众多,说法各异。事实上,《易传》各篇成书之年代、作者并不相同,但总体而论,《易传》的思想源于太卜,成于孔子,其中"子曰"等内容或即孔子之说,而《易传》大体上为战国时孔子后学以孔子学说为本加以创造、发挥而成的作品。其中既有记述前人遗闻的部分,有孔子门人弟子在平日记录孔子讲述的部分,与《论语》情况差不多,也有后人窜入的部分。

东汉郑玄注《易》,将《彖传》《象传》依卦分附于各卦之下,又将《文言》分属于乾坤二卦之后。不过,此时《彖》《象》《文言》,只是集中附在每卦之后,并未分散于各爻之间,其格式正如今本乾卦所列。至三国王弼作《周易注》,又将《彖传》附于卦辞之后,将《象传》的《大象》部分附于《彖传》之后,将《小象》部分按爻分附于爻辞之后,自坤卦以后,一律如此,唯留下乾卦经传不再改编,以保持郑玄本《周易》之旧貌。自此,以传附经的形式被肯定下来,成为《周易》通行本的统一格式。传至北宋,晁说之又力图恢复西汉古本,后经吕祖谦、朱熹等人的努力,又经传分列,以还《周易》古貌之原。

但"十翼"是解释《易经》的,成了后人读《易》必不可少的津梁,尤其是《彖传》《象传》,以之附经,实有便于学者。因此,尽管郑玄、王弼有割裂经传之嫌,也尽管朱熹等人力倡复古,以传附经的形式仍然保留下来,并成为

---

① 马王堆帛书《要》,《续修四库全书》本。
② 马王堆帛书《要》。
③ 《论语·述而》,《十三经注疏》本,中华书局,1980年。
④ 《论语·子路》。
⑤ 司马迁:《史记》卷四七《孔子世家》,中华书局,1959年,第1937页。
⑥ 马王堆帛书《要》。

《周易》传本的主要形式。

2. 彖传（上下）

《彖传》：彖，即彖辞，本指卦辞，《系辞》上言："彖者，言乎象者也。"下曰："彖，材也。"材，通裁，即根据卦象所作的断语。《彖传》是对卦辞的阐释，为彖辞之传，故称《彖传》。李鼎祚《周易集解》引刘瓛曰："彖，断也，断一卦之才也。"陆德明《经典释文》亦云："彖，断也。"《系辞传》"彖"字凡四见，即："彖者言乎象者也，爻者言乎变者也"；"彖者材也，爻也者效天下之动者也"；"知者观其彖辞，则思过半矣"；"八卦以象告，爻彖以情言"。此四段话皆彖与爻对言，故知彖实指卦或卦辞而言。王弼《周易略例·明彖》："夫彖者何也？统论一卦之体，明其所由之主者也。"韩康伯注："彖总一卦之义也。"孔颖达《周易正义》："彖谓卦下之辞。"苏轼《东坡易传》："孔子所谓'彖'者，盖谓卦辞。"朱熹《周易本义》说，"彖谓卦辞"，"爻谓爻辞"，"彖指全体而言，变指一节而言"。《周易折中》按语说："材者构屋之木也，聚众材而成室。彖亦聚卦之众义以立辞。""彖"又是《易大传》之一，孔颖达《周易正义》："夫子所作彖辞，统论一卦之义，或说其卦之德，或说其卦之义，或说其卦之名。"朱震《汉上易传》："爻辞言一爻之变，彖辞言一卦之象，则文王卦下之辞又谓之彖矣。孔子序述其彖之意而已，故名其篇曰彖。使文王卦下之辞不谓之彖，孔子何为言？知者观其彖辞，则思过半矣。夫子自谓如此，非逊以出之之义也。盖彖者，孔子赞《易》十篇之一，先儒附其辞于卦辞之下，故加彖以明之。"马王堆帛书《周易》无《彖传》。每卦一解，并随经之上下而分成上、下两篇。《彖传》阐释卦名、卦辞、卦义的体例，往往取卦象、爻象为说，多能指明每卦中的为主之爻，而以简约明了的文字论断该卦主旨。

3. 象传（大小上下）

《象传》：象是《周易》重要表达方式。《系辞传》说："易有圣人之道四焉，以言者尚其辞，以动者尚其变，以制器者尚其象，以卜筮者尚其占。"辞、变、象、占为《易》之四道。《说文解字》象部说："象，南越大兽，长鼻牙，三年一乳。"象本是动物。段玉裁注："人部曰：'像者似也，似者像也。'像从人，象声。"又说："《周易·系辞》曰：'象也者像也。'此谓《周易》象字即像字之假借。"象乃像之假借。《经典释文》："众本并云：'像，拟也。'"像就是虚拟。李鼎祚《周易集解》引崔憬云："言易者象于万物。象者，形像之象也。"《东坡易传》："象者，像也。像之言似也。其实有不容言者，故以其似者告也。"朱熹《周易本义》："象者物之似也。"《易经》表达思想的方法就是充分利用象(像)。《系辞传》说:"是故易者象也。"整部《易经》就是各种象的肢体语言。又说:"八卦成列,象在其中矣;因而重之,爻在其中矣。"八卦、六十四卦和三百八十四爻都是象。又说:"子曰,'书不尽言,言不尽意'。然则圣人之意其不可见乎?子曰,'圣人立象以尽意,设卦以尽情伪,系辞焉以尽其言'。"《易》本以象以达意,物象不足,乃用语言。后来思想太丰富,连言和象都不够用了,于是又生出新的象和言,于是《易》学文献日益繁多。王弼《周易略例》说:"夫象者,出意者也;言者,明象者也。""意以象尽,象以言著。"顾炎武《日知录》:"卦爻外无别象","夫子作传,传中更无别象。其所言卦之本象若天地雷风水火山泽之外,唯'颐中有物'本之卦名,'有飞鸟之象'本之卦辞,而夫子未尝增设一象也。荀爽、虞翻之徒穿凿附会,象外生象","'十翼'之中无语不求其象,而《易》之大指荒矣。岂知圣人立言取譬固与后之文人同其体例,何尝屑屑于为象哉!王弼之注虽涉于玄虚,然一扫《易》学之榛芜而开大路矣。"《易》中之象,简言之,象即卦象、爻象,《象传》是专门解释卦象、爻象的象征意义,《象传》又分"大象"和"小象"。其中释卦象者为《大象》,对整个卦象进行解释;释爻象者为《小象》,对每一爻进行解释。孔颖达《周易正义》说:乾卦"天行健,君子以自强不息","此'大象'也。'十翼'之中第三翼。总象一卦,故谓之'大象'。但万物之体自然各有形象,圣人设卦以写万物之象。今夫子释此卦之所象,故言'象曰'"。又说,"潜龙勿用,阳在下也","自此以下至'盈不可久',是夫子释六爻之象辞,谓之'小象'"。《象传》亦随上下经分成《象传上》《象传下》。马王堆帛书《周易》无《象传》。

4. 系辞传(上下)

"系辞"一词,本指给卦、爻加断语,即撰写卦辞、爻辞。《系辞》曰:"系辞焉以断其吉凶,是故谓之爻","圣人立象以尽意,设卦以尽情伪,系辞焉以尽言"之"系辞"即是此义。此处指"十翼"之一的《系辞传》。孔颖达《周易正义》说:"谓之'系辞'者凡有二义。系字取系属之义,圣人系属此辞于卦爻之下。故此篇第六章云:'系辞焉以断其吉凶。'第十二章云:'系辞焉以尽其言。'是系属其辞于爻卦之下,则上下二篇经文是也。"前者指给卦爻写卦辞、爻辞,后者指《系辞传》。朱熹《周易本义》说:"系辞本谓文王、周公所作之辞,系于卦爻之下者,即今经文。此篇乃孔子所述系辞之传也。以其通论一经之大体凡例,故无经可附,而自分上下云。"孔颖达又说:"夫子本作'十翼',申说上下二篇经文系辞,条贯义理,另自为卷,总曰《系辞》,分为上下二篇。"《系辞传》本无"传"字。《经典释文》说:"本亦作《系辞上》,王肃本皆作《系辞上传》,迄于《杂卦》皆有'传'字。"苏轼《东坡易传》有"传"字,朱熹《周易本义》从之。按,《汉书·儒林传》说:"孔子晚而好《易》,读之韦编三绝,而为之传。"有"传"字或合乎本相。

《系辞传》是关于《周易》的通论,是在六十四卦之外,对《易经》各卦展开的概括性、本质性揭示。文字非常优美,文气磅礴,语言明快,从《周易》的思想、体例、主旨、方法、筮法、成书等,全面系统地作了阐述。《系辞》对《周易》"经"文的各方面内容作了较为全面、可取的辨析、阐发,有助于后人理解八卦、六十四卦及卦爻辞的大义。其中有对《周易》作者、成书年代的推测,有对《周易》"观物取象"创作方法的追述;或辨阴阳之理,或释八卦之象,或疏解乾坤要旨,或展示《易》筮略例;并穿插解说了十九则爻辞的象征意旨。当然,《系辞传》在通说《易》义的过程中,也充分地表露了作者的哲学观点;但就其创作宗旨分析,这些哲学观点又无不归趋于《易》理范畴。简言之,《系辞传》的要领,在于发《易》义之深微,示读《易》之范例。真正要把《易经》读懂,必定要先读懂《系辞》,读懂《系辞》,才能明白《易经》的宗旨何在、体例何在。故金景芳先生《周易讲座》便首讲《系辞传》。如果想通过《周易》来占卜预测,也只能通过《系辞》来了解,因为《系辞》中还介绍了筮法以及部分卦爻辞的意义。《系辞》是阅读《易经》的钥匙,是必不可少的津梁。因此金景芳先生晚年又专门将《系辞传》抽出,作《系辞传新编详解》。因篇简过长,分为上系、下系两篇,或者称为《系辞上传》《系辞下传》。

马王堆帛书有《系辞》两篇,共约六千七百余字,内容与今本大体一致,而次序有异。缺今本《系辞》之"大衍之数五十章",多今本《系辞》所无的佚文约二千一百字,包括今本《说卦》之前三章。另,今本《系辞》之自"子曰危者安其位者也"至"立心无恒凶"共二百八十一字,又收在帛书《要》篇中。

5. 文言传

文,即文采。《左传》襄公二十五年仲尼曰:"文以足言","言之无文,行之不远。"可见,文言,意即文采焕然之语言。《周易》中只有乾坤二卦有《文言》,学者分称为"乾文言""坤文言",分别从易象和义理上反复阐释乾坤两卦。孔颖达《周易正义》说:"文言者是夫子第七翼也。以'乾坤其《易》之门户邪',其余诸卦及爻皆从乾坤而出,义理深奥,故特作《文言》以开释之。"《文言》之得名,诸家解释有"文饰其言"和"解释卦爻经文之言"两说。孔颖达《周易正义》说:"庄氏云:'文谓文饰,以乾坤德大,故特文饰以为《文言》。今谓夫子但赞明易道,申说义理,非是文饰华采,当谓释二卦之经文,故称《文言》。"《经典释文》说:"文言,文饰卦下之言也。夫子之'十翼'。梁武帝云：'文言是文王所制。'"李鼎祚《周易集解》引刘瓛云："依文而言其理，故曰《文言》。"丁寿昌《周易会通》说："《史记》《汉书》俱云孔子作《文言》，若以为文王所作，则'十翼'存九矣。梁武之说误甚。"朱熹《周易本义》说，"此篇（文言）申《彖传》《象传》之意，以尽乾坤二卦之蕴，而余卦之说，因可以例推云"。又于乾《文言》之"君子行此四德者，故曰乾元亨利贞"下说："此第一节，申《彖传》之意，与《春秋传》（即《左传》）所载穆姜之言不异。疑古者已有此语，穆姜称之，而夫子亦有取焉。故下文别以'子曰'表孔子之辞。"为何对乾坤二卦反复解释，阮元《揅经室集》卷七说："同为一言，转相告语，必有愆误。是必寡其词，协其音，以文其言，使人易于记诵，无能增改。且无方言俗语杂于其间，始能达意，始能行远。此孔子于《易》所以著《文言》之篇也。"此为孔子"言之不文，行之不远"的意思。不过这还是表面意义，更深一层说，乾卦、坤卦为易之原，易之蕴，易之门户，易之父母，整个六十二卦的生成，整部《易经》的原理，都蕴藏在乾卦和坤卦当中。乾是纯阳，代表天，坤是纯阴，代表地，代表父母、男女、夫妇，体现了阴阳对立统一的两个方面，把乾卦坤卦的阴阳观念、天地角色、夫妇功能讲清楚了，后面的六十二卦就迎刃而解了。所以文言就反复讲乾卦和坤卦。故前引庄氏曰："以《乾》《坤》德大，故特文饰以为《文言》"。①另一说则认为，易道广大，言不尽言，语言有限，故只反复阐释乾卦、坤卦二卦以示例，以《乾文言》《坤文言》之法而推展之，可以读懂屯卦、蒙卦等六十二卦。李鼎祚引姚信曰："《乾》《坤》为门户，文说《乾》《坤》，六十二卦皆放焉。"②（《周易集解》）马王堆帛书《周易》无《文言》。

6. 序卦传

《序卦》阐明《易经》六十四卦排列顺序，解释为何乾坤居上经之首、坎离居上经之末；咸恒居下经之首、既济未济居下经之末的道理。《序卦传》据各卦之间的对立关系、关联关系、引申关系、勾结关系等把卦与卦之间的联系揭示出来。深刻地阐发了《周易》的唯物观和辩证观。论者据《乾卦》"元亨利贞"辞，《坤卦》"利牝马之贞，先迷后得主"辞，及《系辞传》"天尊地卑，乾坤定矣"语，《序卦传》"有天地然后万物生焉"说；乾《彖传》"大哉乾元，万物资始"句，坤《彖传》"至哉坤元，万物资生"句，可以推知《周易》六十四

---

① 王弼、韩康伯注，孔颖达等正义：《周易正义》，阮元校刻：《十三经注疏》，中华书局，2009年，第25页。

② 李鼎祚：《周易集解》，中华书局，2016年，第9页。

卦的排列顺序与卦辞、系辞意义一致，可能三者道统相继，学理相续。韩康伯注说："凡《序卦》所明，非《易》之缊也。盖因卦之次，托以明义。"孔颖达《周易正义》说："序卦者，文王既由六十四卦分为上下二篇，其先后之次，其理不见，故孔子就上下二经各序其相次之义，故谓之《序卦》焉。"张载《横渠易说》说："《序卦》无足疑，《序卦》不可谓非圣人之缊。今欲安置一物犹求审处，况圣人之于《易》，其间虽无至精义，大概皆有意思。"朱震《汉上易传》引邵雍说："夫子序卦，然后明生生不穷，而天地之蕴尽矣。"黄泽《易学滥觞》："《易》之寓象未有《序卦》之大而要切者。"又："《序卦》之象最大者，谓乾坤定位而物始生，物生必蒙，蒙则当教，教则必养，不得其养则争。《易》首乾坤，次以屯、蒙、需、讼者为此也。上经是开辟以来经制之象，下经是人道之首，正家以及天下之象。"《序卦传》全文也分为上下两篇，前段叙上经《乾》至《离》三十卦次序，后段叙下经《咸》至《未济》三十四卦次序。其所叙上下经六十四卦之序，凡相邻两卦之间的卦形或"错"（亦称"旁通"，六爻相互交变）或"综"（亦称"反对"，卦体相互倒置），这是《周易》卦次至见奇趣的形式规律。而文中所明各卦依次相承的意义，则含有事物向正面发展或向反面转化的辩证观点。《序卦传》是一篇颇具哲理深度的六十四卦推衍纲要。序卦传反映了古人认识事物、认识自然、认识矛盾演变的知识和方法，颇具哲理。马王堆帛书《周易》未见《序卦传》。

7. 说卦传

《说卦传》是解说八卦性质和取象依据的专论。《系辞》下曰："《易》者，象也；象也者，像也。"又曰："八卦以象告。"《易经》全是以象征手法来示人以吉凶，如果不明八卦取象的原理，就不知吉凶之所以然。因此，《说卦》对了解八卦取象、明白《易经》就里，十分有帮助。孔颖达《周易正义》说："《说卦》者，陈说八卦之德业变化及法象所为也。"又说："孔子于此更备说重卦之由及八卦所为之象，故谓之《说卦》焉。"郭雍《郭氏传家易说》说："《说卦》论八卦之道德与其象义情性也。然则六十四卦亦有是乎？盖六十四卦各具于《文言》《彖》《象》《杂卦》之中矣。"《说卦》言及八卦的最基本象例：乾为天，坤为地，震为雷，巽为风（为木），坎为水，离为火，艮为山，兑为泽；这是具体的事物，事物也有具体的性质，所以《说卦传》也解释了相对应的八种大体不变的象征意义：乾健，坤顺，震动，巽入，坎陷，离丽，艮止，兑说——这在《周易》六十四卦象征义理中几乎是每卦必用的象喻条例，是最基本意义。对于明确《周易》卦形符号的构成原理尤有不可忽视的参考价值。说卦传中还讲了很多引申意象，比如乾，代表天、父、丈夫、马等。正由于八卦的取象和意义不是单一的,所以一部《易经》用八个符号,可以衍生出万事万物的原理。

马王堆帛书未见《说卦传》全文,唯前三章文字混在帛书《系辞》中。《隋书·经籍志》:"秦焚书,《周易》独以卜筮存,唯失《说卦》三篇,后河内女子得之。"此说值得怀疑。据《论衡·正说篇》云,宣帝时河内女子发老屋得《逸易》一篇,并非《说卦》。且《史记·孔子世家》:"孔子晚而喜《易》,序《彖》《系》《象》《说卦》《文言》。"《史记》作于武帝时,已经明言《说卦》,则《说卦》不至于到宣帝时才从老屋出来。宋时有人怀疑《系辞》就是《说卦》者,朱熹《答吴斗南书》辩说:"《彖传》释彖辞,《象传》释爻辞,《系辞传》则通释卦爻之辞,故统名之曰《系辞传》。恐不可改《系辞传》为《说卦》,盖《说卦》之体乃分别八卦方位与其象类,故得以《说卦》名之。《系辞传》两篇释卦爻之义例、辞意为多,不得谓之《说卦》也。"所辩有理。

8. 杂卦传

《杂卦》的杂,即杂议六十四卦。韩康伯注说:"《杂卦》者,杂糅众卦,错综其义,或以同相类,或以义相明也。"孔颖达《周易正义》说:"《序卦》依文王上下而次序之,此《杂卦》孔子更以意错杂而对辨其次第,不与《序卦》同。"并引虞翻云:"《杂卦》者杂六十四卦以为义,其于《序卦》之外别言也。"《杂卦传》杂议六十四卦,将六十四卦分两两三十二组,分别对卦名意义加以解释,可与《序卦传》《彖传》相为补充。郭雍《郭氏传家易说》说:"卦之性情与其为德之不同,八卦则见于《说卦》,六十四卦则见于《杂卦》。"张栻《南轩易说》说:"《序卦》所以言《易》道之变。此古有是言也。殊不知《易》之《杂卦》乃言卦画反对,各以类而言,非杂也。于杂之中有不杂存焉。"按,《朱子语录》说,《杂卦》"亦有说得极精处"。不过,其排列顺序颇与《序卦》不同,自乾坤至需讼五十六卦,都是在卦象上有勾连,皆以反对关系排列;而大过至夬八卦,则不按反对关系排列,其间是否另有精义,古今众说纷纭,未有定解。《系辞下》:"杂物撰德,辩是与非。"杂有聚义,聚合六十四卦以辩其异同,故曰《杂卦》。《杂卦传》与《说卦传》可以互相补充,《说卦》只讲了八经卦的性质和取象,《杂卦》却将六十四卦的原理都讲了。马王堆帛书《周易》无《杂卦传》。

四、《周易》释辞

《周易》有符号语言和文字语言两类,符号语言即象,用"—"表示阳,用

"--"表示阴,用阴阳的不同排列与组合表示矛盾的不同力量对比和不同的事物性质。文字语言即辞,用文字来表达意义。这里要谈的即后一类。简单来说,《周易》既是以符号来代表吉凶祸福,又用语言来做判断,判断当中,以下几个词是常用的,在此略作简释。

1. 元亨利贞

"元亨利贞"是乾卦卦辞,也是坤、屯、随、临、无妄、革卦卦辞的一部分,单用"元""亨""利""贞"或合用"元亨""利贞"或"亨利贞"之处,更是散见于六十四卦之中。随着卦的性质的不同,元、亨、利、贞诸词在不同地方的运用,也具有不同的意义,不明白这些差别就不能准确地理解卦爻辞,也不能完整地认识卦德卦象。

元的本义是首,即头部,俗称脑袋。《左传》僖公三十三年:"狄人归其元,面如生。"晋人先轸与狄人战,壮烈牺牲,狄人把他的脑袋还给晋人,先轸的面貌一如在生之颜。《孟子》说"猛士不忘丧其元",皆用"元"称脑袋。元即首,引申为始、大。此即《易经》中的用意。元、亨、利、贞作为乾卦"四德"。一字一义,分别表示元始、亨通、成就、守正四大功德,是天体促成万物发生、发展、成就、守正的伟大德量。孔颖达《周易正义》引《子夏易传》曰:"元,始也;亨,通也;利,和也;贞,正也。"即此之谓也。"元,始也",即发始、开端、为天下先。《乾文言》曰:"乾元者,始而亨者也。"其次是大。元亨利贞在乾卦为全德,一字一义,在其他卦中则不然,如屯卦"元亨利贞",《象传》解为"大亨贞"。以大训元。亨、贞是中心词,元和利皆修饰语。元亨即大亨通。此外,《易经》中"元吉"连词时,元亦训大,为大吉大利之意。

亨在《易经》中基本意义是通、畅通、亨通。凡"元亨""亨贞""亨利贞"连用之处,亨皆当亨通讲。亨通,即发展、顺利、实现之意。又假借成烹、享,烹即烹饪,《鼎·象传》:"鼎象也,以木巽火,亨饪也。"亨即烹。享即享祀、祭献。大有九三:"公用亨于天子。"随卦上六"王用亨于岐山",皆以亨为享。

利,本义为锋利,《说文解字》曰:"利,铦也。"铦即锋利。《系辞》上"其利断金"即此意,引申为利益、财富,《系辞》上"变而通之以尽其利"。又为有利、得利,乾卦"利见大人",需卦"利涉大川"。又为宜、应当,豫卦"利建侯行师",师卦五六"利执言"等。又为使动用法,使……获利,即"成就之",此乃乾卦"元亨利贞"之"利"的意义。

贞,本义为卜问,殷墟卜辞常常用"贞"为占。《周易》中贞的主要义项是正,引申为固、坚守正道。① 正,正道,贞操,贞节。《师卦·象传》:"贞,正也。"屯卦六二:"女子贞不字。"明夷:"箕子之贞。"② 守正,坚持正道。

坤卦六三:"含章可贞。"用六:"利永贞。"③ 专注、专主。《系辞》下:"吉凶者贞胜者也,天地之道贞观者也,日月之道贞明者也,天下之动贞夫一者也。"又为顽固,不知变通,师卦"弟子舆尸,贞凶",蛊卦"干母之蛊,不可贞"。

2. 吉凶悔吝厉无咎

《周易》是寡过之书,是指导人们趋吉避凶的行动指南,"吉凶悔吝厉无咎"就是其指导信号。掌握这些信号的含义,才能正确领会其趋避的内容,才能从中受到教益。吉凶悔吝厉无咎为六个不同的等级,其中吉凶代表两个极端;悔吝处于中介状态;厉是危险,靠近凶;无咎是改过,靠近吉。

吉的本义是美好、善良。坤卦六五:"黄裳元吉。"离卦六二:"黄离元吉。"《系辞》下:"吉人之辞寡。"在《易经》中,吉与凶为偶,分别代表两相极端,《系辞》上一则曰"吉凶者失得之象也";一则曰"吉凶者言乎失得者也"。吉为得,凶为失。得即得意、得志,实现志愿;失即失意、失志,未遂志愿。翻译成现代汉语为:吉祥、吉利、有利。

凶与吉相反,为恶,为失,不得意。翻译成现代汉语为:不吉利、凶险、不利、失败、灾难等。

悔与吝同级,介乎吉凶之间。《系辞》上:"忧悔吝者存乎介。"介,古训为几、微,几微之间,即中介。吉为得,凶为失,悔吝即处于得失之间的状态。《系辞》上曰:"悔吝者,忧虞之象也。"忧,忧虑;虞,逆测。忧虞指忧心忡忡、难以决断的心理状态。悔吝没有大吉大凶。《系辞》上曰:"悔吝者,言乎其小疵也。"小疵,即小毛病。细析之,悔表示知错悔改,有趋吉之势;吝未知悔,有趋凶之势,故金景芳先生《易通》:"悔,得之微;吝,失之微。"翻译成现代汉语,悔可译为悔语、遗憾、悔恨等。

吝,其义为惜。《说卦》:"坤为吝啬。"吝啬之吝,即惜,难割舍。引申为痛惜、痛恨。《易经》中常用"吝"表示痛惜、痛恨的言行和后果。悔吝同级,但在程度上,吝比悔的后果要严重。从主观上看,悔有过而知悔,觉悟的一面;吝为过而不悔,有仍然坠于迷雾的一面。译成现代汉语为痛惜、痛恨、终天遗憾。有时又借为遴,艰难之貌。

厉为危险。乾卦九三:"厉无咎。"《文言》曰:"虽危无咎。"以危训厉。后儒皆从之而无异辞。厉最接近凶,比吝走得更远。

咎即罪过。无咎是知悔之后,行动慎谨,改过进而免过的境界。《系辞》上曰:"震无咎者存乎悔。"又曰:"无咎者,善补过也。"王弼《周易略例》亦曰:"凡言无咎者,本皆有咎,防得其道,是以无咎也。"无咎是无过错。行无错,言无悔,必然志得而愿遂,故无咎最近于吉。译成现代汉语为:无过错,无灾难,无不善。咎,有时又用如动词,当怪罪讲:大过上六《小象传》曰:"过涉之凶,不可咎也。"同人初九《小象传》:"出门同人,又谁咎也?"

吉凶悔吝厉无咎六个等级,表示六种祸福状态,据其程度排列为:吉、无咎、悔、吝、厉、凶。

3. 内外往来

六十四卦皆两个三画卦上下重叠而成,因此一卦有内外之分,上下之分,下三爻即为内卦,也称下卦、来卦,上三爻为外卦,也称上卦、往卦。如泰卦"乾下坤上",卦辞"小往大来,吉,亨"。

4. 中正时位

《系辞传》曰:"六爻相杂,唯其时物也。"易之本义即"时物"。王弼曰:"卦者时也,爻者适时之变也。"《易经》就是揭示随时变化产生事物之规律和征兆的经典。故"时"与"中"是其要义。清代易学家惠栋言:"《易》道深矣,一言以蔽之,曰:时中。"《易经》的内容以随时变易为本质特征,而变易的节度是"时",尺度即是"中"。时、中与否,是《易经》判断吉凶悔吝的主要依据。

一卦之中,"位有尊卑,爻有阴阳"(王弼),除初上两爻而外,二四为阴,三五为阳;二居下卦之中,五居上卦之中,皆为中位。五既是阳位,又是中爻,故最为尊贵。阴阳爻居二居五者皆为中,而居五位者尤为大中。居中为吉,而尤以阳爻居阳位之中(五)为大吉。故《乾卦》九五云:"飞龙在天,利见大人。"《坤卦》六二云:"直方大,不习无不利。"阳爻居中位,谓之"刚中"或"刚得中",如《蒙》《师》《比》《讼》《渐》等;阴爻居中者谓之柔得中,如《噬嗑》《旅》《鼎》《睽》《同人》等。中又谓之"中道",即持中原理,《蛊卦·九二·象传》:"乾母之蛊,得中道也。"《离卦·六二·象传》:"黄裳元吉,得中道也。"二爻皆中,居中用事,故得持中之道。

凡阳爻居阳位、阴爻居阴位为正,或者叫"得位"。如果阳爻居九五,既是阳位,又是中爻,谓之"中正"或"正中"。《乾文言》:"大哉乾乎,刚健中正,纯粹精也。"九五为阳爻,故曰"刚健",处中爻阳位,故曰"中正"。《讼卦·彖传》:"利见大人,尚中正也。"《讼》九五居中得位,故曰"中正"。《需卦·彖传》:"位乎天位,以正中也。"初二为地位,三四为人位,五上为天位,《需卦》九五处五位,为阳为天、居中,故曰"位乎天位,以正中也"。《比卦·九五·小象传》:"显比之吉,位正中也。"阳爻处五位之中。

由于中位为吉为利,故《易经》提倡效法中道以行人事,主张"中行"。《蒙卦·六五·象传》:"长子帅师,以中行也。"长子指九二,居下卦之中,有奉行中道之象。《泰卦·九二》:"朋亡,得尚于中行。"《象传》:"包荒得尚于中行,以光大也。"《临卦·六五·象传》:"大君之宜,行中之谓也。"《复卦·六四》:"中行独复。"《象传》:"中行独复,以从道也。"中行、行中,即《论语》《礼记》所谓"执中""中庸"。《礼记·中庸》说:"执其两端,用其中于民。"孔子称:"尧曰:'咨尔舜:天之历数(节度)在尔躬(身),允执厥(其)中。'"(《论语·尧曰》)"天之历数",指天体运行规律,即《豫卦·象传》"天地以顺动,故日月不过而四时不忒"之谓。孔子说:"唯天为大,唯尧则之。"所则即天道之中德(《论语·泰伯》),用中和适中,就是仿照天行适中的原则来治理社会。

居中正,行中道,无过不及,就会出现雍雍和和、熙熙太平的盛世。此即"中和",故中可训和,《白虎通·五行》曰:"中央者,中和也。"《雍也》"中庸"皇侃疏亦曰:"中,中和也。"《中庸》曰:"中也者,天下之大本也;和也者,天下之达道也。致中和,天地位焉,万物育焉。"中可以致和,中和是阴阳双方既相互对立,相互制约,又相互依存,相互促进,和谐地共处于统一体中。

5. 乘承比应

比,比邻;应,对应、应合。每个六画卦都是由两个三画卦上下重叠而成,初与四、二与五、三与上为对应关系。乘与承是相邻两爻的关系。承是在下承接,乘是乘驾在上。相邻两爻,在上方的一爻对在下方的一爻来说就是承。

阴阳相求,若相应两爻阴阳异类,异性相吸引,则为比,比则吉。若相应两爻阴阳同类,同性相排斥,则无比,无比则凶。在相承的两爻中,若阴爻在上,阳爻在下,柔履刚,为乘刚,乘刚则不利。若阳爻在上,阴爻在下,刚履柔,柔承刚,承刚则有利。

五、《周易》释例

1. 卦序反对例

卦序排列上的"非复即变"。唐代孔颖达对《周易》六十四卦排列方式提出了"非复即变"或"不反即对"的观点。孔氏说:"今验六十四卦,二二相偶,非复即变。复者表里视之,遂成两卦,屯蒙,需讼,师比之类是也。变者,反复唯成一卦,则变以对之,乾坤,坎离,大过颐,中孚小过之类是也。"(《周易正义·序卦》疏)所谓复,即两卦卦画颠倒,如屯䷂与蒙䷃,需䷄与讼䷅,师与比䷇等；所谓变，即两卦卦画皆相反，如乾䷀与坤䷁，坎䷜与离䷝，大过䷛与颐䷚，中孚䷼与小过䷽等。孔氏此说与《周易》的实际情况是吻合的。有的相偶的一对卦既是"复"又是"变"，如泰䷊与否䷋，既济䷾与未济䷿。非复即变说是对《周易》卦序的肯定与总结，在《易》学史上有一定影响。

屯卦与蒙卦，卦序相接，卦象相对。

屯卦　　　蒙卦

2. 卦德递连例

乾坤是天地，是阴阳，代表万事万物的父母。乾坤之后为屯卦、蒙卦，屯是事物始生的艰难状态，屯字的意象，上面是土，下面像是嫩芽要破土而出；屯之后是蒙，蒙为事物的蒙昧状态。阴阳交而万物生，物生必遇艰难，故乾坤之后，继之以屯；物始生必蒙昧无知，故屯之后，继之以蒙，等等。这又分成两种情况，一是卦义相因，二是卦义相反。前者认为，相连的二卦之间有卦义相因递进的关系。如解屯、蒙二卦说："屯者，物之始生也。物生必蒙，故受之以蒙。"屯表示物之始生，始生必稚小，稚小必童蒙未发，故次之以蒙。它如蒙与需、需与讼，都具有卦义相因的关系。卦义相因说反映卦与卦之间的内在联系，表明六十四卦顺序有深刻含义。后者认为，相邻的二卦之间有卦义相反的关系，内容正相反对，二者可互相转化。如"泰者通也。物不可终通，故受之以否。物不可以终否，故受之以同人"。"恒者久也。物不可以久居其所，故受之以遯，遯者退也。物不可以终遯，故受之以大壮。""震者动也。物不可以终动，止之，故受之以艮。艮者止也。物不可以终止，故受之以渐。渐者进也。""有过物者必济，故受之以既济。物不可穷也，故受之以未济终焉。"皆两卦为一对，意义都相反。因"物不可以终……"，所以"故受之以……"，此即卦义相反说的主要形式。此说反映物极则反的辩证观点，强调对立面之间的转化。对既济、未济两卦的解释尤为典型。既济表示问题已解决，但斗争不能止息，因此六十四卦的最后一卦是未济不是既济。未济既是旧过程的结束又是新征程的开始。所以《序卦传》说："物不可穷也，故受之以未济终焉。"

3. 卦变例

卦变说，主要是指汉易、宋易讲新卦产生，并对卦辞进行说明的学说。王弼《周易略例》："互体不足，遂及卦变，变又不足，推致五行。"《周易》讼、泰、否、随、蛊、噬嗑、贲、无妄、咸、恒、晋、睽、鼎诸卦《彖传》皆有刚柔往来上下之语，汉儒以为，此类卦皆由它卦卦爻上下升降变动而来。如观䷓六四升于五即成晋䷢卦，遯䷠六二升于五，即成鼎䷱卦。后世学者欲求其例，然罕有能贯而通于全经者。易学史上的卦变说主要有以下五家。

（1）虞氏卦变。虞翻、荀爽、蜀才、侯果、卢氏等皆以升降说卦变。虞翻说最为完备。虞氏卦变以十辟卦为纲领，每卦两爻相易，主变动者仅止一爻。其谓一阴一阳之卦皆自复䷗姤䷫来。自复来者五卦：师、谦䷎、豫䷏、比、剥䷖。自姤来者五卦：同人䷌、履䷉、小畜䷈、大有䷍、夬䷪。二阴二阳之卦皆自临䷒遯䷠来。自临来者八卦：升䷭、解䷧、坎䷜、蒙䷃、明夷䷣、震䷲、屯䷂、颐䷚。自遯来者八卦：无妄䷘、家人䷤、离䷝、革䷰、讼䷅、巽䷸、鼎䷱、大过䷛。三阴三阳之卦皆自泰䷊否䷋来。自泰来者九卦：恒䷟、井䷯、蛊䷑、丰䷶、既济䷾、贲䷕、归妹䷵、节䷻、损䷨。自否来者九卦：益䷩、噬嗑䷔、随䷐、涣䷺、未济䷿、困䷮、渐䷴、旅䷷、咸䷞。四阴四阳之卦皆自大壮䷡、观䷓来。自大壮来者八卦：大过䷛、鼎䷱、革䷰、离䷝、兑䷹、睽䷥、需䷄、大畜䷙。自观来者八卦：颐䷚、屯䷂、蒙䷃、坎䷜、艮䷳、蹇䷦、晋䷢、萃䷬。中孚䷼、小过䷽为变例。乾䷀坤䷁两卦为生卦之本。此说有两大缺陷，第一，《传》言乾坤为易之门，易之蕴，十辟不应有生卦之义。第二，一阴一阳之卦即五阴五阳之卦，二阴二阳之卦即四阴四阳之卦，此二例中之卦势必重复，于二者之中究从何来？

（2）苏、程卦变。北宋苏轼、程颐论卦变大同小异。《东坡易传》说："凡《易》之所谓刚柔往来相易者皆本诸乾坤也。乾施一阳于坤，以化其一阴而生三子，皆一阳而二阴，凡三子之卦有言刚来者，明此本坤也，而乾来化之。坤施一阴于乾以化其一阳而生三女，皆一阴而二阳。凡三女之卦有言柔来者，明此本乾也而坤来化之。"据此则六十四卦中凡上下二体由三子三女相匹之卦才具卦变意义，余皆无卦变。三子三女相匹之卦十八：损䷨、节䷻、归妹䷵、贲䷕、既济䷾、丰䷶、噬嗑䷔、随䷐、益䷩、蛊䷑、井䷯、恒䷟、未济䷿、困䷮、涣䷺、旅䷷、咸䷞、渐䷴。金景芳《周易讲座》："苏程二人意见一致，孰先孰后今不明。据我看，他们解决了卦变的问题。朱熹后来又讲了一番卦变问题，讲错了，不要信他。"

（3）李挺之卦变。李氏卦变有二图，一曰"变卦反对图"，二曰"六十四卦相生图"。"反对图"据朱震说先由邵雍之子邵伯温传于河阳陈四文,陈四文传于李挺之。"反对图"以为《象传》言卦变皆以反对为义,其图分为八篇:

① 乾坤为易之门:

☰ ☷

② 乾坤相索三变不反对图:

颐☶ 小过☳ 坎☵ 大过☱ 中孚☴ 离☲

③ 乾一阴下生反对图:

姤☴ 同人☲ 履☱ 小畜☴ 大有☲ 夬☱

④ 坤一阳下生反对图:

复☳ 师☵ 谦☶ 豫☳ 比☵ 剥☶

⑤ 乾下生二阴反对图:

遯☶ 无妄☳ 大畜☶ 讼☵ 睽☲ 兑☱ 革☱

需☵ 大壮☳ 家人☲ 巽☴ 鼎☲

⑥ 坤下生二阳反对图:

临☱ 明夷☲ 升☴ 蹇☵ 艮☶ 蒙☵

观☴ 晋☲ 萃☱ 解☵ 震☳ 屯☵

⑦ 乾下生三阴反对图:

否☷ 恒☳ 丰☳ 归妹☳ 节☵ 既济☲

泰☷ 咸☱ 旅☲ 渐☴ 涣☴ 未济☲

⑧ 坤下生三阳反对图:

泰☷ 损☶ 贲☶ 蛊☶ 井☵ 未济☲

否☷ 益☴ 噬嗑☲ 随☱ 困☱ 既济☲

其六十四卦相生图删去虞氏四阴四阳之卦而散二阴二阳卦内。乾一交而为姤☴。坤一交而为复☳。复☳为六十四卦小父母(乾坤为大父母)。凡一阳五阴卦皆自复来:师、谦、豫、比、剥。凡五阳一阴卦皆自姤来:同人、履、小畜、大有、夬。凡四阴二阳卦皆自临来:明夷、震、屯、颐、升、解、坎、蒙、小过、萃、观、蹇、晋、艮。凡四阳二阴卦皆自遯来:讼、巽、鼎、大过、无妄、家人、离、革、中孚、大畜、大壮、睽、需、兑。凡三阴三阳卦皆自泰来:归妹、节、损、丰、既济、贲、恒、井、蛊。凡三阳三阴卦皆自否来:渐、旅、咸、涣、未济、困、益、噬嗑、随。清代易学家如黄宗羲、胡渭于卦变皆主张以反对义。胡渭说:"李挺之言卦变莫善于反对,莫不善于相生。反对者,经之所有,相生者,经之所无。相生图盖从乾坤三索之义而推之于六画以为卦变。"六十四卦乃八卦相重所生,而非由复姤临遯泰否而来。

（4）俞琰卦变。俞氏《易外别传》载先天六十四卦直图一幅，作者未言卦变而实具卦变之义。其图以乾居上，坤居下，中为离、坎，乾离间一列皆一阴五阳之卦。与离同列者皆四阳二阴之卦。离坎间一列为三阴三阳之卦。与坎同列者为四阴二阳之卦。坎下一列为五阴一阳之卦。俞氏曰："坤中一阳之生而至五阳，则升之极矣，遂为六阳之纯乾。自乾中一阴之生而至五阴，则降之极矣，遂为六阴之纯坤。一升一降，上下往来，盖循环而无穷也。天地如此，人身亦如此。子时气到尾间，丑寅在腰间，卯辰巳在脊臂，午在泥丸，未申酉在胸膈，戌亥则又归于腹中，此一日之升降然也。"是为道家卦变之说。道家以乾坤为鼎器，以坎离为药物。俞氏直图正好体现这种思想。

（5）朱熹卦变。朱熹《周易本义》卷首九图之中列卦变图一幅，其体系与虞氏卦变略同，大旨以十辟卦为生卦之本而增加五阴五阳之卦。一阴一阳之卦皆自复姤来，剥、比、豫、谦、师、复、夬、大有、小畜、履、同人、姤，凡十二卦。二阴二阳之卦皆自临、遯来，颐、屯、震、明夷、临、蒙、坎、解、升、艮、蹇、小过、晋、萃、观、大过、鼎、巽、讼、遯、革、离、家人、无妄、兑、睽、中孚、需、大畜、大壮凡三十卦。三阴三阳之卦皆自泰、否来，损、节、归妹、泰、贲、既济、丰、噬嗑、随、益、蛊、井、恒、未济、困、涣、旅、咸、渐、否、咸、旅、渐、否、困、未济、涣、井、蛊、恒、随、噬嗑、益、既济、贲、丰、节、损、归妹、泰凡四十卦。四阴四阳之卦皆自大壮、观来，大畜、需、大壮、睽、兑、中孚、离、革、家人、无妄、鼎、大过、巽、讼、遯、萃、晋、观、蹇、艮、小过、坎、蒙、解、升、屯、颐、震、明夷、临，凡三十卦。五阴五阳之卦皆由夬、剥来，大有、遯、小畜、履、同人、姤、比、剥、豫、谦、师、复，凡十二卦。此说较虞氏卦变更加烦琐，五阴五阳之卦即一阴一阳之卦，四阴四阳之卦即二阴二阳之卦，而三阴三阳之卦既从泰来，又从否来，故除乾坤二卦外，余六十二卦演为一百二十四卦。朱熹虽有此图，但解经却不用卦变为说，以其自相矛盾难以应用。（本节参见吕绍纲主编、常金仓副主编《周易辞典》相关词条）其实，卦乃重来，既成而定，无有变理。所谓"刚柔往来"，"大小上下"，不过是解经或占筮时用语，与卦之形成，初无联系。可见卦变之说实乃后起，不于造经画卦时事。

4. 之卦例

《易》学占筮术语。原筮得的卦称本卦，亦称正卦。所变之卦称之卦，亦称变卦。《左传》庄公二十二年："陈侯使筮之，遇观☶☷之否☰☷。"意谓筮得观卦，但是第四爻是六不是八。六是变爻，将变为七，即阴将变为阳。于是观卦将变为否卦。所筮之观卦是"本卦"，将变成的否卦是"之卦"。之，往，去。一卦变为另一卦，亦称"之"。指一卦之内两爻相易而发生卦变的方式。

如遯䷠,"三之二",即九三与六二互易位置,则成讼䷅;再如大壮䷡,其"四之五",即九四与六五两爻互易位置,则成需䷄。《周易》占变爻(九、六),求卦时,其数为9、6的,都要向对立面变化,变为阴爻或阳爻,一爻变引起一卦变。未变前的卦叫本卦,变化后的卦叫之卦。之卦的作用,在于揭示占筮时所依据或参考的爻辞和卦辞(其具体情形,诸家解说复杂,兹不深论),从而揭示其吉凶悔吝等趋势。

5. 互卦例

这是汉儒取象解卦方法。互卦者,取重卦二三四爻为内卦,三四五爻为外卦,合之为互卦。一卦六爻,除初、上二爻外,中间二、三、四与三、四、五爻交互而成两个三画卦。如随卦䷐,二、三、四爻构成艮卦,三、四、五爻构成巽卦。每卦于原来的上下二体外,又增两卦,取象范围就扩大了。古人以为在孔子以前已用互体占卦,在《春秋》内外传二十余个筮例中共得三例,如《左传》庄公二十二年周太史以《周易》见陈侯,陈侯使筮之,遇观䷓之否䷋,太史曰:"是谓观国之光,利用宾于王。""坤,土也。巽,风也。乾,天也。风为天于土上,山也。"前人据此认为否卦下坤为土,上乾为天,二、三、四为艮为山,三、四、五为巽为风,正合太史之言。孔子于《系辞传》说:"二与四同功而异位,其善不同,二多誉,四多惧,近也……三与五同功而异位,三多凶,五多功,贵贱之等也。"又说"若夫杂物撰德,辨是与非,则非其中爻不备"。有人认为此乃孔子用互体之证,故后世学者乃至黜象数者亦往往以互体为取象正例,清儒黄宗羲《易学象数论》,力排爻辰、纳甲、世应、飞伏,而不非互体。全祖望《经史问答》反对后世所造互体变例,却不反对所谓互体正例。俞樾《周易互体徵》则进一步搜集例证以证成互体之说。顾炎武《日知录》虽全面否定互体说,却未能驳倒互体的论证。古人占卦皆兼观两卦,未有舍贞卦而就悔卦求象者,故《春秋》内外传筮例未可为周人用互之确证。

6. 往来例

"往来"说是《彖传》《象传》的爻位解释说。此说以爻之往来解释卦爻辞的吉凶。往谓在上体,来谓在下体。阴应居下,而往往在上。阳应在上,而往往居下。以此可见吉凶。如鼎卦䷱卦辞:"元吉,亨",《彖传》释之曰:"柔进而上行,得中而应乎刚,是以元亨。"此言鼎卦之所以吉,是因六五的关系。阴当居下而今在上体,柔而得中又应九二,故吉。又如无妄䷘,《彖传》说:"刚自外来而为主于内。"是说初九刚爻本应居上体而今来在初位,且统率二阴。以此解释卦体之"动而健"和卦辞"元亨,利贞"。此说成为后世义理派解释卦爻的基本方法。象数派又把它与卦变说结合起来,成为随意取象、大讲"之"变的一个根据。

六、《周易》释义

1. 太极义

又作"大极",是《周易》基本概念。语出《系辞上传》,其文曰:"是故易有大极,是生两仪,两仪生四象,四象生八卦。"孔颖达疏:"太极谓天地未分之前,元气混而为一,即是太初、太一也。"这段话既是讲八卦产生的原理,也反映《周易》关于宇宙本体的观点。大,读为太,有始义。大极,指称宇宙本体。大极即大一。《说文解字》第一字即是"一",许慎释曰:"唯初大极,道立于一,造分天地,化成万物。"大极是物质性实体,它是宇宙的本原。天地万物由大极而来。大极之前,《周易》不言,即言有不言无。张载《正蒙》:"大《易》不言有无,言有无诸子之陋也。"所言极是。说明《周易》关于宇宙本原的观点是唯物论的。大极相当于《老子》"一生二,二生三,三生万物"的"一",是个浑沦的整体。但是《老子》在"一生二"之前加上一个"道生一",便是蛇足。宋儒周敦颐《太极图说》曰:"无极而太极,太极动而生阳,动极而静,静而生阴,静极复动,一动一静,互为其根,分阴分阳,两仪立焉。"周敦颐作《太极图说》,讲"无极而大极",于大极之前加上无极,也离开《周易》,滑入《老子》"道生一"的一路。朱熹《周易本义》"太极者,其理也。"《朱子语类》卷七五:"太极只是一个浑沦底道理,里面包含阴阳、刚柔、奇耦,无所不有。"又将"太极"说成纯粹理性的、精神的东西,也违背了《周易》物质性太极的本义。太极古称元气,今称星云,都是物质的,是能够生成天地、阴阳和万物的物质性存在。

2. 河洛义

即河图洛书,初见于《周易》《尚书》和《论语》。《系辞上》讲易卦生成时说:"河出图,洛出书,圣人则之。"圣人是依仿《河图》《洛书》画了卦画。《尚书·顾命》又讲王者所处环境陈设说:"大玉,夷玉,天球,河图在东序。""河图"是一种实体的陈设。《论语·子罕》记载称"子曰:凤鸟不至,河不出图,吾已矣夫",将"河图"当成一种吉祥物。《管子·小匡》讲:"昔人之受命者,龙龟假,河出图,洛出书,地出乘黄,今三祥未见有者。"也把《河图》

《洛书》视为受命的祥瑞吉兆。都未见将《易经》与河图、洛书作过多的联系。河洛之学渊源于汉儒刘歆、郑玄等人对《尚书·顾命》中所言"河图"及《易·系辞传》所言"河出图,洛出书,圣人则之"的解释和理解。宋初陈抟作龙图易。其龙图三变之第三变之两图式,一为五行生成图,一为九宫图。前者即以郑玄之五行说为思想基础,后者即以《易纬》之九宫说为思想基础。其后许多学者乃推崇河图、洛书,将《周易》之起源与河图、洛书紧密联系起来,借以阐释其象数学理论,且由此形成了以图式解说《周易》的学风,故清人称其学为图书之学。《宋史·朱震传》:"陈抟以先天图传种放,放传穆修,穆修传李之才,之才传邵雍。放以河图、洛书传李溉,溉传许坚,许坚传范谔昌,谔昌传刘牧。穆修以太极图传周敦颐,敦颐传程颢、程颐。"是知图书学派创始于五代末北宋初之道士陈抟。有三个支派:邵雍所传先天图之学,刘牧所传河图、洛书之学,周敦颐所传太极图之学。朱震将二程列入图书学派之传授系统,实不可信。又,王称《东都事略·儒学传》言:"陈抟读易,以数学授穆修;以象学授种放,放授许坚,坚授范谔昌。"邵伯温《经世辨惑》言:"希夷易学,不烦文字解说。止有图以寓阴阳之数与卦之生变。"是图书学派之易学又有阴阳奇偶之数与明卦爻象之两种内容,前者为数学,后者为象学。数学之代表人物有刘牧、邵雍等,象学的代表人物有李之才、周敦颐等;南宋则有蔡元定、蔡沈,朱熹也颇为醉心。

其具体做法,陈抟以龙图三变说阐明八卦卦象起源于龙图的思想。后苏轼也认为"河图为八卦,洛书为九畴","以予观之,图书之文,必粗有八卦、九畴之象数,以发伏羲与禹之知,如《春秋》之以麟作也"。(《书传》卷十)刘牧则对两图式加以区别,称五行生成图为洛书,九宫图为河图,提出图九书十说,并对两图式进行理论解说,是以形成了河洛之学。宋易象数学者们围绕有关河、洛图式及其原理等问题的讨论构成宋易象数学的主要内容。图书学派的治易学风在南宋、元明仍很流行,至清考辨易图之风兴起,河图、洛书与《周易》的关系受到否定,其学遂衰。

3. 乾坤义

乾坤父母说。《说卦传》解释八卦中乾坤两卦与其他六卦之关系的一种说法。此说认为,乾坤二卦好像父母,其他六卦犹如六子,六卦由父母卦相互求索而生:"乾天也,故称乎父;坤地也,故称乎母。震一索而得男,故谓之长男。巽一索而得女,故谓之长女。坎再索而得男,故谓之中男。离再索而得女,故谓之中女。艮三索而得男,故谓之少男。兑三索而得女,故谓之少女。"这是八卦生成之后从八卦之间的关系上所看出的意义,与八卦生成问题不是一回事,这种认识同《系辞传》所说的"乾坤其易之蕴邪","乾坤其易之门邪",即把《周易》六十四卦看成为由乾坤两卦的相互交错而产生出来的思想一致。此说影响甚为深远。唐孔颖达《周易正义》认为六十四卦皆源于乾坤两卦,其解《系辞传》"乾坤成列而易立乎其中矣"说:"夫易者阴阳变化之谓。阴阳变化,立爻以效之,皆从乾坤而来。故乾生三男,坤生三女而为八卦,变而相重而有六十四卦,三百八十四爻。本之根源,从乾坤而来。故乾坤既成列位,而易道变化建立乎乾坤之中矣。"此即依据乾坤父母说,来论证乾坤为诸卦之基础。宋代苏轼《东坡易传》与程颐《易传》,亦据此谈卦变。

4. 四象义

四象:少阳、太阳、少阴、太阴。《系辞上》:"易有太极,始生两仪,两仪生四象,四象生八卦。"又曰:"易有四象,所以示也;系辞焉,所以告也。"前一"四象"是阴阳两仪与八卦之间的中间环节,即老阳、少阳、老阴、少阴。阴--、阳—各分为二而成四象。一分而为二,即上面加上一、--,遂变为⚏(老阳)、⚎(少阴)。--分而为二,即上面加上--、一,遂变为⚍(老阴)、⚌(少阳)。此"四象"可以象春夏秋冬四时,但是在《易》中实无表达之意义,与两仪、八卦不同。两仪代表阴阳刚柔天地乾坤,是《易》中的基本概念。八卦代表万物的八种性质,又是重为六十四卦的构件,更为重要。"四象"却无如此重要的意义。后一"四象"所指为何物,古说各异,据孔颖达疏,庄氏谓六十四卦中的实象、假象、义象、用象为"四象"。何氏以为"四象"谓天生神物,天地变化,天垂象见吉凶,河出图洛出书。孔氏自认为此"四象"系指称七八九六。谁说为是,今未可遽定。

5. 刚柔义

"刚柔"是《周易》对阴阳德性的形象说明。认为阴阳消长、事物变化,体现在"刚柔相推"和"刚柔相长"上。此说认为,爻象变化的基本形式,首先是刚柔相推。《系辞传》论爻象之变化曰:"八卦成列,象在其中矣。因而重之,爻在其中矣。刚柔相推,变在其中矣。""刚柔相推而生变化。"所谓"相推",既指刚柔二爻互变,也包括上往下来,阴阳消长。如剥卦䷖《象传》"柔变刚也",指柔长刚消。夬卦䷪《象传》"刚决柔也",指刚长柔消。此皆为刚柔相推之义。《系辞传》说:"是故刚柔相摩,八卦相荡。鼓之以雷霆,润之以风雨。日月运行,一寒一暑。""六爻之动,三极之道也。"这里将自然的刚柔相推引进筮法,认为刚柔相推是宇宙和易的普遍法则。这实质是关于对立统一的思想。其次,认为卦中阴阳(柔刚)爻彼此消长,决定了卦爻的基本含义。如泰卦䷊辞"小往大来,吉,亨",《彖传》释此曰:"君子道长,小人道消也。"内卦乾为刚,阳刚代表君子,刚在内而上长,是谓君子道长;外卦坤为柔,阴柔代表小人,阳上长而阴消,故曰小人道消。否卦䷋卦辞"大往小来",《彖传》释之曰:"小人道长,君子道消也。"此与泰卦正好相反。又如复䷗,一阳居于五阴之下,卦辞曰"利有攸往",《彖传》释之曰:"利有攸往,刚长也。"刚,指初九一阳复生,其势必长,阳长阴消,则无往不利。否的反对卦是剥䷖,一阳在上五阴居下,卦辞曰"不利有攸往"。《彖传》释此曰:"柔变刚也。不利有攸往,小人长也。"变,指柔长而侵刚,小人势众,上九一阳难安,故曰不利有攸往。刚柔消长说的理论基础,亦是《系辞传》所谓"刚柔相推而生变化"的观点。

6. 变通义

"易"为"时物",物乃随时变化生出。变有三态,故郑玄曰:"《易》一名而含三义:易简也,变易也,不易也。"根据《易纬乾凿度》的解释,易简,指《易经》的本质特征,即《系辞》所谓"乾以易知,坤以简能","易简而天下之理得"。变易,指《易经》所揭示的精气变化,即《系辞》"精气为物,游魂为变","一阖一辟谓之变"。不易,即《易经》所反映的宇宙秩序,即《系辞》所谓"天尊地卑,乾坤见矣;卑高以陈,贵贱位矣"。《易经》在于明道,具有概括性,故其德为简易;《易经》揭示天道变化规律,故其特征为变易;《易经》强调易卦相对的稳定性,故其秩序为不易。而随时变易,乃三义之核心,故一部《易》无非"变"的哲学。

《系辞下》曰:"《易》穷则变,变则通,通则久。是以自天祐之,吉无不利。"又曰:"《易》之为书也,不可远,为道也屡迁。变动不居,周流六虚,上下无常,刚柔相易,不可为典要,唯变所适。"

上揭二则表明,《易经》之为书,重在于随时之变。"穷"即有来无往,有往无来之时;"通"即来往无碍之况。《易经》认为,在行不通的时候就当变,变了即可通,通畅则能遂其事业,利其发展,故可以保持长久而不败。知道适时以变求通,则可以获得天时的保佑,获得无上的大吉大利。《易经》是行动指南,它告诉人们不能抱着一个老框框来对待永远万变的事情(不可远),它的求通之道在于随时不停地改变方式和方法。在六虚之间周流,在上下之间往来,阴阳之气互为消长,没有一定之规,视其需要而变化之。时变,是《易经》的根本特征。

那么,何为时变呢?何种力量促成其变化呢?曰天地也,阴阳也,刚柔也……举凡一切应时而起的对待之物,矛盾之体,其相推相荡,皆变之根本动力。《乾卦·象传》:"乾道变化。"《坤卦·文言》:"天地变化,草木繁。"《系辞上》:"在天成象,在地成形,变化见矣。是故刚柔相摩,八卦相荡。"天有象,地有形,即天地形成之始;有对待,有矛盾,故刚柔应时相摩,八卦应时相荡,于是变化就出现了。又曰:"是故阖户谓之坤,辟户谓之乾,一阖一辟谓之变,往来不穷谓之通。"阖户叫坤,辟户叫乾,一阖一辟,应时交替出现,即是变化,变化不息即得遂通。《系辞下》又曰:"刚柔相推,变在其中矣。"更直截了当地说明,所谓变化就是刚柔、阴阳的适时相推相荡,也就是对立面的相互作用。如果说天地的大德在于生生,而生生的原因在于天地相感,而天地相感最直接的结果则是适时变化。有天地才有相感,有相感才有变化,有变化才有万物的生成。随时变化是万物化生的前奏,也是《易经》的中心内容。

变化不仅仅存在于天地之间,也不仅仅在万物生成时起作用,在社会进步、人世演进历程中也无不如此:《系辞上》曰:"是故形而上者谓之道,形而下者谓之器,化而裁之谓之变,推而行之谓之通,举而错之天下之民谓之事业。"道,即隐藏并超脱于形骸之上的规律和法则;形诸目前,现为事物者,则是具体的器。道和器分属于两个既联系又区别的领域,成为一对对立而又统一的矛盾体。有对待,有相感,就有变化,故欲参化天道,裁就成器,这就必然导致变化。将此变化之道推行于天下之时就可以获得遂通,而将此遂通之法施于天下万民就成了盛德大业,故《系辞下》又说:"功业见乎变。"这就将天道自然之变,推而行之于世间事业之上了。变,贯穿于一切事物之中。

《易大传》常"变化"连词,"变"即渐变、量变,"化"即突变、质变。《坤卦·初六》"履霜坚冰至",《系辞传》:"臣弑其君,子弑其父,非一朝一夕之故,其所由来者渐矣。由辨之不早辨也。"所言皆渐变——脚踏薄霜而知坚冰将至,此天气之渐变;臣弑君,子弑父,亦必有积而发,此人事之渐变。由《易》言之,全经六十四卦,一卦六爻,无非由渐变到质变的过程。王弼曰:"卦者时也,爻者适时之变也。"即对此而说。一卦由初爻,渐进而至上爻,为渐进;至于上爻,其变至极,化为新卦,为突变。《乾卦》从初九"潜"至上九之"亢",由渐而至极,故乾卦六阳爻尽变成为六阴爻,故乾之后继之以坤。六十四卦的排列,不反即对,体现的正是由渐变到突变的发展过程。前人说:"画变为爻,爻极乃化";"变者爻之渐",即此之谓。老庄讲变,"方死方生,方生方死";古希腊赫拉克利特讲变,"不能两次踏进同一条河流",他们所说的变只在一瞬间进行,而忽视事物发展过程的相对稳定性,忽略变化有渐变和突变、量变与质变的区别,这当然不是事物变化的本来面目。与《易经》所揭示的变化规律,远为逊色。

《系辞上》言:"圣人有以见天下之动,而观其会通,以行其典礼,系辞焉以断其吉凶,是故谓之爻。"《系辞下》:"爻象动乎内,吉凶见乎变,圣人之情见乎辞。"有了识权达变的本领,就畅通无阻,无挂无碍,以此佐民,就进入了神化的境界了。《系辞下》:"通其变,使民不倦,神而化之,使民宜之。"《系辞上》:"知变化之道者,其知神之所为乎?"是以"变"固不可以不知,而"时"又尤其不可不晓。

7. 德业义

墨家、法家讲事功而不讲修德,道家讲道德而不切实用。《周易》讲修养,力主"德""业"双修,体用兼备。《乾文言》:"君子进德修业,忠信所以进德也,修辞立其诚,所以居业也。""君子进德修业,欲及时也。"《系辞上》:"盛德大业至矣哉,富有之谓大业,日新之谓盛德。"又曰:"夫易圣人所以崇德而广业也。"《系辞下》:"精义入神,以致用也;利用安身,以崇德也。"或言"进德修业",或言"盛德大业",或言"崇德广业",或言"致用崇德",都是德业并举,体用兼赅。所谓"德",即个人的个性修养,是人生之本;所谓"业",即人世的事业,是人生之功。德为本为体,业为末为用。理想的人格端在于既具有优秀的情操和美德,又具有切实可用的现实价值。圣人、君子修身不是为己,而是为了救世,为了利民。儒者崇尚"内圣外王",圣者德高,是"进德"的目的;王者成功,是"修业"的极至。《周易》不仅主张德业双修,而且将德业二者结合起来,以德修业,用业饰德,德之与业,是一对互相依存的统一体,这就为全面发展人的道德潜能、事业潜能,树立了光辉榜样。这正是《周易》智能高于其他任何思想的原因所在。

8. 时中义

适时用中系《彖传》解释《周易》的重要原则之一。《系辞传》说:"六爻相杂,唯其时物。"易卦六爻的构成就是体现因时变化而产生事物的。故王弼曰:"卦者时也,爻者适时之变也。"体现在卦象上是因卦尚中,体现在人事上是"时中""时行"。此说认为,二五爻居于上下卦之中位,一般可得中道,往往可致吉。如其释讼卦说:"利见大人,尚中正也。"释需卦说:"位乎天位,以正中也。"释同人卦说:"文明以健,中正而应,君子正也。"释小畜卦说:"健而巽,刚中而志行,乃亨。"此说还认为,六爻的吉凶因所处的时位不同而各异,是因时而变的,所以要因时而行。如其释大有卦说:"应乎天而时行,是以元亨。"释遯卦说:"刚当位而应,与时行也。"释艮卦说:"时止则止,时行则行,动静不失其时,其道光明。"此说还将中与时联系在一起,把"时中"作为行动的准则,如《乾文言》曰:"君子进德修业,欲及时也。"《彖传》释蒙卦说："蒙亨,以亨行,时中也。"从理论基础上说,时中说来源于"易"从勿从日的本义,实践于尧舜文武,这些人极推崇时中,以为时中是解决主客关系的基本准则。孔子对此有深刻理解,并广泛应用于对《周易》的解说上。在易学史上,时中说的影响极为深远,后世义理学派讲《周易》,如王注、苏传、程传等,都离不开时和中。

七、《周易》述学

1. 两派六宗

《四库全书总目》经部易类小序对于自汉至宋《易》学传承发展及其流派状况进行了概括："汉儒言象数,去古未远也。一变而为京、焦,入于机祥,再变而为陈、邵,务穷造化,《易》遂不切于民用。王弼尽黜象数,说以老庄,一变而胡瑗、程子,始阐明儒理,再变而李光、杨万里,又参证史事,《易》遂日启其论端。此两派六宗,已互相攻驳。"认为易学发展史上存在互相对立的两派,即象数派与义理派。象数派《易》学以汉代古文经学派的《易》学、京房和焦延寿的以《易》言阴阳灾异之学、陈抟和邵雍的务穷造化之学为代表,此三者之间有继承发展关系。义理派《易》学以王弼以玄理说《易》之学与胡瑗、程颐以儒理说《易》之学及李光、杨万里引史说《易》之学为代表,此三者之间亦有着继承发展的关系。

2. 先天后天

易学史上有以八卦和东西南北方位相配的一种学说。此学说西汉已见端倪,至北宋经过陈抟、李之才、邵雍等人的发挥,达到鼎盛的程度,对后世影响极大,成为象数派《易学》的基本内容之一。八卦方位有"先天八卦方位"和"后天八卦方位"两种。主后天八卦方位的《易》学称后天之学,主先天八卦方位的《易》学称先天之学。西汉孟喜、京房、《易纬·乾凿度》一脉相承,提出和发展卦气说。孟喜、京房以坎离震兑为四正卦,主一年四季二十四气。据说所谓坎离震兑四正卦说源于《说卦传》"万物出乎震,震东方也"一章。《易纬·乾凿度》又以八卦配十二月节气,以仁义礼智信五常配八卦。此方位坎、离居北与南,震、兑居东与西,乾、坤居西北西南,艮、巽居东北东南。邵雍称之为后天八卦方位,认为是文王之《易》。

北宋初陈抟创先天图。邵雍继承过来,画出以乾坤坎离为四正卦的方位图。此图乾、坤居南北,坎、离居西东,艮、巽居西北西南,震、兑居东北东南。邵雍称之为先天八卦方位,认为是伏羲之《易》。据说先天八卦方位源于《说卦传》的"天地定位"一章。

邵雍两种八卦方位都讲,但是他主张先天八卦方位,忽视后天八卦方位。所以邵氏的《易》学称为先天之学。先天八卦方位与后天八卦方位都说源自《说卦传》,但是《说卦传》"天地定位"数语并没有方位说的直接意向,"帝出乎震"一章虽言及四方,却也不见方位说的用心。八卦方位说系后世人所创,有助于解易,实非《周易》固有本义。

3. 卜筮易

《易》本为卜筮之书,但经孔子《易大传》哲理化之后,《易》成为假卜筮以行教化的哲理书。秦始皇焚书坑儒,而"所不去者,医药卜筮种树之书"。假以卜筮成为《易》得以广泛流传至今的重要原因。不过,历代学者仍力图探求其卜筮的本来面貌,以求其确解。筮占类易学文献包括数学、阴阳灾异及占验体例、卜筮林占、蓍书蓍法等。筮占类易学著作往往与术数之学接近,而与儒家义理相去较远,故历来受到排斥,退之入子部术数、五行、蓍龟等类之中。①

筮占类易学文献也有两种情况:一种是探求易数、揲蓍及占断,借以阐明儒理,以便更好地把握《易经》旨趣,或者以此明《易经》原旨,站在儒家立场,入室操戈,以辟术数方士之学;一种基本上以术数筮占为主,类于方士。正因为如此,故学者又多据实甄录,分别著录。清四库馆臣修《四库全书总目》即以此为准,故称:"今所编录,于推演数学者略存梗概,以备一家。其支离曼衍、不附经文,于《易》杳不相关者,则竟退置于术数家,明不以魏伯阳、陈抟等方外之学淆六经之正义也。"②魏伯阳、陈抟以道、佛解《易》,确为方外之学,但与术数之学不同,馆臣所言混二为一,有失妥当。

专论筮法、占法的筮占类文献以讨论揲蓍之数、揲蓍的具体操作情况,以及占断方法为主,主要著作有汉焦赣《易林》16卷、宋程迥《周易古占法》2卷、朱熹《蓍卦考误》1卷、元李道纯《周易尚占》3卷、雷思齐《易筮通变》3卷、许衡《揲蓍说》、刘因《梭蓍记》1卷、明韩邦奇《易占经纬》4卷、程鸿烈《周易会占》、季本《蓍法别传》2卷、清王弘撰《周易筮述》8卷、毛奇龄《春秋占筮书》3卷、胡煦《卜法详考》4卷、程廷祚《占法订误》1卷、金榜《周易考

---

① 按:容肇祖《占卜的源流》一文对易学术数类文献多有论述分析,载《国立中央研究院历史语言研究所集刊》1928年第1本第1分,第47—87页。
② 《四库全书总目》卷六易类附案语,第48页。

占》1卷、王韺《周易辩占》1卷、李道平《易筮遗占》1卷等。

数学类易学文献虽多论数理，不完全主张筮占，但仍与此相关，主要者如鲍云龙《天原发微》5卷、丁易东《大衍索隐》3卷、许衡《阴阳消长论》、韩邦奇《启蒙易见》5卷、黄道周《三易洞玑》16卷、纪大奎《考订河洛理数便览》1卷等。

4. 象数易

象数思维，是借助物象和数目表达意义的思维形式，与形象思维有类似之处，它们都讲究事物的形似和模拟类推。早在春秋之世，说易者已有象数、义理两派。象数派以卜筮为目的，重在象数。但那时的象数派只表现为一种方向，真正形成系统的象数学体系，是汉代的事。汉代象数学派的代表人物有孟喜、焦延寿、京房、郑玄、虞翻等。他们治《易》，着重追求象数，《周易》中所有经传词语都要找出象数的根据。找不到就脱离《周易》另创新说，创出所谓卦变、互体、五行、八宫、纳甲、爻辰、卦气、飞伏、世应、旁通诸说，烦琐零碎，越讲越繁。其末流又衍为阴阳五行迷信，甚至与谶纬合流，以预言神话等，谈阴阳灾变为务，使易学研究走进了死胡同。至曹魏时代，王弼注《易》一扫汉人象数之说，直探《周易》本身的思想内涵，象数派《易》学一度冷落。唐人李鼎祚作《周易集解》，搜罗残剩，将象数家虞翻等人的《易》说保存下来。至宋代，象数派势力复盛，出现了陈抟、刘牧、周敦颐、邵雍、朱震等象数学家，他们在汉《易》基础上又创图书之学，在数上下功夫，离《周易》义理本身则越来越远。清惠栋、张惠言、焦循等人回头搞汉《易》，其影响一直到当代。总之，象数派是贯穿中国易学史的两大派别之一，影响既大且深。从本质上说，象数派体系是对《周易》卜筮迷信部分的发展，又穿凿附会了许多《周易》本身根本没有的东西。

5. 义理易

易学史上与象数学派相对立的易学派别。所谓义理，指六十四卦所蕴藏的古人的自然观、人生观和社会观。《周易》本为卜筮之书，古人把他们长期观察、体验得来的天道、地道、人道观融进《周易》之中，使《周易》蕴涵深邃的宇宙生成论、社会变革论、事物变化说和人生修养说、事业利屯学等哲学思想。早在春秋之世，说《易》者即有义理一派。提倡"观其德义"的孔子是此派的杰出代表。他纂作《易传》，把《周易》藏在卜筮外衣后面的思想直接表达出来，使之成为真正意义上的哲学，奠定了义理派"太极""阴阳""刚柔""变通""德业"等的思想框架和理论基础。到了汉代，象数派大行，义理派式微。至曹魏之世，王弼倡义理而斥象数，义理派大振。晋人韩康伯注《系辞》以下，亦发扬义理派《易》学。南北朝时代，江左诸儒并传王学。唐代孔颖达修《周易正义》，用王弼、韩康伯注本，义理派得以发展壮大。入宋，苏轼以《易》而言"人事"，程颐用《易》讲明"儒理"。由于他们的《东坡易传》和《伊川易传》的杰出贡献，他被后世视为宋代义理派的代表。宋代义理派《易》学人物还有胡瑗、张载、杨万里、项安世等人。明清的义理派易学家主要有顾炎武、黄宗羲、李光地等人。从本质上说，义理派代表《周易》研究的正确方向。当代郭沫若、金景芳等用马克思主义理论研究《周易》的学者都批判继承古代义理派的《易》学遗产。

6. 图书易

郑樵称"古之学者为学有要，置图于左，置书于右"，"人亦易为学，学亦易为功"[1]，但后世书存图亡，学者难成。他对图谱的失坠深感痛心，在《通志》中专列《图谱略》，以著其详。以图谱形式来探讨分析易学，起源甚早，传说有河图洛书，《汉书·艺文志》著录有《神轮图》，扬雄也有《太玄图》等。晋袁宏有《周易略谱》1卷。《隋志》著录有《周易谱》《周易新图》《周易普玄图》《易通卦验玄图》《易通统图》《易新图序》《易八卦命录斗内图》《易斗图》《易八卦斗内图》《周易八卦五行图》《周易斗中八卦绝命图》《周易斗中八卦推游年图》《周易分野星图》等。这些书均佚，但多著录于五行类，与汉代的易纬极相似，当属一类，与后世的图书说大有区别。到了唐代，以图说《易》变得明晰起来。陈子昂《感遇》之一："微月生西海，幽阳始代升。园光正东满，阴魄已朝凝。太极生天地，三元更废兴。"人谓所咏正乃失传已久的太极图。成玄英有《周易穷寂图》，沈熊则有《周易谱》，不知其详。僧一行研究汉代易学，有《大衍玄图》，《新唐书》又录其《卦气图》，成为我们研究汉代卦气说的重要资料。宪宗时，高定"精王氏《易》，尝为易图，合八出以画八卦，上圆下方，合则重，转则演，七转而六十四卦六甲八节备焉"[2]，明显已有以图画论《易》的成分。唐末陆希声也有《易图》1卷。如此种种，显示着易图学的日渐兴起。五代时期，蜀人彭晓于其《周易参同契分章通真义》一书之末载有《明镜之图》，影响较大。

到了宋代，陈抟首传易图，经刘牧的大力宣扬，尤其是其后传学者周敦颐、邵雍突出的学术成就，最终形成了图书易学一大派。宋代兴起的易图种

---

[1] 郑樵：《通志》卷七二《图谱略·索象》，中华书局，1978年。
[2] （后晋）刘昫：《旧唐书》卷一四七《高郢传》，中华书局，1975年，第3977页。

类很多,首先是陈抟传出的先天图、太极图、河图洛书,还有李溉《卦气图》、李之才《卦变图》等,经刘牧、周敦颐、邵雍等发扬光大。其后,易图日增,不仅进一步衍化先天、太极、河图洛书,而且还将汉代象数易学的一些内容以图的方式展现出来,甚至如《太玄》也都图书化。司马光著《潜虚》,也先图后书,两相结合。朱震《卦图》、杨甲《六经图·易图》对宋代图书都有一定的总结,但仍在不断地发展衍生。朱熹著《易学启蒙》,讨论河图洛书,又以9图录于《周易本义》之首,后世言《易》者多以图始。宋元时著名的图书学著作有刘牧《易数钩隐图》、周敦颐《太极图说》、王湜《易学》、朱熹《易学启蒙》、吴仁杰《易图说》、林至《易裨传》、林光世《水村易镜》、雷思齐《易图通变》、张理《易象图说》内外篇、《大易象数钩深图》、钱义方《周易图说》等。明代还有马一龙《元图大衍》、陈第《伏羲图赞》、田艺蘅《易图》、刘定之《易经图释》、来集之《易图亲见》、章世纯《券易苞》等作。以谱为名的《易》著,尤以宋晁说之《易玄星纪谱》为著。在形式上,图书易或考论诸图,或引申图理,或与《易》作进一步的结合发挥。

图书学兴起之际便引来学者的反对。宋仁宗时,刘牧之学盛,欧阳修不信河图洛书,陈希亮著《辨刘牧易》、鲜于侁著《周易圣断》,"叶昌龄则作《图义》以驳之,宋咸则作《王刘易辨》以攻之,李觏复有《删定易图论》"①。南宋袁枢、薛季宣也有辨驳,而元代陈应润著《周易爻变义蕴》,毅然破陈抟之学。元吴澄、明归有光诸人亦相继排击,各有论述。明末清初,随着政治学术的转移,批判宋代图书学出现高潮,先后有黄宗羲《易学象数论》、黄宗炎《图学辨惑》、毛奇龄《太极图说遗议》及《河图洛书原舛》、胡渭《易图明辨》等著出现,图书易学遭受重创。其后继续辨驳易图,或进一步总结、阐释易图者亦复不少,如惠栋《周易爻辰图》、杨方达《易学图说会通》及《易学图说续闻》、吴脉鬯《增辑易象图说》及《易经卦变解八宫说》、崔述《易卦图说》、张惠言《易图条辨》、焦循《易图略》、胡祥麟《虞氏易消息图说》等皆是。

7. 复古易

"古易"指西汉田何传授之汉代《易经》。据《汉书·艺文志》载,田何所传《周易》为十二篇,颜师古注谓"上下经及十翼,故十二篇"。《崇文总目》亦曰:"田何之《易》,卦、《象》、爻、《彖》与《文言》、《说卦》等离为十二篇,而自为章句。《易》之本经也。"施、孟、梁丘、京氏《易》皆与此同。费直以《彖》《象》解说上下经,郑玄将《彖》《象》附于各卦之后,如今本乾卦格局。王弼

---

① 《四库全书总目》卷二《易数钩隐图提要》,第5页。

注《易》将坤以下六十三卦"小象"散配各爻之后，以《象传》附卦辞后，"大象"附《象传》后，复散《文言》附乾坤二卦后。东汉末郑玄《易》大行，晋以后王弼《易》大行，于是西汉田何所传古代《易经》面貌泯而不存。宋吕大防、晁说之始推复古易。吕祖谦继之，作《古周易》，凡分上经、下经、《彖上传》、《彖下传》、《象上传》、《象下传》、《系辞上传》、《系辞下传》、《文言传》、《说卦传》、《序卦传》、《杂卦传》为十二篇。

8. 医家易

易学对中医学的发展产生了十分深刻的影响，历代著名中医家都非常重视对易学的研究。宋代图书易学兴起后，医易同源，相互印证，逐渐得到部分学者的认同，元明时期便出现了医易学派。明清以来，较为著名的医易学文献有明代孙一奎《医旨绪馀》、张介宾《医易义》，清代金理《医原图说》、李雨村《医易引端》、邵同珍《医易一理》、郑寿全《医理真传》，清末民初唐宗海《医易通说》及《医易详解》、恽树珏《群经见智录》等，其中张介宾、唐宗海之作影响最大。

易学与医学有会通之处，尤其是二者关于阴阳等的辩证之说、关于人与天地相参之说等，息息相通。据《左传》昭公元年记载，早在春秋时期的医和，其为晋侯诊病，就以《蛊卦》的卦名、卦象为喻，分析病情。其后，中医学奠基之作《黄帝内经》、张仲景《伤寒杂病论》及其他著名医学著作，均有着明显的易学内涵。唐孙思邈《千金要方·大医习业》说："《周易》、六壬，并须精熟，如此乃得为大医。"明张介宾《类经附翼·医易义》说："天地之道，以阴阳二气而造化万物；人生之理，以阴阳二气而长养百骸。易者，易也，具阴阳动静之妙；医者，意也，合阴阳消长之机。虽阴阳已备于《内经》，而变化莫大乎《周易》。故曰天人一理者，一此阴阳也；医易同原者，同此变化也。"这就在学术史上正式地提出了"医易同原"之说，使人们更为自觉地会通易医，故其影响极为深远。

时至 20 世纪，人们在现代科学和医学实践的视野下，继续深入开展医易会通研究，产生了大批优秀成果。如李俊川、萧汉明《医易会通精义》一书，以"医《易》会通"为主旨，研究了历史上的医易会通的实践和成就，揭示了医《易》会通的规律和发展趋向。诸如《周易》中的医学萌芽、《易纬》与中医气象学、《周易》和《黄帝内经》、易理在《伤寒论》中的体现、杨上善《黄帝内经太素》的易学思想、《周易》与孙思邈的学术思想、王冰与《内经》《素问》、《周易》与金元四大医学流派、张介宾论医与《易》、《本草纲目》与《周易》、方以智的易学与医学、清人医易会通举要等问题，都有专门章节进行研究;还着重探讨了医《易》会通的专题问题、原理范畴等,诸如阴阳、五行、藏象、经络以及针灸、推拿按摩、养生等与易理的关联,并对医《易》会通的新前景进行了全新展望。就其理论深度、论析密度、方法更新,以及结论的前瞻性而言,确实是一部超乎以往的总结性医易会通专著。

9. 谶纬易

"谶纬易"是汉《易》象数派之一。谶,即神秘的预言;纬,对经书的解释。六经皆有纬,《易》有《易纬》。《易纬》是假托孔子所作的解《易》之书,其形成年代约当西汉哀平之世,流行于西汉末和东汉时期,影响及于魏晋南北朝,随着隋炀帝焚纬而衰微。是汉易学中影响较大的易学流派。《易纬》文献包括《易纬乾坤凿度》《易纬乾凿度》《易纬稽览图》《易纬辨终备》《易纬通卦验》《易纬乾元序制记》《易纬是类谋》《易纬坤灵图》等,郑玄曾经作注。后来散佚,清以来渐有辑本。

其学主要继承了孟喜、京房的卦气说,并容纳了元气说、阴阳五行说以及董仲舒等人的神学目的论,进一步将《周易》神秘化,将卦气说理论化,从而为象数派易学提供哲学基础。其中具有浓厚的神秘主义的消极内容,但也保存了部分天文、地理以及历史知识。《易纬》融传统易学、汉末数术于一体,涉及宇宙发生学,提出太易、太一、太始、太素等哲学概念,作出"有形始于弗形,有法始于弗法"等命题。还企图通过卦气征验,揭示天象、人事之间的感应关系,特别是自然运行与万物成长、政治兴衰、人身疾病的某种联系。其中结合汉代历法提出的"六日七分""消息""征应"等观念,对汉代以来象数易学影响甚深。还有《易纬乾凿度》提出的"易含三义""(孔子)志在《春秋》,行在《孝经》"等说法,也为后人所征引。

八、《易》学举要

经学文献,易为大国。识真执要,乃可入学。复性书院时期,马一浮先生为诸生开列《通治群经必读诸书举要》,其于治《周易》的必读书列有:《周易注疏》(三国魏王弼、晋韩康伯注,唐孔颖达疏);《易略例》(王弼著);《伊川易传》(宋程颐);《朱子易本义》(宋朱熹);《易学启蒙》(朱熹);《苏氏易传》(宋苏轼);《慈湖易传》(宋杨简);《汉上易传》(宋朱震);《易汉学》(清惠栋);《易学滥觞》(元黄泽);《观物篇解》(宋祝泌);《皇极经世索隐》(宋张行成。附《易学辨惑》邵伯温。此非说《易》之书,以其可考见邵学授受源流,故附于此);《周易函书》(清胡煦);《周易集解》(唐李鼎祚);《周易述》(惠栋);《易图明辨》(清胡渭);《周易折中》(清康熙御纂);《易音》(明顾炎武)。共18种,附1种。

马先生还有一段按语,首先说:"《易》为六艺之原,其为书广大悉备,得其一义,并足名家,故说《易》之书校群经为最多。"《周易》讲哲学,是其他讲应用的五经的源头,掌握了《周易》的哲学方法,其他问题就迎刃而解了,所以历史是《易》学著作为最多。继而马先生叙述《易》学历史说:"汉儒自京、孟以逮虞、荀,皆主象数。魏王辅嗣始主义理,一扫支离破碎之习。"两汉到三国《易》学,都讲象数,到王弼专门讲义理,将汉儒的支离破碎之说,一扫而空。可有人不知变通,"而或讥其以老氏说《易》,不知老氏固《易》之支流也",班固已有"诸子固六艺之支与流裔",老子则受《易》影响最多。"六朝每以《易》《老》并称,凡善言名理,未有不通《易》《老》者,《易》几为道家所独擅矣。"因此,颜之推《家训》就将《易》与《老》《庄》并称"三玄"。随着魏晋南北朝的分裂,《易》学也出现分化,"魏晋以后,南北分途。北学宗郑,南学宗王"。"郑"即郑玄《周易注》,"王"即王弼《周易注》。后来郑注亡佚,仅存《说卦》以下三篇,"及唐初,敕编《正义》,乃定用辅嗣,《系辞》则用韩康伯,亦多存玄言"。"玄言"即老庄之言。宋代苏轼撰《东坡易传》,伊川作《易传》,"重在玩辞,切近人事,而后'本隐之显'之旨明,深得孔子赞《易》之志"。北宋苏轼、程颐继承王弼重义理的道路,又删除老庄之说,专门在《周易》言辞中寻找义理、人事,颇得儒门正宗。马先生说:故读《易》,当主伊川,而参以东坡。南宋朱熹撰《周易本义》《易学启蒙》,"朱子则重在玩占,故作《启蒙》,以摄象数",主张引用《周易》来指导人生,注意其占筮价值,其《易学启蒙》将象数、义理都统合起来。北宋还有图书《易》学派,邵雍撰《皇极经世》《观物篇》等,"邵氏先天之说,九图之传,虽或云出于陈抟,其理自不可易",是陈抟开创了宋儒的图书《易》学,但是陈抟又兼宗道学,使宋儒很尴尬,不想承认又不能抹灭,只好说"其理"尚有可取。"清儒张皇汉学,务相攻难,于是象数又分汉宋两派,亦徒见其隘而已"。清儒主复古,表彰汉学,惠栋《易汉学》《周易述》,胡煦《函书约》,胡渭《易图明辨》等,不承认宋人所传图书。在马先生看来,这种纷争没有必要。他说:"今谓治《易》,当以义理为主。至汉宋象数,亦不可不知,实则求之《启蒙》,约而已足,无取穿凿附益,流为术数方伎,而使《易》道反小。"认为治《易》当主义理,但是汉人宋儒的象数也要知道一些,但不可深溺。"诸家说《易》不可殚举,观于上列诸书,亦可以略知其流,至宗归义理,必以伊川为法也。"《系辞传》说《易》有圣人之道四,辞、变、象、占",各有合理性,义理、象数、占筮,各有所据,然

辞居首位,故读《易》当以义理居于主导地位。以下沿着马先生思路,略举二十余种以为参考:

1.《周易注疏》十三卷附《略例》一卷,三国魏王弼、晋韩康伯注,唐孔颖达疏

《周易注疏》又名《周易正义》。卷首为长孙无忌《表》、孔颖达《序》及《论易之三名》等"八论",卷一至卷九为上、下经《正义》,卷十、十一为《系辞上》篇《正义》,卷十二为《系辞下》篇《正义》,卷十三为《说卦》《序卦》《杂卦》三篇之《正义》。孔颖达推尊王弼《易》学,以为两汉传《易》诸家,大抵"更相祖述,非有绝伦","唯魏世王辅嗣之注独冠古今,所以江左诸儒并传其学,河北学者罕能及之;其江南义疏十有余家,皆辞尚虚玄,义多浮诞",故此书之"正义"专"以辅嗣为本",只取王弼之注为之疏解。该书既对王弼、韩康伯注进行了大量申说,也征引了大量已经失传的两汉及六朝旧说,资料十分丰富。另外,《注疏》与《正义》虽然是同书异名,但在体式上二本又略有不同,《周易正义》经文及注仅标起讫,并不全引;《周易注疏》则是全经全注,内容更为完备。

所附《略例》,全名《周易略例》一卷,王弼著。是《周易》通论性著作,分上下二篇,有"明象""明爻通变""明卦适变通爻""明象""辨位""略例下"及"卦略"七目,"大则总一部之指归,小则明六爻之得失"(邢璹《序》),系统阐明了《周易》义例以及他自己注释《周易》的纲领及体例。有唐邢璹注。

此书版本甚多,有南宋两浙东路茶盐司刻本,有《中华再造善本》(国家图书馆出版社,2003 年);又经整理收入《儒藏》(四川大学出版社,2022 年)。

2.《周易集解》十七卷,唐李鼎祚撰

李鼎祚(生卒年不详),资州磐石县(今四川资中县)人,唐代易学家。

《集解》成于唐代宗时。针对唐代官方《周易注疏》(《正义》)独崇王弼注而黜退诸家的作法,此书独标"刊辅嗣之野文,补康成之逸象",广泛采录自汉迄唐"群贤之遗言",凡子夏、孟喜、焦赣、京房、孔安国、马融、延叔坚、荀爽、郑玄、刘表、宋衷、何晏、虞翻、陆绩、干宝、王肃、王弼、姚信、王廙、张璠、向秀、王凯冲、侯果、蜀才、翟元、韩康伯、刘巘、何妥、崔憬、沈驎士、卢氏、崔觐、伏曼容、孔颖达、姚规、朱仰之、蔡景君及《乾凿度》《易轨》等 36 家《易》说。此外,"先儒有所未详,然后辄加添削,每至章句,余例发挥"(《周易集解·序》)。最大限度地保存了义理、象数诸家之说,是汉唐《易》说的一大渊薮。所引诸家,大多散佚,遗说断句,端赖保存,是唐后保存汉《易》最全的唯一文献。

有明嘉靖三十六年西亭氏聚乐堂本、崇祯中虞山毛氏汲古阁《津逮秘书》本、清李道平《纂疏》(《湖北丛书》、《丛书集成初编》俱收入。中华书局1994年新式校点《十三经清人注疏》)本。

3.《东坡易传》九卷,宋苏轼著

苏轼(1037—1101),字子瞻,一字和仲,号东坡居士,眉州眉山(今四川眉山市)人。苏轼为一代文章大家,著有《易传》《书传》《论语说》及《东坡集》《奏议》《内制》《外制》《和陶诗》等。其父老苏洵晚而好《易》,作《易传》未成,以属二子;苏轼先成书,苏辙乃送所解予轼,今书中之《蒙卦》即出辙手。

此书是宋代义理易学代表作之一,说《易》摒弃玄谈,"多切人事",明人顾宾云:"若夫精理旁通,逸词藻辨,上穷先圣之旨,下寻诸贤传注之所未到,则髯苏《易解》最著矣。"《苏氏易传》行文活泼,文辞博辨,颇有纵横家之风;其"推阐理势,言简意明,往往足以达难显之情,而深得曲譬之旨"(《四库全书总目》卷二《东坡易传》提要)。又因蜀中易学本象数,此书亦云:"河图、洛书,岂足怪哉!"此编可谓自成一格,而或讥为"杂以禅","添得些佛、老在里面",故朱熹作《杂学辨》以此书为首鸹。

此书有明万历二十五年毕氏刻《两苏经解》本、乌程闵齐伋朱墨本、崇祯中《津逮秘书》本(四库馆臣云此本"最舛")、各种《四库全书》本、《儒藏》本(四川大学出版社,2022年)。整理本有语文出版社《三苏全书》本(2001年)、四川大学出版社《三苏经解集校》本(2017年)等。

4.《程氏易传》六卷,宋程颐著

程颐(1033—1170),字正叔,一字正道,河南府洛阳县(今河南洛阳市)人。理学家,与兄程颢号"二程",世称伊川先生。著有《易传》六卷,又有《系辞说》《书说》《诗说》《春秋说》《改正大学》《论孟说》等各一卷。

《易程传》成于元符二年(1099)贬居涪州时,门人尹焞说:"先生平生用意,惟在《易传》。求先生之学者,观此足矣。"(《宋名臣言行录·外集》卷三)此书但解《易》上下经及《彖》《象》《文言》,又用李鼎祚《周易集解》之例,以《序卦》文分置诸卦之首。其自序曰:"易,变易也,随时变易,以从道也。"又云:"至微者理也,至著者象也;体、用一源,显、微无间。观会通以行其典礼,则辞无所不备。"认为"有理而后有象,有象而后有数。易因象以明理,由象而知数。得其义,则象数在其中矣"。必欲"穷象""尽数"以明易道,实乃舍本逐末之举,是"术家之所尚,非儒者之所务也"(《答周闳中书》)。全书以儒理解说《易》义,系统论述其自然哲学、政治哲学、人生哲学,阐论深至,为理学奠定了理论基础,是宋代义理易学的重要代表作。

此书版本分六卷本、四卷本两大系统:六卷本主要有清光绪十年《古逸丛书》《儒藏》等影印元至正本,四卷本则有各种《四库全书》本、中华书局《二程集》本(1981年)等。

5.《周易义海撮要》十二卷,宋房审权原辑、李衡删要

《周易义海撮要》乃删节房审权《周易义海》而成。宋神宗熙宁间,蜀人房审权病诸家"或泥阴阳,或拘象数,或推之于互体,或失之于虚无",其说多歧,遂摘取"专明人事、羽翼吾道者"100家,上起郑玄,下迄王安石,纂为一集,名曰《周易义海》,共100卷,上以接李鼎祚《周易集解》,下以启后学。唯李书重象数,房书重义理,焦竑谓:"主理,而莫备于房审权;主象,莫备于李鼎祚。"(《周易述序》)李衡觉其中尚多意义重叠、文词冗琐者,于是删削厘定。程颐、苏轼、龚原、朱震之说,房氏未及搜采,李衡乃为补入;第十二卷《杂论》,亦李衡所补缀。删成于南宋绍兴三十年(1160),名曰"撮要"。由于房书早佚,此书所采70余家,其中原著已多散佚,佚文片语,端赖此编存之。

有《通志堂经解》本、《四库全书》本、《儒藏》本等。

6.《周易本义》十二卷,宋朱熹著

朱熹(1130—1200),字符晦,一字仲晦,小字季延,徽州婺源(今江西婺源县)人。别号紫阳先生、晦庵、考亭、遯翁。宋代理学之集大成者。著有《周易本义》《易学启蒙》《诗集传》《大学章句》《中庸章句》《论语集注》《孟子集注》《太极图解》等甚多。

《本义》初稿或略具于淳熙四年(1177),定稿于晚年。朱熹认为,"《易经》本为卜筮而作,皆因吉凶以示训戒";"《易》本是卜筮之书","近世谈《易》者直弃卜筮而虚谈义理,致文义牵强无归宿",如"程先生《易传》,义理精,字数足,无一毫欠缺,只是于本义不相合"。故朱熹撰此书,欲先以卜筮占决之意探求经文本意。此书以吕祖谦《古周易》为底本,凡十二卷。

版本甚多,概有十二卷本与四卷本两大系统。宋刊十二卷本,《中华再造善本》据此本影印(国家图书馆出版社,2003年);四卷本系统,有《四库全书》本(题《原本周易本义》)等。今有各种整理本。

7.《易学启蒙》四卷,宋朱熹著

此书实为朱熹、蔡元定合撰。此书虽题"启蒙",其实并非专为初学者入门而撰,而为申论图书易学之著。凡四卷:《本图书》第一,引孔安国、刘歆、关朗等说,证十为《河图》、九为《洛书》,以为卦象及阴阳奇偶之数皆出于河图洛书;《原卦画》第二,通论伏羲四图与文王二图,引邵氏先天之学以入河图洛书理论体系;《明蓍策》第三,阐释《系辞》"大衍之数"章,解说揲蓍求卦之法;《考变占》第四,讲明《周易》占断之法,并制《六十四卦卦变图》,以备参考。多发明邵雍《先天图》义,而于后天易,则"不敢妄为之说"(《晦庵集》卷三八《答袁机仲》)。

《启蒙》书成于宋淳熙十三年(1186),今有清康熙间重刻《朱子遗书》本、康熙间及乾隆间《周易折中》本(附录),以及多种整理本。

8.《杨氏易传》二十卷,宋杨简著

杨简(1141—1226),字敬仲,庆元慈溪(今浙江宁波市慈城镇)人,世称慈湖先生。为陆九渊高弟。著有《杨氏易传》《己易》《冠记》等多种。

《杨氏易传》前十九卷解说《周易》经传,然未释《系辞》以下传文,第二十卷泛论易学。杨简继承了程颢、陆九渊之易学思想,此书大旨即以心性之学说《易》,是"援心学入《易》"之代表作。"无思无虑,是谓道心。"作者尝云:"少读《易大传》,深爱'无思也,无为也,寂然不动,感而遂通天下之故',窃自念:学道必造此妙。"故其解《易》唯以人心为主,谓《易》之道即人之心,视《周易》为心性修养之书,易学为修养心性之学,而象数事物,则皆在所略。于《周易》经传多勇于质疑,不免"流于恍惚虚无耳"(《四库全书总目》卷三《杨氏易传》提要)。

有明万历二十三年刘日升陈道亨刻本、《四库全书》本等。

9.《周易要义》十卷,宋魏了翁著

魏了翁(1178—1237),字华父,邛州蒲江(今四川蒲江县)人。号鹤山,世称鹤山先生。为南宋时期恢复发展理学,将理学与心学融为一体之重要人物。著有《周易集义》《易举隅》《周礼井田图说》《九经要义》《古今考》《经史杂钞》《师友雅言》《鹤山集》等。

《要义》十卷作于理宗宝庆间魏了翁谪居靖州时。史称其在靖州"著《九经要义》百卷,订定精密,先儒所未有"。《周易要义》为《九经要义》之第一种。了翁尝言:"辞变象占,《易》之纲领,而繇象彖爻之辞、画爻位虚之

别、互反飞伏之说、乘承比应之例,一有不知,则义理阙焉。"(方回《周易集义跋》)故以孔颖达《周易正义》以撰此书。其采撷旧说,至为严谨;自下己意,亦称精当。其书大旨系以象数求义理,熔象数、义理于一炉,折衷于汉学宋学之间,以阐发《易》义。

此书有宋淳祐十二年魏克愚刻本、《四库全书》本、《中华再造善本》(影宋本,国家图书馆出版社,2003年)等。

10.《大易集义》六十四卷,宋魏了翁著

《大易集义》,又名《周易集义》《大易宋诸儒集义》,成于了翁谪居靖州之时。魏了翁云:"某自初来此,与同志者日读《语》《孟》数章。去年方读《易》,偶曾裒萃周、程、张、邵、杨、游、胡、二朱、二吕诸儒《易》说成编,日诵数爻,宾主俱觉有得。"(《鹤山集·答澧州徐教授》)是了翁既撰《周易要义》等后,又采濂、洛以下诸大儒之《易》说,为《周易集义》。其书所采,自周敦颐、邵雍、二程、张载、吕大临、谢良佐、杨时、尹焞、游酢至胡宏、朱震、刘子翚、朱熹、张栻、吕祖谦、李心传,凡17家之说,并"相与剖析疑义,订正其真是非,《易》之卦脉,圣之精蕴,羲皇之心法,周公文王宣父之庶类百物,将自是心契神授"(吴泳《与魏鹤山书》)。是书共64卷,每一卦为一卷,先列邵、周、程、张之说,下附濂、洛、关、闽一系诸大儒之语录、解义。故吴师道曰:"(魏氏)《集义》,自周、程、诸门人,下及朱、吕,渊源所自,可以参观。"(《礼部集》卷一七)是编堪称集宋代易学之大成者,保存许多已佚宋人《易》说。

此书传本不多,有宋淳祐十二年魏克愚徽州刊、元至元二十五年吴梦炎补刊本,《中华再造善本》影印(阙卷六至十、卷二十四至二十六,以清钞本配补。国家图书馆出版社,2006年)、《儒藏》本等。

11.《易学滥觞》一卷,元黄泽著

黄泽(1260—1346),字楚望,资州(今四川资中市)人。蜀人治经,必先古注疏,泽于名物度数考核精审,而义理一宗程、朱。以为去圣久远,经籍残阙,传注家率多傅会,于是"揭六经中疑义千有余条,以示学者";又以为"《易象》与《春秋》,其书法废失大略相似,苟通其一,则可触机而悟矣",故于《易》与《春秋》,尤所用心焉。

黄泽本欲注《易》,恐不及就,故撰此书,以发其大凡。卷首有吴澄序,卷末有作者自识,皆署延祐七年(1320),是当其成书之时。黄泽深究乎易象,其说《易》以明象为本,积60余年之思而成其学。以为"象学不明,则如制器无尺度,作乐无律吕,舟车无指南,自然差错"。故其治《易》,"大凡易象,皆圣人用意深远。当虚心以求,不可浅躁,仍竢其体会,不可牵合。苟精神之至,必有默相之者"。于占法,则以《左传》为主。对诸儒说《易》之是非得失,此书亦多有评骘,并不苟从于程氏《易传》、朱氏《本义》。发明古义,体例颇为分明。

有清《武英殿聚珍版书》本、《四库全书》本、《儒藏》本等。

12.《周易折中》二十二卷、首一卷,清李光地等奉敕撰

李光地(1641—1718),字晋卿,号厚菴,福建安溪人。清初理学名家。扬历中外,"学问渊博"(康熙语),政学兼优,最得君宠。著有《周易通论》《周易观彖》《诗所》《大学古本说》《中庸章段》等甚富。

《周易折中》题"圣祖仁皇帝(康熙帝)御纂",实李光地总其事。首列御制序,卷首有《纲领》三篇,分别讨论作《易》传《易》之源流、易道精蕴及经传义例、读《易》之法及诸家醇疵;又有《义例》一篇,分论时、位、德、应、比及卦主五者之例。经传相分,不效"费直、王弼乃以传附经",而将彖传、象传、文言传自篇中析出,单独成卷,置于《系辞传》等之前,与通行本有异。

是书每卦首列程氏《伊川易传》之解;卦辞爻辞之下,系以朱熹《本义》、程氏《易传》之语,次标"集说",博采诸家《易》解,以辅翼程朱之说。此外,或又辅以《总论》,或又附以"案语",间又有"附录",以辨诸儒之异同是非,折中其说,断以己意。自十九卷起,附录朱熹《易学启蒙》,又录新纂《启蒙附论》《序卦杂卦明义》两卷。是书以阐述总结宋易为主,又博采众家之说,折中程朱之言,洵为集宋易之大成者;而又以荟萃文献、折中异说之方式编纂成帙,既于清儒研讨汉易有推助之功,对今人而言,亦不失为易学研究之必备工具书。

有清康熙五十四年内府刻《御纂七经》本、《四库全书》本等,今人有多程整理本。

13.《易汉学》八卷,清惠栋著

惠栋(1697—1758),字定宇,号松崖,元和(今江苏苏州市)人。乾嘉时期吴中学派代表人物,著名经学家,长于《易》。著有《周易述》《易汉学》《周易古义》《周易本义辩证》《易说》《易例》《增补郑氏周易注》等。

惠氏四世钟情汉学,其父士奇尝欲撰汉经师说《易》之源流,而未暇也。惠栋"趋庭之际,习闻余论,左右采获",掇拾绪论,以成是编。(文渊阁《四库全书》本《易汉学》卷首)是书追考汉儒易学,采辑两汉三国时期诸家易说,加以考证。书凡八卷,一、二卷明孟喜易说,三卷明虞翻说,四、五卷明京

房说、并附干宝说,六卷明郑玄说,七卷明荀爽说,"自孟长卿以下五家之易,异流同源,其说略备"(同前);第八卷辨河图洛书,辨先天后天,辨两仪四象,辨太极图,说重卦、卦变,辨宋儒说《易》与汉易之异同。大旨在重兴汉易,多方采辑,并加钩稽考证,使学者藉此编而得以略窥汉儒解《易》之门径,实为后学了解两汉易学之重要参考书。

有清各种《四库全书》本、光绪十四年南菁书院《皇清经解续编》本等。

14.《周易集解》十卷,清孙星衍著

孙星衍(1753—1818),字伯渊,一字季述,号渊如,江苏阳湖(今江苏常州市)人。清代著名经学家,乾嘉学派重要人物,藏书家、目录学家、书法家。著有《周易集解》《尚书今古文注疏》等。

自述"病王弼之玄虚,慨古学之废绝",乃取李鼎祚《周易集解》合于王弼《周易注》,又采集书传所载马融、郑玄诸家《易》注及史征《周易口诀义》中之古注附于其后,凡《说文解字》、陆德明《周易释文》、晁说之《音训》所引经文之异字异音者,俱附见于本文,名之曰《周易集解》。是书搜罗广博,注释简洁。伍崇曜刻其书,以谓"所采至三十五家之多,汉易之亡,赖以不坠","搜罗之备,抉择之精,即不必相辅而行,已觉难能可贵",与孙氏《尚书今古文注疏》"并足流传不朽"(卷末伍崇曜跋)。

有清咸丰五年伍崇曜刻《粤雅堂丛书》本,后收入上海古籍出版社《续修四库全书》本、四川大学出版社《儒藏》。

15.《易图明辨》十卷,清胡渭著

胡渭(1633—1714),初名渭生,字朏明,号东樵,浙江德清(今浙江德清县)人。经学家,地理学家,清代沿革地理学开山大师。经术湛深,学有根柢,故所论一轨于正。著有《禹贡锥指》《易图明辨》《洪范正论》《大学翼真》等。

是书专辨宋世兴起之图书易学。图书之学,自陈抟推阐易理,演为《先天图》,中经刘牧、周敦颐、邵雍衍说发挥,传为《太极》《河图》《洛书》诸图,传者过信,遂归其图于伏羲,谓易反由图而作,制五十五点图以当《河图》,造四十五点图以当《洛书》,是以各式易图层出不穷,一时蔚为大观。胡渭此书,专门揭示宋以来图书来源:卷一辨《河图》《洛书》,卷二辨《五行》《九宫》,卷三辨《周易参同契》《先天太极》,卷四辨《龙图》《易数钩隐图》,卷五辨朱子《启蒙》图书,卷六、卷七辨先天古《易》,卷八辨后天之学,卷九辨卦变,卷十论象数流弊。皆引据旧文,互相参证,寻源溯流,辨其本末,指出《河图》《洛书》虽言之有故、执之成理,而其实皆为修炼之士、丹经之家旁牵易理假造依托之说,而非作《易》之根柢,谓"《先天》之图与圣人之《易》,离之则双美,合之则两伤"(《易图明辨·题辞》)。对揭露图书之虚诞,破除图书之迷信,均起到重要作用。

有清乾隆间耆学斋刻本、各种《四库全书》《儒藏》本,及新整理本。

附录

16. 战国楚竹书《周易》,廖名春释读,上海博物馆藏本

是迄今所发现的最早《周易》文本。西晋咸宁五年(279),曾有"汲郡人不准盗发魏襄王墓,或言安釐王冢","得竹简小篆古书十余万言",中有易学文献若干:"《易经》二篇,与《周易》上下经同;《易繇》《阴阳繇卦》二篇,与《周易》略同,《繇辞》则异;《卦下易经》一篇,似《说卦》而异;《公孙段》二篇,公孙段与邵陟论《易》",可惜早佚,今不得其详。1994年春,香港文物市场现身一批竹简,上海博物馆收得。据考这批竹简系出楚国贵族墓葬,时代当在楚东迁陈郢(今河南淮阳)之前,约为公元前257年(误差约前后65年)。经整理得文献80余种,《周易》为其一。共拼合成简58枚,其中,完简40枚,可缀合而为整简者2枚;若加上香港中文大学中国文物馆所藏战国楚简之2号简,则有3枚。(按:该简为竹书《易》第32简之下部,可据补12字。)完简长44厘米、宽0.6厘米、厚0.12厘米;每简约44字,总字数1806,内合文3、重文8。其内容涉及通行本《周易》34卦,有经而无传,卦序与通行本亦不尽一致。字体古奥难识,部分释读,学界仍存歧见。此简面世,使后世学者有幸窥见先秦古《易》真实面目之一斑。

有廖名春释读本、濮茅左释读本(载《上海博物馆藏战国楚竹书(三)》,上海古籍出版社,2003年)等。廖本载《儒藏》(四川大学出版社,2022年)。

17. 帛书《周易》,马王堆汉墓出土,廖名春释读

1973年12月,湖南长沙马王堆三号汉墓(墓主系轪侯利苍之子)出土一批帛书竹简,《周易》即其一。帛书《周易》讳"邦"不讳"盈",可知其抄录时间当在刘邦称帝之后、刘盈即位之前,亦即公元前206年至前196年;另据同时出土的随葬木牍上"十二年十二月乙巳朔戊辰"等文字,可以断定入葬时间当在汉文帝前元十二年(前168)。

马王堆帛书《周易》计二万余字,有经有传。经、传皆朱栏墨书,字形为带篆意之隶体。阳爻作"—",阴爻作"--",形体同于楚竹书《周易》之爻画。

经文部分，六十四卦之卦形及卦辞爻辞相当完整，仅少量文字有残损。卦名与通行本《周易》多异，如：通行本之《乾》卦，帛书《周易》名曰"键"；《蛊》卦，帛书《周易》名曰"箇"；《兑》卦，帛书《周易》名曰"夺"，等等。其卦序与通行本《周易》亦不同，究竟有何意味，迄今仍在讨论中。传文六篇，依次为《二厽子》、《系辞》（上、下）、《衷》、《要》、《缪和》、《昭力》。《二厽子》《系辞》二篇原无篇题，前者据该文起首三字拟补，后者据通行本《周易》拟定，然其内容与通行本不尽相同；《衷》《要》等四篇，篇末皆有尾题，与通行本"十翼"存在明显区别。马王堆帛书《周易》是反映早期易学发展情况的珍贵文献，对今传《周易》有重要补充和校勘价值。

有廖名春《马王堆帛书周易经传释文》，收入《易学集成》（四川大学出版社，1998年）、《儒藏》（四川大学出版社，2022年）。

以上十八种，兼有汉易、宋易以及出土易学文献，皆可互相参看。此外，今人之治易路正而有成就者亦多。就义理易而论，则有金景芳先生《易通》（商务印书馆）、《学易四种》（吉林文史出版社）、《周易讲座》及《周易全解》（吉林大学出版社）、《周易系辞传新编详解》（辽海出版社），以上诸书后皆收录入《金景芳全集》（上海古籍出版社），自当先看以端其本，然后再扩而大之以广其闻见。

《周易》古注集校

《周易》卷一

上　　经①

☰乾下乾上　乾,元、亨、利、贞。

初九,潜龙勿用。

王弼《周易注》(下称"王注"):《文言》备矣。

苏轼《东坡易传》(下称"苏传"):乾之所以取于龙者,以其能飞能潜也。飞者其正也,不得其正而能潜,非天下之至健,其孰能之?

九二,见龙在田,利见大人。

王注:出潜离隐,故曰"见龙",处于地上,故曰"在田"。德施周普,居中不偏,虽非君位,君之德也。初则不彰,三则"乾乾",四则"或跃",上则过亢。"利见大人",唯二、五焉。

苏传:飞者龙之正行也,天者龙之正处也。见龙在田②,明其可安而非正也。

九三,君子终日乾乾,夕惕若厉,无咎。

王注:处下体之极,居上体之下,在不中之位,履重刚之险。上不在天,未可以安其尊也。下不在田,未可以宁其居也。纯修下道,则居上之德废;纯修上道,则处下之礼旷。故"终日乾乾",至于夕惕犹若厉也。居上不骄,在下不忧,因时而惕,不失其几,虽危而劳,可以"无咎"。处下卦之极,愈于上九之亢,故竭知力而后免于咎也。乾三以处下卦之上,故免亢龙之悔。坤

---

① 上经:王弼注作"周易上经乾传第一",其下各卷唯换始卦卦名及卷次。《学津讨原》本《东坡易传》(下称"原本")无,依例当有,今据闵齐伋刻朱墨套印本(以下简称"闵本")补。
② 龙:文渊阁《四库全书》本(以下简称《四库》本)、闵本作"而"。

三以处下卦之上,故免龙战之灾。

苏传:九三非龙德欤?曰:否,进乎龙矣。此上下之际,祸福之交,成败之决也。徒曰"龙"者不足以尽之,故曰"君子"。夫初之所以能潜,二之所以能见,四之所以能跃,五之所以能飞,皆有待于三焉。甚矣,三之难处也!使三不能处此,则乾丧其所以为乾矣。天下莫大之福、不测之祸,皆萃于我而求决焉。其济不济,间不容发。是以终日乾乾,至于夕而犹惕然,虽危而无咎也。

九四,或跃在渊,无咎。

王注:去下体之极,居上体之下,乾道革之时也。上不在天,下不在田,中不在人,履重刚之险,而无定位所处,斯诚进退无常之时也。近乎尊位,欲进其道,迫乎在下,非跃所及。欲静其居,居非所安,持疑犹豫未敢决志。用心存公,进不在私,疑以为虑,不谬于果,故"无咎"也。

苏传:下之上、上之下,其为"重刚而不中,上不在天,下不在田"者,均也。而至于九四独跃而不惕者,何哉?曰:九四既进而不可复反者也。退则入于祸,故教之跃。其所以异于五者,犹有疑而已。三与四皆祸福杂,故有以处之,然后无咎。

九五,飞龙在天,利见大人。

王注:不行不跃而在乎天,非飞如何?故曰"飞龙"也。龙德在天,则大人之路亨也。夫位以德兴,德以位叙,以至德而处盛位,万物之睹,不亦宜乎?

苏传:今之飞者,昔之潜者也,而谁非大人欤?曰见大人者,皆将有求也。惟其处安居正,而后可以求得。九二者龙之安,九五者龙之正也。

上九,亢龙有悔。

苏传:夫处此者,岂无无悔之道哉?故言有者,皆非必然者也。

用九,见群龙无首,吉。

王注:九,天之德也。能用天德,乃见"群龙"之义焉。夫以刚健而居人之首,则物之所不与也。以柔顺而为不正,则佞邪之道也。故《乾》吉在"无首",《坤》利在"永贞"。

苏传:见群龙,明六爻皆然也。蔡墨云,其"《姤》曰'潜龙勿用',其《同人》曰'见龙在田',其《大有》曰'飞龙在天',其《夬》曰'亢龙有悔',其《坤》曰'见群龙无首,吉'"。古之论卦者以定①,论爻者以变。《姤》者,初九之变也,《同人》者,九二之变也,《大有》者,九五之变也,《夬》者,上九之

---

① 定:《四库》本作"不变"。

变也,各指其一,而《坤》则六爻皆变,吾是以知用九之通六爻也,用六亦然。

《彖》曰:大哉乾元,万物资始,乃统天。

苏传:此论元也。元之为德,不可见也。其可见者,万物资始而已。天之德不可胜言也,惟是为能统之,此所以为元也。

云行雨施,品物流形。

苏传:此所以为亨也。

大明终始,六位时成。

苏传:此所以为利也。生而成之,乾之终始也。成物之谓利矣。

时乘六龙以御天。

苏传:"飞""潜""见""跃",各适其时以用我刚健之德也。

乾道变化,各正性命。

王注:天也者,形之名也。健也者,用形者也。夫形也者,物之累也。有天之形而能永保无亏,为物之首,统之者岂非至健哉!大明乎终始之道,故六位不失其时而成,升降无常,随时而用,处则乘潜龙,出则乘飞龙,故曰"时乘六龙"也。乘变化而御大器,静专动直,不失大和,岂非正性命之情者邪?

苏传:此所以为贞也。

保合大和,乃利贞。

王注:不和而刚暴。

苏传:通言之也。贞,正也①。方其变化,各之于情,无所不至。反而循之,各直其性以至于命,此所以为贞也。世之论性命者多矣,因是请试言其粗。曰:古之言性者,如告瞽者以其所不识也。瞽者未尝有见也,欲告之以是物,患其不识也,则又以一物状之。夫以一物状之,则又一物也,非是物矣。彼惟无见,故告之以一物,而不识,又可以多物眩之乎?古之君子,患性之难见也,故以可见者言性。夫以可见者言性,皆性之似也。君子日修其善,以消其不善,不善者日消,有不可得而消者焉。小人日修其不善,以消其善,善者日消,亦有不可得而消者焉。夫不可得而消者,尧、舜不能加焉,桀、纣不能亡焉,是岂非性也哉?君子之至于是,用是为道,则去圣不远矣。虽然,有至是者,有用是者,则其为道常二。犹器之于手,不如手之自用,莫知其所以然而然也。性至于是,则谓之命。命,令也。君之令曰命,天之令曰命,性之至者亦曰命。性之至者非命也,无以名之,而寄之命也。死生祸福,莫非命者。虽有圣智,莫知其所以然而然。君子之于道,至于一而不二,如

---

① 贞,正也:陈所蕴冰玉堂本作"正直也"。

手之自用，则亦莫知其所以然而然矣。此所以寄之命也。情者，性之动也。沂而上，至于命；沿而下，至于情，无非性者。性之与情，非有善恶之别也，方其散而有为，则谓之情耳。命之与性，非有天人之辨也，至其一而无我，则谓之命耳。其于《易》也，卦以言其性，爻以言其情。情以为利，性以为贞。其言也互见之，故人莫之明也。《易》曰："大哉乾乎，刚健中正，纯粹精也。"夫刚健中正、纯粹而精者，此《乾》之大全也，卦也。及其散而有为，分裂四出，而各有得焉，则爻也。故曰："六爻发挥，旁通情也。"以爻为情，则卦之为性也明矣。"乾道变化，各正性命，保合大和，乃利贞"，以各正性命为贞，则情之为利也亦明矣。又曰："利贞者，性情也。"言其变而之乎情，反而直其性也。

首出庶物，万国咸宁。

王注：万物所以宁，各以有君也。

苏传：至于此，则无为而物自安矣。

《象》曰：天行健，君子以自强不息。

苏传：夫天岂以刚故能健哉？以不息故健也。流水不腐，用器不蛊，故君子庄敬日强，安肆日媮。强则日长，媮则日消。

"潜龙勿用"，阳在下也。"见龙在田"，德施普也。"终日乾乾"，反复道也。

王注：以上言之则不骄，以下言之则不忧，反复皆道也。

苏传：王弼曰："居上不骄，在下不忧，反复皆道也。"

"或跃在渊"，进无咎也。"飞龙在天"，大人造也。"亢龙有悔"，盈不可久也。用九，天德不可为首也。

《文言》曰：元者，善之长也。亨者，嘉之会也。

苏传：阴阳和而物生曰嘉。

利者，义之和也。贞者，事之干也。君子体仁足以长人，嘉会足以合礼，利物足以和义，贞固足以干事。君子行此四德者，故曰："乾，元、亨、利、贞。"

苏传：礼非亨则偏滞而不合，义非利则惨冽而不和。

初九曰"潜龙勿用"，何谓也？子曰："龙德而隐者也，不易乎世，

王注：不为世俗所移易也。

苏传：王弼曰："不为世所易。"

不成乎名，遁世无闷，不见是而无闷。乐则行之，忧则违之。确乎其不可拔，'潜龙'也。"九二曰"见龙在田，利见大人"，何谓也？子曰："龙德而正中者也。庸言之信，庸行之谨，闲邪存其诚，善世而不伐，德博而化。《易》曰'见龙在田，利见大人'，君德也。"

苏传：尧、舜之所不能加，桀、纣之所不能亡，是谓诚。凡可以闲而去

者,无非邪也。邪者尽去,则其不可去者自存矣。是谓"闲邪存其诚"。不然,则言行之信谨,盖未足以化也。

九三曰"君子终日乾乾,夕惕若厉,无咎",何谓也? 子曰:"君子进德修业。忠信,所以进德也。修辞立其诚,所以居业也。

苏传:修辞者行之必可言也。修辞而不立诚,虽有业不居矣。

知至至之,可与几也。知终终之,可与存义也。

王注:处一体之极,是"至"也。居一卦之尽,是"终"也。处事之至而不犯咎,"知至"者也。故可与成务矣。处终而能全其终,"知终"者也。夫进物之速者,义不若利,存物之终者,利不及义。故"靡不有初,鲜克有终"。夫"可与存义"者,其唯"知终"者乎?

苏传:至之为言,往也。终之为言,止也。乾之进退之决在三,故可往而往,其几;可止而止,其义。

是故居上位而不骄,在下位而不忧,

王注:居下体之上,在上体之下,明夫终敝,故"不骄"也。知夫至至,故"不忧"也。

故乾乾因其时而惕,虽危无咎矣。"

王注:惕,怵惕之谓也。处事之极,失时则废,懈怠则旷,故"因其时而惕,虽危无咎"。

九四曰"或跃在渊,无咎",何谓也? 子曰:"上下无常,非为邪也;进退无恒,非离群也。君子进德修业,欲及时也,故无咎。"九五曰"飞龙在天,利见大人",何谓也? 子曰:"同声相应,同气相求。水流湿,火就燥,云从龙,风从虎,圣人作而万物睹,

苏传:燥湿不与水火期,而水火即之。龙虎非有求于风云,而风云应之。圣人非有意于物,而物莫不欲见之。

本乎天者亲上,本乎地者亲下,则各从其类也。"

苏传:明龙之在天也。

上九曰"亢龙有悔",何谓也? 子曰:"贵而无位,高而无民。

苏传:王弼曰:"下无阴也。"

贤人在下位而无辅,

王注:贤人虽在下而当位,不为之助。

苏传:夫贤人者,下之而后为用。

是以动而有悔也。"

王注:处上卦之极而不当位,故尽陈其阙也。独立而动,物莫之与矣。《乾·文言》首不论"乾"而先说"元",下乃曰"乾",何也? 夫"乾"者统行四

事者也。君子以自强不息,行此四者,故首不论"乾"而下曰"乾、元、亨、利、贞"。余爻皆说龙,至于九三独以"君子"为目,何也? 夫易者象也。象之所生,生于义也。有斯义,然后明之以其物,故以龙叙"乾",以马明"坤",随其事义而取象焉。是故初九、九二,龙德皆应其义,故可论龙以明之也。至于九三"乾乾夕惕",非龙德也,明以君子当其象矣。统而举之,"乾"体皆龙,别而叙之,各随其义。

"潜龙勿用",下也。"见龙在田",时舍也。

苏传:时之所舍,故得安于田。

"终日乾乾",行事也。"或跃在渊",自试也。"飞龙在天",上治也。"亢龙有悔",穷之灾也。乾元用九,天下治也。

王注:此一章全以人事明之也。九,阳也。阳,刚直之物也。夫能全用刚直,放远善柔,非天下至理,未之能也。故"乾元用九",则"天下治"也。夫识物之动,则其所以然之理,皆可知也。龙之为德,不为妄者也。潜而勿用,何乎? 必穷处于下也。见而在田,必以时之通舍也。以爻为人,以位为时,人不妄动,则时皆可知也。文王明夷,则主可知矣。仲尼旅人,则国可知矣。

苏传:王弼曰:"夫能全用刚直,放远善柔,非天下至治,未之能也。"

"潜龙勿用",阳气潜藏。"见龙在田",天下文明。

苏传:以言行化物,故曰"文明"。

"终日乾乾",与时偕行。

王注:与天时俱不息

"或跃在渊",乾道乃革。"飞龙在天",乃位乎天德。"亢龙有悔",与时偕极。

王注:与时运俱终极。

乾元用九,乃见天则。

王注:此一章全说天气以明之也。九,刚直之物,唯"乾"体能用之,用纯刚以观天,天则可见矣。

苏传:天以无首为则。

乾元者,始而亨者也;利贞者,性情也。

王注:不为"乾元",何能通物之始? 不性其情,何能久行其正? 是故"始而亨者",必"乾元"也。利而正者,必"性情"也。

乾始能以美利利天下,不言所利,大矣哉! 大哉乾乎,刚健中正,纯粹精也。六爻发挥,旁通情也。"时乘六龙",以御天也。"云行雨施",天下平也。君子以成德为行,日可见之行也。

苏传：君子度可成则行，未尝无得也。故其行也，日有所见，日可见之行也。

潜之为言也，隐而未见，行而未成，是以君子弗用也。君子学以聚之，问以辨之，

王注：以君德而处下体，资纳于物者也。

宽以居之，仁以行之。《易》曰"见龙在田，利见大人"，君德也。九三重刚而不中，上不在天，下不在田，故乾乾因其时而惕，虽危无咎矣。九四重刚而不中，上不在天，下不在田，中不在人，故或之。或之者，疑之也，故无咎。

苏传："或"者，未必然之辞也。其跃也未可必，故以"或"言之，非以"或"为"惑"也。

夫大人者，与天地合其德，与日月合其明，与四时合其序，与鬼神合其吉凶。先天而天弗违，后天而奉天时。天且弗违，而况于人乎，况于鬼神乎。"亢"之为言也，知进而不知退，知存而不知亡，知得而不知丧。其唯圣人乎！知进退存亡而不失其正者，其唯圣人乎！

䷁坤下坤上　坤，元、亨，利牝马之贞。

王注：坤，贞之所利，利于牝马也。马在下而行者也，而又牝焉，顺之至也。至顺而后乃"亨"，故唯利于"牝马之贞"。

苏传：龙变化而自用者也，马驯服而用于人者也。为人用而又牝焉，顺之至也。至顺而不贞则陷于邪，故利牝马之贞。

君子有攸往，先迷后得主。利西南得朋，东北丧朋，安贞吉。

王注：西南致养之地，与"坤"同道者也，故曰"得朋"。东北反西南者也，故曰"丧朋"。阴之为物，必离其党，之于反类，而后获安贞吉。

《彖》曰：至哉坤元，万物资生，乃顺承天。坤厚载物，德合无疆。含弘光大，品物咸亨。牝马地类，行地无疆。

王注：地之所以得"无疆"者，以卑顺行之故也。乾以龙御天，坤以马行地。

柔顺利贞，君子攸行。先迷失道，后顺得常。"西南得朋"，乃与类行。"东北丧朋"，乃终有庆。安贞之吉，应地无疆。

王注：地也者，形之名也。"坤"也者，用地者也。夫两雄必争，二主必危，有地之形，与刚健为耦，而能永保无疆，用之者不亦至顺乎？若夫行之不以"牝马"，利之不以"永贞"，方南又刚，柔而又圆，求安难矣。

苏传：坤之为道，可以为人用，而不可以自用；可以为和，而不可以为倡。故君子利有攸往，往求用也。先则迷而失道，后则顺而得主，此所以为

利也。西与南则兑也,离也,以及于巽,吾朋也;东与北则震也,坎也,以及于乾与艮,非吾朋也。两阴不能相用,故必离类绝朋而求主于东北。夫所以离朋而求主者,非为邪也,故曰安贞吉。

《象》曰:地势坤,

王注:地形不顺,其势顺。

君子以厚德载物。

苏传:坤未必无君德,其所居之势,宜为臣者也。《书》曰:"臣为上为德,为下为民。"

初六,履霜,坚冰至。

王注:始于履霜,至于坚冰,所谓至柔而动也刚。阴之为道,本于卑弱而后积著者也,故取"履霜"以明其始。阳之为物,非基于始以至于著者也,故以出处明之,则以初为潜。

《象》曰:"履霜坚冰",阴始凝也。驯致其道,至坚冰也。

苏传:始于微而终于著者,阴阳均也。而独于此戒之者,阴之为物,弱而易入,故易以陷人。郑子产曰:"水弱,民狎而玩之,故多死。"

六二,直、方、大,不习无不利。

王注:居中得正,极于地质,任其自然而物自生,不假修营而功自成,故"不习"焉而"无不利"。

《象》曰:六二之动,直以方也。

王注:动而直方,任其质也。

不习无不利,地道光也。

苏传:以六居二,可谓柔矣。夫直方大者,何从而得之?曰六二,顺之至也。君子之顺,岂有他哉?循理无私而已。故其动也,为直居中,而推其直为方。既直且方,非大而何?夫顺生直,直生方,方生大。君子非有意为之也,循理无私,而三者自生焉,故曰"不习无不利"。夫有所习而利,则利止于所习者矣。

六三,含章可贞,或从王事,无成有终。

王注:三处下卦之极,而不疑于阳,应斯义者也。不为事始,须唱乃应,待命乃发,含美而可正者也,故曰"含章可贞"也。有事则从,不敢为首,故曰"或从王事"也。不为事主,顺命而终,故曰"无成有终"也。

《象》曰:"含章可贞",以时发也。"或从王事",知光大也。

王注:知虑光大,故不擅其美。

苏传:三有阳德,苟用其阳,则非所以为坤也,故有章而含之。坤之患,弱而不可以正也,有章则可以为正矣。然以其可正而遂专之,则亦非所以为坤也。故从事而不造事,无成而代有终。

六四,括囊,无咎无誉。

王注:处阴之卦,以阴居阴,履非中位,无"直方"之质,不造阳事,无"含章"之美,括结否闭,贤人乃隐。施慎则可,非泰之道。

《象》曰:"括囊无咎",慎不害也。

苏传:夫处上下之交者,皆非安地也。乾安于上,以未至于上为危,故九三有夕惕之忧;坤安于下,以始至于上为难,故六四有括囊之慎。阴之进而至于三,犹可贞也,至于四则殆矣。故自括结以求无咎无誉。咎与誉,人之所不能免也。出乎咎,必入乎誉;脱乎誉,必雁乎咎。咎所以致罪,而誉所以致疑也。甚矣,无咎无誉之难也!

六五,黄裳元吉。

王注:黄,中之色也,裳,下之饰也。"坤"为臣道,美尽于下。夫体无刚健而能极物之情,通理者也。以柔顺之德,处于盛位,任夫文理者也。垂黄裳以获元吉,非用武者也。极阴之盛,不至疑阳,以"文在中",美之至也。

《象》曰:"黄裳元吉",文在中也。

王注:用黄裳而获元吉,以"文在中也"。

苏传:黄,中之色也。裳,下之饰也。黄而非裳,则君也。裳而非黄,则臣尔,非贤臣也。六五,阴之盛而有阳德焉,故称裳以明其臣,称黄以明其德。夫文生于相错,若阴阳之专一,岂有文哉?六五以阴而有阳德①,故曰"文在中也"。

上六,龙战于野,其血玄黄。

王注:阴之为道,卑顺不盈,乃全其美。盛而不已,固阳之地,阳所不堪,故"战于野"。

《象》曰:"龙战于野",其道穷也。

苏传:至于此,则非阴之所能安矣。阴虽欲不战而不可得,故曰"其道穷也"。

用六,利永贞。

王注:用六之利,"利永贞"也。

《象》曰:用六永贞,以大终也。

王注:能以永贞大终者也。

苏传:《易》以大小言阴阳。坤之顺,进以小也;其贞,终以大也。

《文言》曰:坤至柔,而动也刚。

---

① 六五以阴而有阳德:此八字,闵本但作"惟德"二字。

苏传：夫物非刚者能刚，惟柔者能刚耳。畜而不发，及其极也，发之必决，故曰"沉潜刚克"。

至静而德方，

王注：动之方正①，不为邪也。柔而又圆，消之道也。其德至静，德必方也。

苏传：夫物圆则好动，故至静所以为方也。

后得主而有常，含万物而化光。坤道其顺乎？承天而时行。积善之家必有余庆，积不善之家必有余殃。臣弑其君，子弑其父，非一朝一夕之故，其所由来者渐矣，由辩之不早辩也。《易》曰"履霜坚冰至"，盖言顺也。

苏传：惟其顺也，故能济其刚。如其不顺，则辨之久矣。

直，其正也；方，其义也。君子敬以直内，义以方外，敬义立而德不孤。"直方大，不习无不利"，则不疑其所行也。

苏传：小人惟多愧也，故居则畏，动则疑。君子必自敬也，故内直。推其直于物，故外方。直在其内，方在其外，隐然如名师良友之在吾侧也。是以独立而不孤，夫何疑之有？

阴虽有美，含之以从王事，弗敢成也。地道也，妻道也，臣道也。地道无成而代有终也。天地变化，草木蕃；天地闭，贤人隐。《易》曰"括囊无咎无誉"，盖言谨也。

苏传：方其变化，虽草木犹蕃。及其闭也，虽贤人亦隐。

君子黄中通理，正位居体。美在其中，而畅于四支，发于事业，美之至也。

苏传：黄，中之色也。通是理，然后有是色也。君子之得位，如人之有四体，为己用也，有手而不能执，有足而不能驰，神不宅其体也。

阴疑于阳必战，

王注：辩之不早，疑盛乃动，故"必战"。

为其嫌于无阳也，

王注：为其嫌于非阳而战。

故称龙焉。犹未离其类也，

王注：犹未失其阴类，为阳所灭。

故称血焉。

王注：犹与阳战而相伤，故称血。

夫玄黄者，天地之杂也，天玄而地黄。

苏传：嫌也，疑也，皆似之谓也。阴盛似阳，必战。方其盛也，似无阳焉，故虽阴而称龙。然犹未离其阴阳之类也，故称血以明其杂。若阴已变而

---

① 正：阮元十三经注疏本作"直"。

为阳,则无复玄黄之杂矣。

䷂ 震下坎上　屯,元亨利贞,

王注:刚柔始交,是以"屯"也。不交则否,故屯乃大亨也。大亨则无险,故"利贞"。

勿用有攸往,

王注:往,益"屯"也。

利建侯。

王注:得主则定。

苏传:因世之屯,而务往以求功,功可得矣。而争功者滋多,天下之乱愈甚。故勿用有攸往。虽然,我则不往矣,而天下之欲往焉者皆是也,故"利建侯"。天下有侯,人各归安其主①,虽有往者,夫谁与为乱?

《彖》曰:屯,刚柔始交而难生;动乎险中,大亨贞。

王注:始于险难,至于大亨,而后全正,故曰"屯,元亨利贞"。

雷雨之动满盈,

王注:雷雨之动,乃得满盈,皆刚柔始交之所为。

天造草昧,宜建侯而不宁。

王注:"屯"体不宁,故利"建侯"也。"屯"者,天地造始之时也,造物之始,始于冥昧,故曰"草昧"也。处造始之时,所宜之善,莫善"建侯"也。

苏传:《屯》有四阴,屯之义也。其二阴,以无应为屯;其二阴,以有应而不得相从为屯,故曰"刚柔始交而难生"。物之生,未有不待雷雨者。然方其作也,充满溃乱,使物不知其所从。若将害之,霁而后见其功也。天之造物也,岂物物而造之②?盖草略茫昧而已。圣人之求民也,岂人人而求之,亦付之诸侯而已。然以为安而易之则不可。

《象》曰:云雷屯,君子以经纶。

王注:君子经纶之时。

初九,磐桓,利居贞,利建侯。

王注:处屯之初,动则难生,不可以进,故"磐桓"也。处此时也,其利安在?不唯居贞建侯乎?夫息乱以静,守静以侯,安民在正,弘正在谦。屯难之世,阴求于阳,弱求于强,民思其主之时也。初处其首而又下焉。爻备斯义,宜其得民也。

---

① 主:原本作"生",据《四库》本、闵本、青本改。
② 之:原本无,据《四库》本、闵本补。

《象》曰：虽磐桓，志行正也。

王注：不可以进，故"磐桓"也。非为宴安弃成务也，故"虽磐桓，志行正也"。

以贵下贱，大得民也。

王注：阳贵而阴贱也。

苏传：初九以贵下贱，有君之德而无其位，故盘桓居贞，以待其自至。惟其无位，故有从者，有不从者。夫不从者，彼各有所为贞也。初九不争以成其贞，故利建侯，以明不专利而争民也。民不从吾，而从吾所建，犹从吾耳。

六二，屯如，邅如，乘马班如，匪寇婚媾。女子贞不字，十年乃字。

王注：志在乎"五"，不从于初。屯难之时，正道未行，与初相近而不相得，困于侵害，故屯邅也①。时方屯难，正道未通，涉远而行，难可以进，故曰"乘马班如"也。寇谓初也。无"初"之难，则与"五"婚矣，故曰"匪寇婚媾"也。"志在于五"，不从于初，故曰"女子贞不字"也。屯难之世，势不过十年者也。十年则反常，反常则本志斯获矣。故曰"十年乃字"。

《象》曰：六二之难，乘刚也。"十年乃字"，反常也。

苏传：志欲从五，而内忌于初，故屯邅不进也。夫初九，屯之君也，非寇也。六二之贞于五也，知有五而已。苟异于五者，则吾寇矣，吾焉知其德哉？是故以初为寇，曰吾非与寇，为婚媾者也。然且不争而成其贞，则初九之德至矣。

六三，即鹿无虞，惟入于林中。君子几，不如舍，往吝。

王注：三既近五而无寇难，四虽比五，其志在初，不妨己路，可以进而无屯邅也。见路之易，不揆其志，五应在二，往必不纳，何异无虞以从禽乎？虽见其禽而无其虞，徒入于林中，其可获乎？几，辞也。夫君子之动，岂取恨辱哉！故不如舍，"往吝，穷也"。

《象》曰："即鹿无虞"，以从禽也。君子舍之，往吝穷也。

苏传：势可以得民，从而君之者，初九是也；因其有民，从而建之，使牧其民者，九五是也。苟不可得而强求焉，非徒不得而已，后必有患。六三非阳也，而居于阳，无其德而有求民之心，将以求上六，譬犹无虞而以即鹿，鹿不可得，而徒有入林之劳，故曰"君子几，不如舍"之。"几"，殆也。

六四，乘马班如，求婚媾，往吉，无不利。

王注：二虽比初，执贞不从，不害己志者也。求与合好，往必见纳矣。故曰"往吉，无不利"。

---

① 阮元十三经注疏本无"也"字。

《象》曰：求而往，明也。

王注：见彼之情状也。

苏传：方未知所从也，而初来求婚，从之，吉可知矣。

九五，屯其膏，小贞吉，大贞凶。

王注：处屯难之时，居尊位之上，不能恢弘博施，无物不与，拯济微滞，亨于群小，而系应在二，屯难其膏，非能光其施者也。固志同好，不容他间，小贞之吉，大贞之凶。

《象》曰：屯其膏，施未光也。

苏传：屯无正主，惟下之者为得民。九五居上而专于应，则其泽施于二而已。夫大者患不广博，小者患不贞一，故专于应。为二则吉，为五则凶。

上六，乘马班如，泣血涟如。

王注：处险难之极，下无应援，进无所适，虽比于五，五屯其膏，不与相得，居不获安，行无所适，穷困闉厄，无所委仰，故"泣血涟如"。

《象》曰：泣血涟如，何可长也。

苏传：三非其应，而五不足归也。不知五之不足归，惑于近而不早自附于初九，故穷而至于泣血也。

☶坎下艮上　蒙，亨。匪我求童蒙，童蒙求我。初筮告，再三渎。渎则不告。

王注：筮者决疑之物也。童蒙之来求我，欲决所惑也。决之不一，不知所从，则复惑也。故初筮则告，再、三则渎。渎，蒙也。能为初筮，其唯二乎？以刚处中，能断夫疑者也。

利贞。

王注："蒙"之所利，乃利正也。夫明莫若圣，昧莫若蒙。蒙以养正，乃圣功也。然则养正以明，失其道矣。

《象》曰：蒙，山下有险，险而止，蒙。

王注：退则困险，进则阂山，不知所适，蒙之义也。

蒙"亨"，以亨行，时中也。

王注：时之所愿，唯愿"亨"也。以亨行之，得"时中"也。

"匪我求童蒙，童蒙求我"，志应也。

王注："我"谓非"童蒙"者也。非"童蒙"者，即阳也。凡不识者求问识者，识者不求所告；闇者求明，明者不谘于闇。故《蒙》之为义，"匪我求童蒙，童蒙求我"也。童蒙之来求我，志应故也。

"初筮告"，以刚中也。

王注：谓二也。二为众阴之主也，无刚决中，何由得初筮之告乎？

"再三渎，渎则不告"，渎蒙也。蒙以养正，圣功也。

苏传：蒙者有蔽于物而已，其中固自有正也。蔽虽甚，终不能没其正。将战于内，以求自达。因其欲达而一发之，迎其正心，彼将沛然而自得焉。苟不待其欲达而强发之，一发不达，以至于再三，虽有得，非其正矣。故曰"匪我求童蒙，童蒙求我"。彼将内患其蔽，即我而求达，我何为求之？夫患蔽不深，则求达不力；求达不力，则正心不胜。我虽告之，彼无自入焉。故"初筮告"者，因其欲达而一发之也。"再三渎，渎则不告"者，发之不待其欲达①，而至于再三也。"蒙亨，以亨行"者，言其一通而不复塞也。夫能使之一通而不复塞者，岂非时其中之欲达而一发之乎？故曰："时中也。"圣人之于蒙也，时其可发而发之，不可则置之，所以养其正心而待其自胜也。②此圣人之功也。

《象》曰：山下出泉，蒙。

王注：山下出泉，未知所适，蒙之象也。

君子以果行育德。

王注："果行"者，初筮之义也。"育德"者，养正之功也。

苏传：果行者，求发也。育德者，不发以养正也。

初六，发蒙，利用刑人，用说桎梏，以往吝。

王注：处蒙之初，二照其上，故蒙发也。蒙发疑明，刑说当也。"以往吝"，刑不可长。

《象》曰："利用刑人"，以正法也。

王注：刑人之道，道所恶也。以正法制，故刑人也。

苏传：所以发蒙者，用于未发，既发则无用。既发而用者，渎蒙也。桎梏者，用于未刑，既刑则说。既刑而不说者，渎刑也。发蒙者慎其初，不可使至渎，故于初云尔。

九二，包蒙吉，纳妇吉，子克家。

王注：以刚居中，童蒙所归，包而不距则远近咸至，故"包蒙吉"也。妇者，配己而成德者也。体阳而能包蒙，以刚而能居中，以此纳配，物莫不应，故"纳妇吉"也。处于卦内，以刚接柔，亲而得中，能干其任，施之于子，克家之义。

---

① 达：原本作"进"，据明陈所蕴冰玉堂刻本（下简称"陈本"）、《经解》本、闵本、《四库》本改。
② 正：陈本、《四库》本同，《经解》本、闵本、青本作"圣"。

《象》曰:"子克家",刚柔接也。

苏传:童蒙若无能为也,然而容之则足以为助,拒之则所丧多矣。明之不可以无蒙,犹子之不可以无妇。子而无妇,不能家矣。

六三,勿用取女,见金夫,不有躬,无攸利。

王注:童蒙之时,阴求于阳,晦求于明,各求发其昧者也。六三在下卦之上,上九在上卦之上,男女之义也。上不求三而三求上,女先求男者也。女之为体,正行以待命者也。见刚夫而求之,故曰"不有躬"也。施之于女,行在不顺,故"勿用取女",而"无攸利"。

《象》曰:"勿用取女",行不顺也。

苏传:王弼曰:"童蒙之时,阴求于阳。""上不求三,而三求上,女先求男者也。女之为体,正行以待命者也。见刚夫而求之,故曰不有躬也。施之于女,行不顺矣。"

六四,困蒙,吝。

王注:独远于阳,处两阴之中,闇莫之发,故曰"困蒙"也。困于蒙昧,不能比贤以发其志,亦以鄙矣,故曰"吝"也。

《象》曰:困蒙之吝,独远实也。

王注:阳称实也。

苏传:实,阳也。

六五,童蒙,吉。

王注:以夫阴质居于尊位,不自任察而委于二,付物以能,不劳聪明,功斯克矣,故曰"童蒙吉"。

《象》曰:童蒙之吉,顺以巽也。

王注:委物以能,不先不为,"顺以巽也"。

苏传:六五之位尊矣,恐其不安于童蒙之分,而自强于明,故教之曰"童蒙吉"。

上九,击蒙,不利为寇,利御寇。

王注:处蒙之终,以刚居上,能击去童蒙,以发其昧者也,故曰"击蒙"也。童蒙愿发而己能击去之,合上下之愿,故莫不顺也。为之扞御,则物咸附之。若欲取之,则物咸叛矣,故"不利为寇,利御寇"也。

《象》曰:利用御寇,上下顺也。

苏传:以刚自高而下临弱,故至于用击也。发蒙不得其道,而至于用击,过矣,故有以戒之。王弼曰:"为之捍御,则物咸附之;若欲取之,则物咸叛矣。"

☰乾下坎上 需,有孚,光亨,贞吉,利涉大川。

《彖》曰:需,须也,险在前也。刚健而不陷,其义不困穷矣。"需有孚,光亨,贞吉",位乎天位,以正中也。

王注:谓五也,位乎天位,用其中正,以此待物,需道毕矣,故"光亨贞吉"。

苏传:谓九五也。乾之欲进,凡为坎者皆不乐也,是故四与之抗,伤而后避。上六知不可抗,而敬以求免。夫敬以求免,犹有疑也。物之不相疑者,亦不以敬相摄矣。至于五则不然,知乾之不吾害,知己之足以御之,是以内之而不疑。故曰:"有孚,光亨,贞吉。"光者,物之神也,盖出于形器之表矣。故《易》凡言"光""光大"者,皆其见远知大者也。其言"未光""未光大"者,则隘且陋矣。

利涉大川,往有功也。

王注:乾德获进,往辄亨也。

苏传:见险而不废其进,斯有功矣。

《象》曰:云上于天,需。君子以饮食宴乐。

王注:童蒙已发,盛德光享,饮食宴乐,其在兹乎!

苏传:乾之刚,为可畏也。坎之险,为不可易也。乾之于坎,远之则无咎,近之则致寇。坎之于乾,敬之则吉,抗之则伤。二者皆能相坏也①。惟得广大乐易之君子,则可以兼怀而两有之,故曰"饮食宴乐"。

初九,需于郊,利用恒,无咎。

王注:居需之时,最远于难,能抑其进以远险待时,虽不应几,可以保常也。

《象》曰:"需于郊",不犯难行也。"利用恒,无咎",未失常也。

苏传:尚远于坎,故称郊。处下不忘进者,乾之常也。远之不惰,近之不躁,是为不失常也。

九二,需于沙,小有言,终吉。

王注:转近于难,故曰"需于沙"也。不至致寇,故曰"小有言"也。近不逼难,远不后时,履健居中,以待其会,虽"小有言",以吉终也。

《象》曰:"需于沙",衍在中也。虽"小有言",以吉终也。

苏传:衍,广衍也。

九三,需于泥,致寇至。

王注:以刚逼难,欲进其道,所以招寇而致敌也。犹有须焉,不陷其刚。

---

① 能相坏:原本作"能相怀",青本同,盖涉下而误。闵本、《四库》本作"莫能相怀",又误增"莫"字。陈本、《经解》本作"能相坏"。兹从陈本、《经解》本改。

寇之来也,自我所招,敬慎防备,可以不败。

《象》曰:"需于泥",灾在外也。自我致寇,敬慎不败也。

苏传:渐近则为沙,逼近则为泥。于沙则有言,于泥则致寇。坎之为害也如此。然于有言也,告之以"终吉";于其致寇也,告之以"敬慎不败"。则乾以见险而不废其进为吉矣。

六四,需于血,出自穴。

王注:凡称血者,阴阳相伤者也。阴阳相近而不相得,阳欲进而阴塞之,则相害也。穴者,阴之路也,处坎之始,居穴者也。九三刚进,四不能距,见侵则辟,顺以听命者也,故曰"需于血,出自穴"也。

《象》曰:"需于血",顺以听也。

苏传:"需于血"者,抗之而伤也。"出自穴"者,不胜而避也。

九五,需于酒食,贞吉。

王注:"需"之所须,以待达也。已得天位,畅其中正,无所复须,故酒食而已获"贞吉"也。

《象》曰:"酒食贞吉",以中正也。

苏传:敌至而不忌,非有余者不能。夫以酒食为需,去备以相待者,非二阴之所能办也。故九五以此待乾,乾必心服而为之用。此所以正而获吉也。

上六,入于穴,有不速之客三人来,敬之终吉。

王注:六四所以"出自穴"者,以不与三相得而塞其路,不辟则害,故不得不"出自穴"而辟之也。至于上六,处卦之终,非塞路者也。与三为应,三来之已,乃为己援,故无畏害之辟,而乃有入穴之固也。三阳所以不敢进者,须难之终也。难终则至,不待召也。已居难终,故自来也。处无位之地,以一阴而为三阳之主,故必敬之而后终吉。

《象》曰:"不速之客来,敬之终吉",虽不当位,未大失也。

王注:处无位之地,不当位者也。敬之则得终吉,故虽不当位,未大失也。

苏传:乾已克四而达于五矣,其势不可复抗,故入穴以自固。谓之"不速之客"者,明非所愿也。以不愿之意,而固守以待之,可得为安乎?其所以得免于咎者,特以敬之而已。故不如五之当位,而犹愈于四之大失也。

☱坎下乾上　讼,有孚窒,惕,中吉,

王注:窒谓窒塞也。皆惕,然后可以获中吉。

终凶。利见大人,不利涉大川。

《象》曰：讼，上刚下险，险而健，讼。"讼，有孚窒，惕，中吉"，刚来而得中也。"终凶"，讼不可成也。

王注：凡不和而讼，无施而可，涉难特甚焉。唯有信而见塞惧者，乃可以得吉也。犹复不可终，中乃吉也。不闭其源使讼不至，虽每不枉而讼至终竟，此亦凶矣。故虽复有信，而见塞惧犹，不可以为终也。故曰"讼有孚，窒惕中吉，终凶"也。无善听者，虽有其实，何由得明？而令有信塞惧者得其"中吉"，必有善听之主焉，其在二乎？以刚而来正夫群小，断不失中，应斯任也。

苏传：初六信于九四，六三信于上九，而九二塞之，故曰"有孚窒"。而九四、上九亦不能置而不争，此讼之所以作也，故曰"上刚下险，险而健，讼"。九二知惧，则犹可以免，故曰"惕中吉"。"刚来而得中也"，言其来则息讼而归矣。终之则凶。

利见大人，尚中正也。

苏传：谓九五也。

不利涉大川，入于渊也。

苏传：夫使川为渊者，讼之过也。天下之难①，未有不起于争，今又欲以争济之，是使相激为深而已。

《象》曰：天与水违行，讼。君子以作事谋始。

王注："听讼，吾犹人也。必也使无讼乎？"无讼在于谋始，谋始在于作制。契之不明，讼之所以生也。物有其分，职不相滥，争何由兴？讼之所以起，契之过也。故有德司契而不责于人。

苏传：王弼曰："听讼，吾犹人也，必也使无讼乎？"夫无讼在于谋始。契之不明，讼之所以生也。故有德司契，而讼自息矣。

初六，不永所事，小有言，终吉。

王注：处讼之始，讼不可终，故"不永所事"，然后乃吉。凡阳唱而阴和，阴非先唱者也。四召而应，见犯乃讼。处讼之始，不为讼先，虽不能不讼，而了讼必辩明也。

苏传：九二处二阴之间，欲兼有之，初不予而强争焉。初六有应于四，不永事二而之四，以为从强求之二，不若从有应之四也。二虽有言，而其辩则明，故终吉。

《象》曰："不永所事"，讼不可长也。虽"小有言"，其辩明也。

苏传：若事二，则相从于讼无已也。

---

① 天下之：闵本、《四库》本无。

九二,不克讼,归而逋。其邑人三百户,无眚。

王注:以刚处讼,不能下物,自下讼上,宜其不克。若能以惧归窜其邑,乃可以免灾。邑过三百,非为窜也。窜而据强,灾未免也。

《象》曰:"不克讼",归逋窜也。自下讼上,患至掇也。

苏传:初六、六三,本非九二之所当有也。二以其近而强有之,以为邑人力征而心不服,我克则来,不克遂往,以我卜也。故九二不克讼而归,则初六、六三皆弃而违之。失众知惧,犹可少安,故"无眚"。眚,灾也。其曰"逋其邑人三百户"者,犹曰亡其邑人三百户云尔。

六三,食旧德,贞厉,终吉。或从王事,无成。

王注:体夫柔弱以顺于上,不为九二自下讼上,不见侵夺,保全其有,故得食其旧德而不失也。居争讼之时,处两刚之间,而皆近不相得,故曰"贞厉"。柔体不争,系应在上,众莫能倾,故曰"终吉"。上壮争胜,难可忤也,故或从王事,不敢成也。

《象》曰:"食旧德",从上吉也。

苏传:六三与上九为应,二与四欲得之,而强施德焉。夫六三之应于上九者,天命之所当有也,非为其有德于我也。虽二与四之德,不能夺之矣。是以"食旧德",以从其配。食者,食而忘之,不报之谓也,犹曰食言云尔。与二阳近,而不报其德,故厉而后吉。"或从王事,无成"者,有讨于其旧,从之可也,成之过矣。

九四,不克讼,复即命,渝,安贞,吉。

王注:初辩明也。处上讼下,可以改变者也,故其咎不大。若能反从本理,变前之命,安贞不犯,不失其道,"为仁由己",故吉从之。

《象》曰:"复即命,渝,安贞",不失也。

苏传:九四命之所当得者,初六而已。近于三而强求之,故亦不克讼,然而有初之应。退而就其命之所当得者,自改而安于贞,则犹可以不失其有也。

九五,讼,元吉。

王注:处得尊位,为讼之主,用其中正以断枉直,中则不过,正则不邪,刚无所溺,公无所偏,故讼"元吉"。

《象》曰:"讼,元吉",以中正也。

苏传:处中得位,而无私于应,故讼者莫不取曲直焉。此所以为元吉也。

上九,或锡之鞶带,终朝三褫之。

王注:处讼之极,以刚居上,讼而得胜者也。以讼受锡,荣何可保?故终朝之间,褫带者三也。

《象》曰：以讼受服，亦不足敬也。

苏传：六三，上九之配也，二与四尝有之矣。不克讼而归终上九，上九之得之也，繻之鞶带，夺诸其人之身而以服之，于人情有报焉，故终朝三褫之。既服之矣，则又褫之，愧而不安之甚也。二与四，讼不胜者也，然且终于无眚与吉也。上九，讼而胜者也，然且有三褫之辱，何也？曰：此止讼之道也。夫使胜者自多其胜，以夸其能；不胜者自耻其不胜，以遂其恶，则讼之祸，吾不知其所止矣。故胜者褫服，不胜者安贞无眚，止讼之道也。

☷☵ 坎下坤上　　师，贞，丈人吉，无咎。

王注：丈人，严庄之称也。为师之正，丈人乃吉也。兴役动众无功，罪也，故吉乃无咎也。

苏传："丈人"，《诗》所谓"老成人"也。夫能以众正，有功而无后患者，其惟丈人乎？故《彖》曰："吉，又何咎矣。"

《彖》曰：师，众也。贞，正也。能以众正，可以王矣。刚中而应，行险而顺，以此毒天下而民从之，吉又何咎矣？

王注：毒犹役也。

苏传：用师犹以药石治病，故曰"毒天下"。

《象》曰：地中有水，师。君子以容民畜众。

苏传：兵不可一日无，然不可观也。祭公谋父曰："先王耀德而不观兵。夫兵，戢而时动，动则威；观则玩，玩则无震。"故"地中有水，师"，言兵当如水行于地中而人不知也。

初六，师出以律，否臧凶。

王注：为师之始，齐师者也。齐众以律，失律则散。故师出以律，律不可失。失律而臧，何异于否？失令有功，法所不赦。故师出不以律，否臧皆凶。

《象》曰："师出以律"，失律凶也。

苏传：师出不可以不律也，否则虽臧亦凶。夫以律者，正胜也；不以律者，奇胜也。能以奇胜，可谓臧矣。然其利近，其祸远，其获小，其丧大，师休之日，乃见之矣，故曰"凶"。

九二，在师中，吉，无咎，王三锡命。

王注：以刚居中，而应于上，在师而得其①中者也。承上之宠，为师之主，任大役重，无功则凶，故吉乃无咎也。行师得吉，莫善怀邦，邦怀众服，锡莫重焉，故乃得成命。

---

① 其：据阮元十三经注疏本补。

苏传：夫师出不先得主于中，虽有功，患随之矣。九二有应于五，是以吉而无复有咎。

《象》曰："在师中，吉"，承天宠也。"王三锡命"，怀万邦也。

苏传：赏有功而万邦怀之，则其所赏皆以正胜者也。

六三，师或舆尸，凶。

王注：以阴处阳，以柔乘刚，进则无应，退无所守，以此用师，宜获"舆尸"之凶。

《象》曰："师或舆尸"，大无功也。

苏传：九二体刚而居柔。体刚则威，居柔则顺，是以无专权之疑，而有锡命之宠。六三体柔而居刚。体柔则威不足，居刚则势可疑。是以不得专其师，而为或者之众主之也，故凶而无功。

六四，师左次，无咎。

王注：得位而无应，无应不可以行，得位则可以处，故左次之，而无咎也。行师之法，欲右背高，故左次之。

《象》曰："左次无咎"，未失常也。

王注：虽不能有获，足以不失其常也。

苏传：王弼曰："得位而无应，无应则不可以行；得位则可以处，故'左次无咎'。行师之法，欲左皆高①，故左次。"

六五，田有禽，利执言，无咎。长子帅师，弟子舆尸，贞凶。

王注：处师之时，柔得尊位，阴不先唱，柔不犯物，犯而后应，往必得直，故"田有禽"也。物先犯已，故可以执言而无咎也。柔非军帅，阴非刚武，故不躬行，必以授也。授不得主，则众不从，故"长子帅师"可也。弟子之凶，固其宜也。

《象》曰："长子帅师"，以中行也。"弟子舆尸"，使不当也。

苏传：夫以阴柔为师之主，不患其好胜而轻敌也，患其弱而多疑尔，故告之曰禽暴汝田，执之有辞矣，何咎之有？既使长子帅师，又使弟子与众主之，此多疑之故也。臣待命而行，可谓正矣。然将在军则不可，故曰"贞凶"。

上六，大君有命，开国承家，小人勿用。

王注：处师之极，师之终也。大君之命，不失功也。开国承家，以宁邦也。小人勿用，非其道也。

《象》曰："大君有命"，以正功也。"小人勿用"，必乱邦也。

苏传：夫师，始终之际，圣人之所甚重也。师出则严其律，师休则正其

---

① 左皆高：阮元刻《十三经注疏》本作"右背高"。

功,小人无自入焉。小人之所由入者,常自不以律始。惟不以律,然后能以奇胜。夫能以奇胜者,其人岂可与居安哉!师休之日,将录其一胜之功,而以为诸侯大夫,则乱自是始矣。圣人之师,其始不求苟胜,故其终可以正功。曰:是君子之功邪?小人之功邪?

☷☵坤下坎上　比,吉。原筮,元永贞,无咎。不宁方来,后夫凶。

《彖》曰:比,吉也;比,辅也,下顺从也。"原筮,元永贞,无咎",以刚中也。

王注:处比之时,将原筮以求无咎,其唯元永贞乎?夫群党相比,而不以"元永贞",则凶邪之道也。若不遇其主,则虽永贞而犹未足免于咎也。使永贞而无咎者,其唯九五乎?

苏传:比吉,比未有不吉者也。然而比非其人,今虽吉,后必有咎。故曰"原筮",筮所从也。原,再也。再筮,慎之至也。元,始也。始既已从之矣,后虽欲变,其可得乎?故曰"元永贞"。始既已从之,则终身为之贞。知将终身贞之,故再筮而后从。孰为可从者?非五欤?故曰"以刚中也"。

"不宁方来",上下应也。

王注:上下无阳以分其民,五独处尊,莫不归之,上下应之,既亲且安,安则不安者托焉,故不宁方所以来,"上下应"故也。夫无者求有,有者不求所与,危者求安,安者不求所保。火有其炎,寒者附之。故已苟安焉,则不宁方来矣。

苏传:"不宁方来",谓五阴也。五阴不能自安,而求安于五。

"后夫凶",其道穷也。

王注:将合和亲而独在后,亲成则诛,是以凶也。

苏传:穷而后求比,其谁亲之?

《象》曰:地上有水,比。先王以建万国,亲诸侯。

王注:万国以"比"建,诸侯以"比"亲。

初六,有孚,比之,无咎。有孚盈缶,终来有它,吉。

王注:处比之始,为比之首者也。夫以不信为比之首,则祸莫大焉,故必"有孚盈缶",然后乃得免比之咎,故曰"有孚比之,无咎"也。处比之首,应不在一,心无私吝,则莫不比之。著信立诚,盈溢乎质素之器,则物终来无衰竭也。亲乎天下,著信盈缶,应者岂一道而来?故必"有它吉"也。

苏传:五阴皆求比于五,初六最处其下,而上无应,急于比者也。夫急于求人者,必尽其诚,故莫如初六之有信也。五以其急于求人也而忽之,则来者懈矣,故必比之,然后无咎。是有信者,其初甚微且约也,其小盈缶而已。然而因是可以致来者,故曰"终来有他吉"。

《象》曰:比之初六,有它吉也。

苏传:言致他者,初六之功也。

六二,比之自内,贞吉。

王注:处比之时,居中得位,而系应在五,不能来它,故得其自内贞吉而已。

《象》曰:"比之自内",不自失也。

苏传:以应为比,故自内。于二可谓"贞吉""不自失"者,于五则陋矣。

六三,比之匪人。

王注:四自外比,二为五贞,近不相得,远则无应,所与比者,皆非己亲,故曰"比之匪人"。

《象》曰:"比之匪人",不亦伤乎?

苏传:近者皆阴而远无应,故曰"匪人"。

六四,外比之,贞吉。

王注:外比于五,履得其位,比不失贤,处不失位,故"贞吉"也。

《象》曰:外比于贤,以从上也。

苏传:上谓五也。非应而比,故曰"外比"。

九五,显比。王用三驱,失前禽,邑人不诫,吉。

王注:为比之主而有应在二,"显比"者也。比而显之,则所亲者狭矣。夫无私于物,唯贤是与,则去之与来,皆无失也。夫三驱之礼,禽逆来趣己则舍之,背己而走则射之,爱于来而恶于去也,故其所施,常"失前禽"也。以"显比"而居王位,用三驱之道者也,故曰"王用三驱,失前禽也"。用其中正,征讨有常,伐不加邑,动必讨叛,邑人无虞,故"不诫"也,虽不得乎大人之吉,是"显比"之吉也。此可以为上之使,非为上之道。

《象》曰:"显比"之"吉",位正中也。舍逆取顺,"失前禽"也。"邑人不诫",上使中也。

苏传:王弼曰:"为比之主,而有应在二,'显比'者也。比而显之,则所亲者狭矣。夫无私于物,惟贤是与,则去之与来,皆无失也。三驱之礼,禽逆来趋己则舍之,背己而走则射之,爱于来而恶于去也。故其所施,常'失前禽'也。以'显比'而居王位,用三驱之道者也。故曰'王用三驱,失前禽也'。用其中正,征讨有常,伐不加邑,动必讨叛,邑人无虞,故'不诫'也。此可以为上之使,非为上之道也。"

上六,比之无首,凶。

王注:无首,后也,处卦之终,是后夫也。亲道已成,无所与终,为时所弃,宜其凶也。

《象》曰:"比之无首",无所终也。

苏传:无首,犹言无素也。穷而后比,是无素也。

☰乾下巽上　小畜,亨。

王注:不能畜大,止健刚志,故行是以亨。

密云不雨,自我西郊。

《彖》曰:小畜,柔得位而上下应之,曰小畜。

王注:谓六四也,成卦之义,在此爻也。体无二阴,以分其应,故上下应之也。既得其位,而上下应之,三不能陵,小畜之义。

苏传:谓六四也,六四之谓小矣。五阳皆为六四之所畜,是以大而畜于小也。

健而巽,刚中而志行,乃亨。

苏传:未畜而亨,则巽之所以畜乾者,顺之而已。

"密云不雨",尚往也。"自我西郊",施未行也。

王注:小畜之势,足作密云,乃"自我西郊",未足以为雨也。何由知未能为雨?夫能为雨者,阳上薄阴,阴能固之,然后烝而为雨。今不能制初九之"复道",固九二之"牵复",九三更以不能复为劣也。下方尚往,施岂得行?故密云而不能为雨,尚往故也。何以明之?夫阴能固之,然后乃雨乎。上九独能固九三之路,故九三不可以进而"舆说辐"也。能固其路而安于上,故得"既雨既处"。若四、五皆能若上九之善畜,则能雨明矣。故举一卦而论之,能为小畜密云而已。阴苟不足以固阳,则虽复至盛,密云自我西郊,故不能雨也。雨之未下,即施之未行也。《彖》全论一卦之体,故曰"密云不雨"。《象》各言一爻之德,故曰"既雨既处"也。

苏传:乾之为物,难乎其畜之者也。畜之非其人,则乾不为之用。虽不为之用,而眷眷焉,不决去之,卒受其病者,小畜是也。故曰:"密云不雨,自我西郊。"夫阳施于阴则为雨,乾非不知巽之不足以任吾施也,然其为物也,健而急于用,故进而尝试焉。既已为密云矣,能为密云而不能为雨,岂真不能哉?不欲雨也。雨者,乾之有为之功也,不可以轻用。用之于非其人,则丧其所以为乾矣。乾知巽之不足以任吾施也,是以迟疑而重发之。欲之于巽而未决,故次于我之西郊,君子是以知乾之终病也。既已为云矣[①],则是欲雨之道也,能终不雨乎?既已次于郊矣,则是欲往之势也,能终不往乎?

---

① 已:陈本、《经解》本、青本同,《四库》本作"以"。

云而不雨,将安归哉? 故卦以为不雨,而爻不免于雨者①,势也。君子之于非其人也,望而去之,况与之为云乎? 既已为云矣②,又可反乎? 乾知巽之不足与雨矣,而犹往从之,故曰"密云不雨,尚往也"。

《象》曰: 风行天上,小畜。君子以懿文德。

王注: 未能行其施者,故可以懿文德而已。

苏传: 夫畜己而非其人,则君子不可以有为,独可以雍容讲道,如子夏之在魏,子思之在鲁可也。

初九,复自道,何其咎,吉。

王注: 处乾之始,以升巽初,四为己应,不距己者也。以阳升阴,复自其道,顺而无违,何所犯咎,得义之吉。

《象》曰:"复自道",其义吉也。

九二,牵复,吉。

王注: 处乾之中,以升巽五,五非畜极,非固己者也。虽不能若阴之不违,可牵以获复,是以吉也。

《象》曰:"牵复"在中,亦不自失也。

九三,舆说辐,夫妻反目。

王注: 上为畜盛,不可牵征,以斯而进,故必"说辐"也。己为阳极,上为阴长,畜于阴长,不能自复,方之"夫妻反目"之义也。

《象》曰:"夫妻反目",不能正室也。

苏传: 阳之畜乾也,厉而畜之。厉而畜之者,非以害之也,将盈其气而作之尔。阴之畜乾也,顺而畜之。顺而畜之者,非以利之也,将即其安而靡之尔。故大畜将以用乾,而小畜将以制之。乾进而求用则可,进而受制则不可,故大畜之乾,以之艮为吉;小畜之乾,以之巽为凶。乾之欲去于巽,必自其交之未深也,去之则易。"初九,复自道,何其咎,吉"。进而尝之,知其不可,反循故道而复其所,则无咎。九二交深于初九矣,故其复也,必自引而后脱,盖已难矣,然犹可以不自失也。至于九三,其交益深,而不可复,则脱辐而与之处。与之处可也,然乾终不能自革其健,而与巽久处而无尤也,故终于反目。

六四,有孚,血去,惕出,无咎。

王注: 夫言"血"者,阳犯阴也。四乘于三,近不相得,三务于进,而己隔之,将惧侵克者也。上亦恶三而能制焉,志与上合,共同斯诚,三虽逼己,而

① 爻:原本作"又",《经解》本、青本同,据闵本、《四库》本改。
② 已:原本作"以",《经解》本、青本同,据陈本、闵本、《四库》本改。

不能犯,故得血去惧除,保无咎也。

《象》曰:"有孚","惕出",上合志也。

九五,有孚挛如,富以其邻。

王注:处得尊位,不疑于二,来而不距。二牵已挛,不为专固,"有孚挛如"之谓也。以阳居阳,处实者也。居盛处实而不专固,富以其邻者也。

《象》曰:"有孚挛如",不独富也。

苏传:凡巽皆阴也。六四固阴矣。九五、上九,其质则阳,其志则阴也。以阴畜乾,乾知其不可也易;以质阳而志阴者畜乾,乾知其不可也难。何则?不知其志而见其类也。"六四有孚,血去,惕出,无咎"。六四之所孚者,初九也。初九欲去之,六四欲畜而留之。阴阳不相能,故伤而去,惧而出也。以其伤且惧,是以知阴之畜乾,其欲害乾之意见于外也如此。以其为害也浅,而乾去之速,故无咎。若夫九五之畜乾也,则不然。所孚者既已去我矣,我且挽援而留之,若中心诚好之然。此乾之所以眷眷而不悟,自引而后脱。二者皆欲畜乾而制之,顾力不能,是以六四与上合志,而九五以其富附其邻,并力以畜之。邻,上九也。

上九,既雨既处,尚德载,妇贞厉,月几望,君子征凶。

王注:处小畜之极,能畜者也。阳不获亨,故"既雨"也。刚不能侵,故"既处"也。体《巽》处上,刚不敢犯,"尚德"者也。为阴之长,能畜刚健,德积载者也。妇制其夫,臣制其君,虽贞近危,故曰"妇贞厉"也。阴之盈盛莫盛于此,故曰"月几望"也。满而又进,必失其道,阴疑于阳,必见战伐,虽复君子,以征必凶,故曰"君子征凶"。

《象》曰:"既雨既处",德积载也。"君子征凶",有所疑也。

王注:夫处下可以征而无咎者,唯泰也则然。坤本体下,又顺而弱,不能敌刚,故可以全其类,征而吉也。自此以往,则其进各有难矣。夫巽虽不能若艮之善畜,犹不肯为坤之顺从也,故可得少进,不可尽陵也。是以初九、九二,其复则可,至于九三,则"舆说辐"也。夫大畜者,畜之极也。畜而不已,畜极则通,是以其畜之盛,在于四、五,至于上九,道乃大行。小畜积极而后乃能畜,是以四、五可以进,而上九说征之辐。

苏传:小畜之世,宜不雨者也。九三之于上九,其势不得不雨者,以密云之不可反,而舍上九,则无与雨也。既已与之雨,则为其人矣,可不为之处乎?乾非德不止。九五、上九,质阳而志阴,故能尚德以载乾。尚德者,非真有德之谓也。九五、上九,知乾之难畜,故积德而共载之。此阳也,而谓之妇,明其实阴也。以上畜下,故贞。乾不心服,故厉。以阴胜阳,故月几望。君子之征,自其交之未合,则无咎。既已与之雨矣,而去之,则彼疑我矣。疑则害之,故凶。

☰兑下乾上　履虎尾,不咥人,亨。

《彖》曰:履,柔履刚也。说而应乎乾,是以"履虎尾,不咥人,亨"。

王注:凡"彖"者,言乎一卦之所以为主也,成卦之体在六三也。"履虎尾"者,言其危也。三为履主,以柔履刚,履危者也。"履虎尾",而"不见咥"者,以其说而应乎乾也。乾,刚正之德者也。不以说行夫佞邪,而以说应乎《乾》,宜其"履虎尾",不见咥而亨。

刚中正,履帝位而不疚,光明也。

王注:言五之德。

苏传:履之所以为履者,以三能履二也。有是物者,不能自用,而无者为之用也。乾有九二,乾不能用,而使六三用之。九二者,虎也。虎何为用于六三,而莫之咥?以六三之应乎乾也。故曰"说而应乎乾",是以"履虎尾,不咥人,亨"。应乎乾者,犹可以用二,而乾亲用之,不可。何哉?曰乾,刚也,九二亦刚也。两刚不能相下则有争,有争则乾病矣。故乾不亲用,而授之以六三。六三以不校之柔①,而居至寡之地,故九二乐为之用也。九二为三用,而三为五用,是何以异于五之亲用二哉?五未尝病,而有用二之功,故曰"履帝位而不疚,光明也"。夫三与五合则三不见咥,而五不病。五与三离,则五至于危,而三见咥。卦统而论之,故言其合之吉;爻别而观之,故见其离之凶。此所以不同也。

《象》曰:上天下泽,履。君子以辩上下,定民志。

初九,素履往,无咎。

王注:处履之初,为履之始,履道恶华,故素乃无咎。处履以素,何往不从?必独行其愿,物无犯也。

《象》曰:素履之往,独行愿也。

苏传:履六爻皆上履下也。所履不同,故所以履之者亦异。初九独无所履,则其所以为履之道者,行其素所愿而已。君子之道,所以多变而不同者,以物至之不齐也。如不与物遇,则君子行愿而已矣。

九二,履道坦坦,幽人贞吉。

王注:履道尚谦,不喜处盈,务在致诚,恶夫外饰者也。而二以阳处阴,履于谦也。居内履中,隐显同也。履道之美,于斯为盛。故"履道坦坦",无险厄也。在幽而贞,宜其吉。

---

① 校:青本同,陈本、《经解》本、闵本、《四库》本作"校"。

《象》曰："幽人贞吉",中不自乱也。

苏传:九二之用大矣,不见于二,而见于三。三之所以能视者,假吾目也;所以能履者,附吾足也。有目不自以为明,有足不自以为行者,使六三得坦途而安履之,岂非才全德厚,隐约而不愠者欤? 故曰"幽人贞吉"。

六三,眇能视,跛能履。履虎尾,咥人凶,武人为于大君。

王注:居"履"之时,以阳处阳,犹曰不谦,而况以阴居阳,以柔乘刚者乎? 故以此为明眇目者也,以此为行跛足者也,以此履危见咥者也。志在刚健,不修所履,欲以陵武于人,"为于大君",行未能免于凶,而志存于王①,顽之甚也。

《象》曰："眇能视",不足以有明也。"跛能履",不足以与行也。咥人之凶,位不当也。"武人为于大君",志刚也。

苏传:眇者之视,跛者之履,岂其自能哉? 必将有待于人而后能。故言跛、眇,以明六三之无能而待于二也。二,虎也。所以为吾用而不吾咥者,凡以为乾也。六三不知其眇而自有其明,不量其跛,而自与其行,以虎为畏己而去乾以自用。虎见六三而不见乾焉,斯咥之矣。九二有之而不居,故为幽人。六三无之而自矜,故为武人。武人见人之畏己②,而不知人之畏其君,是以有为君之志也。

九四,履虎尾,愬愬终吉。

王注:逼近至尊,以阳乘阳,处多惧之也,故曰:"履虎尾,愬愬"也。然以阳居阴,以谦为本,虽处危惧,终获其志,故"终吉"也。

《象》曰:"愬愬终吉",志行也。

苏传:愬愬,惧也。九二之刚,用于六三,故三虽阴,而九二之虎在焉,则三亦虎矣。虽然,非诚虎也。三为乾用,而二辅之,四履其上,可无惧乎? 及其去乾以自用,而九二叛之,则向之所以为虎者,亡矣。故始惧终吉。以九四之终吉,知六三之衰也。六三之衰,则九四之志得行矣。

九五,夬履,贞厉。

王注:得位处尊,以刚决正,故曰"夬履贞厉"也。履道恶盈而五处实③,是以危。

《象》曰:"夬履贞厉",位正当也。

苏传:九二之刚,不可以刚胜也,惟六三为能用之。九五不付之于三,

---

① 王:阮元十三经注疏本作"五"。
② 武人:闵本无。
③ 实:阮元十三经注疏本作"尊"。

而自以其刚决物,以此为履,危道也。夫三与五之相离也,岂独三之祸哉?虽五亦不能无危。其所以犹得为正者,以其位君也。

上九,视履考祥,其旋元吉。

王注:祸福之祥,生乎所履,处履之极,履道成矣,故可"视履"而"考祥"也。居极应说,高而不危,是其旋也。履道大成,故"元吉"也。

《象》曰:"元吉"在上,大有庆也。

苏传:三与五,其始合而成功,其后离而为凶。至于上九,历见之矣。故视其所履,考其祸福之祥,知二者之不可以一日相离也。而复其旧,则元吉旋复也。

《周易》卷二

☰乾下坤上　泰，小往大来，吉亨。

《彖》曰："泰，小往大来，吉亨"，则是天地交而万物通也，上下交而其志同也。内阳而外阴，内健而外顺，内君子而外小人。君子道长，小人道消也。

苏传：阳始于复而至于泰。泰而后为大壮，大壮而后为夬。泰之世，不若大壮与夬之世，小人愈衰而君子愈盛也。然而圣人独安夫泰者，以为世之小人不可胜尽，必欲迫而逐之，使之穷而无归，其势必至于争。争则胜负之势未有决焉，故独安夫泰。使君子居中常制其命，而小人在外不为无措。然后君子之患无由而起，此泰之所以为最安也。

《象》曰：天地交，泰。后以财成天地之道，辅相天地之宜，以左右民。

王注：泰者，物大通之时也。上下大通，则物失其节，故财成而辅相，以左右民也。

苏传：财，材也。物至于泰，极矣，不可以有加矣。故因天地之道而材成之，即天地之宜而辅相之，以左右民，使不入于否而已。否未有不自其已甚者始，故左右之，使不失其中，则泰可以常有也①。

初九，拔茅茹，以其汇，征吉。

王注：茅之为物，拔其根而相牵引者也。"茹"，相牵引之貌也。三阳同志，俱志在外，初为类首，已举则从，若"茅茹"也。上顺而应，不为违距，进皆得志，故以其类"征吉"。

《象》曰：拔茅征吉，志在外也。

苏传：王弼曰："茅之为物，拔其根而相连引者也。'茹'，相连之貌也。三阳同志，俱志于外，初为类首，举则类从，故曰'以其汇，征吉'。"

九二，包荒，用冯河，不遐遗，朋亡，得尚于中行。

---

① 有：《四库》本作"保"。

王注：体健居中而用乎"泰"，能包含荒秽，受纳"冯河"者也。用心弘大，无所遐弃，故曰"不遐遗"也。无私无偏，存乎光大，故曰"朋亡"也。如此乃可以"得尚于中行"。尚，犹配也。"中行"，谓五。

《象》曰："包荒"，"得尚于中行"，以光大也。

苏传：阳皆在内，据用事之处，而摈三阴于外，此阴之所不能堪也。阴不能堪，必疾阳。疾阳，斯争矣。九二，阳之主也，故"包荒，用冯河"。冯河者，小人之勇也。小人之可用，惟其勇者。荒者，其无用者也。有用者用之，无用者容之，不遐弃也，此所以怀小人尔。以君子而怀小人，其朋以为非也，而或去之，故曰"朋亡"。然而得配于六五，有大援于上，君子所以愈安也。虽亡其朋①，而卒赖以安，此所以为"光大"也。

九三，无平不陂，无往不复，艰贞无咎。勿恤其孚，于食有福。

王注：乾本上也，坤本下也，而得泰者，降与升也。而三处天地之际，将复其所处。复其所处，则上守其尊，下守其卑，是故无往而不复也，无平而不陂也。处天地之将闭，平路之将陂，时将大变，世将大革，而居不失其正，动不失其应，艰而能贞，不失其义，故"无咎"也。信义诚著，故不恤其孚而自明也，故曰"勿恤其孚，于食有福"也。

《象》曰："无往不复"，天地际也。

王注：天地将各分复之际。

苏传：乾本上也，坤本下也，上下交，故乾居于内而坤在外。苟乾不安其所，而务进以迫坤，则夫顺者将至于逆，故曰"无平不陂"。坤不获安于上，则将下复以夺乾。乾之往，适所以速其复也。故曰"无往不复"。当是时也，坤已知难而贞于我，则可以无咎矣②。九五之所孚者，初与二也。以其所孚者为乐，进以迫坤而重违之，则危矣。故教之以"勿恤其孚"，而安于食，是以有泰之福。

六四，翩翩，不富以其邻，不戒以孚。

王注：乾乐上复，坤乐下复，四处坤首，不固所居，见命则退，故曰"翩翩"也。坤爻皆乐下，已退则从，故不待富而用其邻也。莫不与已同其志愿，故不待戒而自孚也。

《象》曰："翩翩不富"，皆失实也。"不戒以孚"，中心愿也。

苏传：王弼曰："乾乐上复，坤乐下复。四处坤首，六五、上六皆失其故处而乐下者。故翩翩相从，不必富而能用其邻，不待戒而自孚。"

---

① 亡其朋：陈本作"其朋亡"。
② 之：陈本、青本无。

六五,帝乙归妹,以祉元吉。

王注:妇人谓嫁曰"归"。"泰"者,阴阳交通之时也。女处尊位,履中居顺,降身应二,感以相与,用中行愿,不失其礼。"帝乙归妹",诚合斯义。履顺居中,行愿以祉,尽夫阴阳交配之宜,故"元吉"也。

《象》曰:"以祉元吉",中以行愿也。

苏传:妹,女之少者也。《易》女少而男长,则权在女。六五以阴居尊位,有帝乙归妹之象焉。坤乐下复,下复而夺乾,乾则病矣,而亦非坤之利也。乾病而疾坤,坤亦将伤焉。使乾不病,坤不伤,莫如以辅乾之意,而行其下复之愿,如帝女之归其夫者。帝女之归也,非求胜其夫,将以祉之。坤之下复,非以夺乾,将以辅之,如是而后可。

上六,城复于隍,勿用师。自邑告命,贞吝。

王注:居泰上极,各反所应,泰道将灭,上下不交,卑不上承,尊不下施,是故"城复于隍",卑道崩也。"勿用师",不烦攻也。"自邑告命,贞吝",否道已成,命不行也。

《象》曰:"城复于隍",其命乱也。

苏传:取土于隍而以为城,封而高之,非城之利,以利人也。泰之所以厚坤于外者,非以利坤,亦以卫乾尔。坤之在上,而欲复于下,犹土之为城,而欲复于隍也。有城而不能固之,使复于隍,非城之罪,人之过也,故"勿用师"。上失其卫,则下思擅命,故"自邑告命"。邑非所以出命也,然既以失之矣,从而怀之则可,正之则吝。

䷋坤下乾上　否之匪人,不利君子贞,大往小来。

《彖》曰:"否之匪人,不利君子贞,大往小来",则是天地不交而万物不通也,上下不交而天下无邦也。内阴而外阳,内柔而外刚,内小人而外君子,小人道长,君子道消也。

苏传:《春秋传》曰:"不有君子,其能国乎?"君子道消,虽有国,与无同矣。

《象》曰:天地不交,否。君子以俭德辟难,不可荣以禄。

初六,拔茅茹,以其汇,贞吉,亨。

王注:居否之初,处顺之始,为类之首者也。顺非健也,何可以征?居否之时,动则入邪,三阴同道,皆不可进。故"茅茹"以类,贞而不谄,则"吉亨"。

《象》曰:拔茅贞吉,志在君也。

王注:志在于君,故不苟进。

苏传:自泰为否也易,自否为泰也难,何也?阴阳易位,未有不志于复;

而其既复,未有不安其位者也。故泰有征而否无征。夫苟无征,则是终无泰也,而可乎?故坤处内而不忘贞于乾,斯以为泰之渐矣,故亨。

六二,包承,小人吉,大人否,亨。

王注:居"否"之世,而得其位,用其至顺,包承于上,小人路通,内柔外刚,大人"否"之,其道乃"亨"。

《象》曰:"大人否,亨",不乱群也。

苏传:阴得其位,欲包群阳,而以承顺取之。上说其顺,而不知其害,此小人之吉也。大人之欲济斯世也,苟出而争之,上则君莫之信,下则小人之所疾,故莫如否。大人否而退,使君子小人之群不相乱,以为邪之胜正也,常于交错未定之间,及其群分类别,正未有不胜者也,故亨。

六三,包羞。

王注:俱用小道以承其上,而位不当,所以"包羞"也。

《象》曰:"包羞",位不当也。

苏传:三本阳位,故包承群阳而知羞之矣。

九四,有命,无咎,畴离祉。

王注:夫处"否"而不可以有命者,以所应者小人也。有命于小人,则消君子之道者也。今初志在君,处乎穷下,故可以有命无咎而畴丽福也。畴谓初也。

《象》曰:"有命无咎",志行也。

苏传:君子之居否,患无自行其志尔。初六有志于君,而四之应,苟有命我,无庸咎之矣。故君子之畴,获离其福。畴,类也。

九五,休否,大人吉。其亡!其亡!系于苞桑。

王注:居尊当位,能休否道者也。施否于小人,否之休也。唯大人而后能然,故曰"大人吉"也。处君子道消之时,已居尊位,何可以安?故心存将危,乃得固也。

《象》曰:大人之吉,位正当也。

苏传:九五大人之得位,宜若甚安且强者也。然其实制在于内,席其安强之势,以与小人争而求胜,则不可,故曰"休否,大人吉"。恃其安强之势,而不虞小人之内胜,亦不可,故曰"其亡其亡,系于苞桑"。休否者,所谓"大人否"也。小人之不吾敌也审矣,惟乘吾急则有以幸胜之。利在于急,不在于缓也。苟否而不争以休息之,必有不吾敌者见焉,故"大人吉"。

上九,倾否,先否后喜。

王注:先倾后通,故"后喜"也。始以倾为"否",后得通乃喜。

《象》曰:否终则倾,何可长也?

苏传：否至于此，不可复因。非倾荡扫除，则喜无自至矣。

䷌离下乾上　同人于野，亨。利涉大川，利君子贞。

《彖》曰：同人，柔得位得中而应乎乾，曰同人。

王注：二为同人之主。

苏传：此专言二也。

《同人》曰"同人于野，亨。

苏传：此言五也，故别之。

利涉大川"，乾行也。

王注：所以乃能"同人于野，亨，利涉大川"，非二之所能也，是乾之所行，故特曰"同人曰"。

苏传：野者无求之地也。立于无求之地，则凡从我者，皆诚同也。彼非诚同，而能从我于野哉！同人而不得其诚同，可谓同人乎？故"天与火，同人"①。物之能同于天者，盖寡矣。天非求同于物，非求不同于物也。立乎上，而天下之能同者自至焉，其不能者不至也。至者非我援之，不至者非我拒之。不拒不援，是以得其诚同，而可以涉川也，故曰："同人于野，亨。利涉大川，乾行也。"苟不得其诚同，与之居安则合，与之涉川则溃矣。涉川而不溃者，诚同也。

文明以健，中正而应，君子正也。

王注：行健不以武，而以文明用之，相应不以邪，而以中正应之，君子正也，故曰"利君子贞"。

唯君子为能通天下之志。

王注：君子以文明为德。

《象》曰：天与火，同人。

王注：天体于②上，而火炎上，同人之义也。

君子以类族辨物。

王注：君子小人，各得所同。

苏传：水之于地为比，火之与天为同人，同人与比相近而不同，不可不察也。比以无所不比为比，而同人以有所不同为同，故"君子以类族辨物"。

初九，同人于门，无咎。

---

① 天与火同人：原本作"天与人同"，《经解》本、《四库》本同，据《永乐大典》卷三〇〇八、陈本改。

② 于：阮元十三经注疏本作"在"。

王注：居同人之始，为同人之首者也。无应于上，心无系吝，通夫大同，出门皆同。故曰"同人于门"也。出门同人，谁与为咎？

《象》曰：出门同人，又谁咎也？

苏传：初九自内出同于上，上九自外入同于下。自内出，故言门；自外入，故言郊。能出其门而同于人，不自用者也。

六二，同人于宗，吝。

王注：应在乎五，唯同于主，过主则否。用心褊狭，鄙吝之道。

《象》曰："同人于宗"，吝道也。

苏传：凡言媾者，其外应也；凡言宗者，其同体也。九五为媾，九三为宗。从媾，正也；从宗，不正也。六二之所欲从者，媾也，而宗欲得之。正者远而不相及，不正者近而足以相困，苟不能自力于难而安于易，以同乎不正，则吝矣。

九三，伏戎于莽，升其高陵，三岁不兴。

王注：居同人之际，履下卦之极，不能包弘上下，通夫大同；物党相分，欲乖其道，贪于所比，据上之应；其敌刚健，非力所当，故"伏戎于莽"，不敢显亢也。"升其高陵"，望不敢进，量斯势也，三岁不能兴者也。三岁不能兴，则五道亦以成矣，安所行焉？

《象》曰："伏戎于莽"，敌刚也。"三岁不兴"，安行也。

王注：安，辞也。

九四，乘其墉，弗克攻，吉。

王注：处上攻下，力能乘墉者也。履非其位，以与人争，二自五应，三非犯己，攻三求二，尤而效之，违义伤理，众所不与，故虽乘墉而不克也。不克则反，反则得吉也。不克乃反，其所以得吉，"困而反则"者也。

《象》曰："乘其墉"，义弗克也。其吉，则困而反则也。

苏传：六二之欲同乎五也，历三与四而后五①，故三与四皆欲得之。四近于五，五乘其墉，其势至迫而不可动，是以虽有争二之心，而未有起戎之迹，故犹可知困而不攻，反而获吉也。凡三之于五也，稍远而肆焉。五在其陵，而不在其墉，是以伏戎于莽而伺之。既已起戎矣，虽欲反，则可得乎？欲兴不能，欲归不可。至于三岁，行将安入？故曰："三岁不兴，安行也。"

九五，同人先号咷而后笑，大师克相遇。

王注：《象》曰："柔得位得中，而应乎乾，曰同人。"然则体柔居中，众之所与；执刚用直，众所未从，故近隔乎二刚，未获厥志，是以"先号咷"也。居

---

① 五：陈本同，《经解》本、闵本、《四库》本、青本作"至"。

中处尊,战必克胜,故"后笑"也。不能使物自归而用其强直,故必须大师克之,然后相遇也。

《象》曰:同人之先,以中直也。"大师相遇",言相克也。

苏传:子曰:"君子之道,或出或处,或默或语。二人同心,其利断金。同心之言,其臭如兰。"由此观之,岂以用师而少五哉?夫以三四之强而不能夺,始于号咷,而卒达于笑。至于用师相克矣,而不能散其同,此所以知二五之诚同也。二,阴也;五,阳也。阴阳不同而为同人,是以知其同之可必也。君子出处语默不同而为同人,是以知其同之可必也。苟可必也,则虽有坚强之物,莫能间之矣,故曰"其利断金"。兰之有臭,诚有之也;二、五之同,其心诚同也,故曰"其臭如兰"。

上九,同人于郊,无悔。

王注:郊者,外之极也。处"同人"之时,最在于外,不获同志,而远于内争,故虽无悔吝,亦未得其志。

《象》曰:"同人于郊",志未得也。

王注:凡处同人而不泰焉,则必用师矣。不能大通,则各私其党而求利焉。楚人亡弓,不能亡楚。爱国愈甚,益为它灾。是以同人不弘刚健之爻,皆至用师也。

苏传:物之同于乾者已寡矣,今又处乾之上,则同之者尤难。以其无所苟同,则可以无悔;以其莫与共立,则志未得也。

䷍乾下离上　大有,元亨。

王注:不大通,何由得"大有"乎?"大有"则必元亨矣。

《彖》曰:大有,柔得尊位大中,而上下应之,曰"大有"。

王注:处尊以柔,居中以大,体无二阴以分其应,上下应之,靡所不纳,大有之义也。

苏传:谓五也。大者皆见有于五,故曰"大有"。

其德刚健而文明,应乎天而时行,是以"元亨"。

王注:德应于天,则行不失时矣。刚健不滞,文明不犯,应天则大,时行无违,是以"元亨"。

《象》曰:火在天上,大有。君子以遏恶扬善,顺天休命。

王注:《大有》,包容之象也。故遏恶扬善,成物之美,顺夫天德,休物之命[1]。

---

[1] 阮元十三经注疏本作"成物之性,顺天休命,顺物之命"。

苏传：以健济明，可以进退善恶，顺天之休命也。

初九，无交害，匪咎，艰则无咎。

王注：以夫刚健为大有之始，不能履中，满而不溢，术斯以往，后害必至。其欲匪咎，"艰则无咎也"。

苏传：二应于五，三通于天子①，四与上近焉。独立无交者，惟初而已。虽然，无交之为害也，非所谓咎也。独立无恃，而知难焉，何咎之有？

《象》曰：大有初九，无交害也。

苏传：明惟初九为然也。

九二，大车以载，

王注：任重而不危。

有攸往，无咎。

王注：健不违中，为五所任，任重不危，致远不泥，故可以往而"无咎"也。

《象》曰："大车以载"，积中不败也。

苏传：大车，虚而有容者，谓五也。九二足以有为也，然非六五虚而容之。虽欲往，可得乎？积中，明虚也。

九三，公用亨于天子，小人弗克。

王注：处"大有"之时，居下体之极，乘刚健之上，而履得其位，与五同功，威权之盛，莫此过焉。公用斯位，乃得通乎天子之道也。小人不克，害可待也。

《象》曰："公用亨于天子"，小人害也。

苏传：九三以阳居阳，其势足以通于天子。以小人处之，则败矣。

九四，匪其彭，无咎。

王注：既失其位，而上近至尊之威，下比分权之臣，其为惧也，可谓危矣。唯夫有圣知者，乃能免斯咎也。三虽至盛，五不可舍，能辩斯数，专心承五，常匪其旁，则"无咎"矣。旁谓三也。

《象》曰："匪其彭无咎"，明辩晢也。

王注：明犹才也。

苏传：彭，三也。九四之义，知有五而已。夫九三之刚，非强也；六五之柔，非弱也，惟明者为能辨此。

六五，厥孚交如，威如，吉。

王注：居尊以柔，处大以中，无私于物，上下应之，信以发志，故其孚交如也。夫不私于物，物亦公焉。不疑于物，物亦诚焉。既公且信，何难何备？不言而教行，何为而不威如？为"大有"之主，而不以此道，吉可得乎？

---

① 天子：冯椅《厚斋易学》引作"五"。

《象》曰:"厥孚交如",信以发志也。威如之吉,易而无备也。

苏传:处群刚之间,而独用柔,无备之甚者也。以其无备而物信之,故归之者交如也。此柔而能威者,何也? 以其无备,知其有余也。夫备生于不足,不足之形见于外则威削。

上九,自天祐之,吉无不利。

王注:"大有",丰富之世也。处"大有"之上而不累于位,志尚乎贤者也。余爻皆乘刚,而己独乘柔顺也。五为信德,而己履焉,履信之谓也。虽不能体柔,而以刚乘柔,思顺之义也。居丰有之世,而不以物累其心,高尚其志,尚贤者也。爻有三德,尽夫助道,故《系辞》具焉。

《象》曰:大有上吉,"自天祐"也。

苏传:曰"祐"、曰"吉"、曰"无不利",其为福也多矣,而终不言其所以致福之由。而《象》又因其成文,无所复说,此岂真无说也哉? 盖其所以致福者远矣。夫两刚不能相用,而独阴不可以用阳。故必居至寡之地,以阴附阳,而后众予之,履之六三、大有之六五是也。六三附于九五,六五附于上九,而群阳归之,二阴既因群阳而有功,九五、上九又得以坐受二阴之成绩,故履有不疚之光,而大有有自天之祐。此皆圣贤之高致妙用也。故孔子曰:"天之所助者,顺也;人之所助者,信也。履信思乎顺,又以尚贤也,是以'自天祐之,吉无不利'。""信"也,"顺"也,"尚贤"也,此三者,皆六五之德也。"易而无备",六五之顺也;"厥孚交如",六五之信也;群阳归之,六五之尚贤也,上九特履之尔。我之所履者,能顺且信,又以尚贤,则天人之助,将安归哉? 故曰:"圣人无功,神人无名。"而大有上九,不见致福之由也。

☷艮下坤上　谦,亨,君子有终。

《彖》曰:"谦亨",天道下济而光明,地道卑而上行。

苏传:此所以为"谦亨"也。

天道亏盈而益谦,地道变盈而流谦,鬼神害盈而福谦,人道恶盈而好谦。谦尊而光,卑而不可逾,君子之终也。

苏传:此所以为"君子有终"也。不于其终观之,则争而得、谦而失者,盖有之矣。惟相要于究极,然后知谦之必胜也。

《象》曰:地中有山,谦。君子以裒多益寡,称物平施。

王注:多者用谦以为裒,少者用谦以为益,随物而与,施不失平也。

苏传:裒,取也。"谦"之为名①,生于过也。物过然后知有谦。使物不

---

① 谦:原本作"一",据陈本、闵本、《四库》本、青本改。

过,则谦者乃其中尔。过与中相形,而谦之名生焉。圣人即世之所名而名之,而其实则反中而已矣①。地过乎卑,山过乎高,故"地中有山,谦"。君子之居是也,多者取之,谦也;寡者益之,亦谦也。

初六,谦谦君子,用涉大川,吉。

王注:处谦之下,谦之谦者也。能体"谦谦",其唯君子。用涉大难,物无害也。

《象》曰:"谦谦君子",卑以自牧也。

王注:牧,养也。

苏传:此最处下,是谦之过也。是道也,无所用之,用于涉川而已。有大难,不深自屈折,则不足以致其用。牧者,养之以待用云尔。

六二,鸣谦,贞吉。

王注:鸣者,声名闻之谓也。得位居中,谦而正焉。

《象》曰:"鸣谦贞吉",中心得也。

苏传:雄鸣则雌应,故《易》以阴阳唱和寄之于鸣。谦之所以为谦者,三也。其谦也以劳,故闻其风、被其泽者,莫不相从于谦。六二其邻也,上九其配也,故皆和之而鸣于谦。而六二又以阴处内卦之中,虽微九三,其有不谦乎?故曰"鸣谦",又曰"贞吉"。"鸣"以言其和于三,"贞"以见其出于性也。

九三,劳谦君子,有终吉。

王注:处下体之极,履得其位,上下无阳以分其民,众阴所宗,尊莫先焉。居谦之世,何可安尊?上承下绥,劳谦匪解,是以吉也。

《象》曰:"劳谦君子",万民服也。

苏传:劳,功也。谦五阴一阳,待是而后为谦,其功多矣。艮之制在三,而三亲以艮下坤,其谦至矣,故曰"劳谦"。劳而不伐,有功而不德,非独以自免而已,又将以及人,是得谦之全者也。故《象》曰"君子有终",而三亦云。

六四,无不利,㧑谦。

王注:处三之上,而用谦焉,则是自上下下之义也。承五而用谦顺,则是上行之道也。尽乎奉上下下之道,故"无不利"。"指㧑"皆谦,不违则也。

《象》曰:"无不利,㧑谦",不违则也。

苏传:是亦九三之所致也。二近其内,有配之象,故曰"鸣";四近其外,三之所向,故称"㧑"。以柔居柔,而当三之所向,三之所㧑,四之所趋也。以谦㧑谦,孰不利者?故曰:"无不利。"

六五,不富以其邻,利用侵伐,无不利。

---

① 反:陈本、《经解》本、青本同,《四库》本作"归于"。

王注：居于尊位，用谦与顺，故能不富而用其邻也。以谦顺而侵伐，所伐皆骄逆也。

《象》曰："利用侵伐"，征不服也。

苏传：直者曲之矫也，谦者骄之反也，皆非德之至也。故两直不相容，两谦不相使。九三以劳谦，而上下皆谦以应之，内则"鸣谦"，外者"扐谦"，其甚者，则"谦谦"相迫于无穷。相益不已，则夫所谓"裒多益寡，称物平施"者，将使谁为之？若夫六五则不然，以为谦乎？则所据者刚也。以为骄乎？则所处者中也。惟不可得而谓之谦，不可得而谓之骄。故五谦莫不为之使也。求其所以能使此五谦者而无所有，故曰"不富以其邻"。至于侵伐而不害为谦，故曰"利用侵伐"。莫不为之用者，故曰"无不利"。

上六，鸣谦。利用行师，征邑国。

王注：最处于外，不与内政，故有名而已，志功未得也。处外而履谦顺，可以征邑国而已。

《象》曰："鸣谦"，志未得也。可用行师①，征邑国也。

王注：夫吉凶悔吝，生乎动者也。动之所起，兴于利者也。故饮食必有讼，讼必有众起，未有居众人之所恶而为动者所害，处不竞之地而为争者所夺，是以六爻虽有失位，无应乘刚，而皆无凶咎悔吝者，以谦为主也。"谦尊而光，卑而不可踰"，信矣哉！

苏传：其为"鸣谦"一也。六二自得于心，而上六志未得者，以其所居非安于谦者也，特以其配之劳谦而强应焉。貌谦而实不至，则所服者寡矣，故虽有邑国而犹叛之②。夫实虽不足，而名在于谦，则叛者不利。叛者不利，则征者利矣。王弼曰："吉凶悔吝，生乎动者也。动之所起，兴于利者也。故饮食必有讼，讼必有众起。未有居众人之所恶，而为动者所害；处不竞之地，而为争者所夺。是以六爻虽有失位、无应、乘刚，而皆无凶、咎、悔、吝者，以谦为主也。"

☷坤下震上　　豫，利建侯行师。

苏传：豫之言暇也，暇以乐之谓"豫"。建侯所以豫，豫所以行师也。故曰："利建侯行师。"有民而不以分人，虽欲豫可得乎？子重问晋国之勇，栾鍼曰"好以暇"，是故惟暇者为能师。

《彖》曰：豫，刚应而志行。顺以动，豫。豫顺以动，故天地如之。

---

① 可：陈本、《经解》本同，青本作"利"。
② 有：陈本、《经解》本、青本同，闵本、《四库》本作"其"。

苏传：言天地亦以顺动也。

而况建侯行师乎？天地以顺动，故日月不过而四时不忒。圣人以顺动，则刑罚清而民服。

苏传：上以顺动，则凡入于刑罚者，皆民之过也。

豫之时义大矣哉！

苏传：卦未有非时者也。时未有无义，亦未有无用者也。苟当其时，有义有用，焉往而不为大？故曰"时义"，又曰"时用"，又直曰"时"者，皆适遇其及之而已，从而为之说则过矣。如必求其说，则凡不言此者，皆当求所以不言之故，无乃不胜异说而厌弃之欤？盍取而观之，因其言天地以及圣人王公，则多有是言；因其所言者大而后及此者，则其言之势也，非说也①。且非独此，"见天地之情"者四，"利见大人"者五，其余同者不可胜数也，又可尽以为异于他卦而曲为之说欤？

《象》曰：雷出地奋，豫。先王以作乐崇德，殷荐之上帝，以配祖考。

初六，鸣豫，凶。

王注：处豫之初，而特得志于上，乐过则淫，志穷则凶，豫何可鸣？

《象》曰："初六鸣豫"，志穷凶也。

苏传：所以为《豫》者四也，而初和之，故曰"鸣"。已无以致乐，而恃其配以为乐，志不远矣。因人之乐者，人乐亦乐，人忧亦忧，志在因人而已。所因者穷，不得不凶。

六二，介于石，不终日，贞吉。

王注：处豫之时，得位履中，安夫贞正，不求苟"豫"者也。顺不苟从，豫不违中，是以上交不谄，下交不渎。明祸福之所生，故不苟说；辩必然之理，故不改其操介如石焉。"不终日"明矣。

《象》曰："不终日，贞吉"，以中正也。

苏传：以阴居阴，而处二阴之间，晦之极、静之至也。以晦观明，以静观动，则凡吉凶祸福之至，如长短黑白陈乎吾前，是以动静如此之果也。"介于石"，果于静也；"不终日"，果于动也，是故孔子以为知几也。

六三，盱豫悔，迟有悔。

王注：居下体之极，处两卦之际，履非其位，承"动豫"之主。若其睢盱之豫，悔亦生焉。迟而不从，豫之所疾，位非所据，而以从豫进退，离悔宜其然矣。

《象》曰：盱豫有悔，位不当也。

---

① 非：陈本、《经解》本、青本同，《四库》本作"是"。

苏传：以阳居阳，犹力人之驭健马也，有以制之。夫三非六之所能驭也，乘非其任，而听其所之，若是者，神乱于中而目盱于外矣。据静以观物者，见物之正，六二是也；乘动以逐物者，见物之似，六三是也。物之似福者诱之，似祸者劫之，我且睢盱而赴之。既而非也，则后虽有诚然者，莫敢赴之矣。故始失之疾，而其缘未尝不以迟为悔也。

九四，由豫，大有得，勿疑，朋盍簪。

王注：处豫之时，居动之始，独体阳爻，众阴所从，莫不由之以得其豫，故曰"由豫，大有得"也。夫不信于物，物亦疑焉，故勿疑则朋合疾也。盍，合也。簪，疾也。

《象》曰："由豫大有得"，志大行也。

苏传：盍，何不也。簪，固结也。五阴莫不由四而豫，故"大有得"。豫有三豫二贞，三豫易怀，而二贞难致。难致者疑之，则附者皆以利合而已。夫以利合，亦以利散。是故来者、去者、观望而不至者，举勿疑之，则吾朋何有不固者乎？

六五，贞疾，恒不死。

王注：四以刚动为豫之主，专权执制，非己所乘，故不敢与四争权，而又居中处尊，未可得亡，是以必常至于"贞疾，恒不死"而已。

《象》曰："六五贞疾"，乘刚也。"恒不死"，中未亡也。

苏传：二与五皆贞者也。贞者不志于利，故皆不得以豫名之。其贞同，其所以为贞者异，故二以得吉，五以得疾也。二之贞非固欲不从四也，可则进，否则退，其吉也不亦宜乎？五之于四也，其质则阴，其居则阳也。质阴则力莫能较，居阳则有不服之心焉。夫力莫能较，而有不服之心，则其贞足以为疾而已。三豫者，皆内丧其守，而外求豫者也，故小者悔吝，大者凶。六五之贞，虽以为疾，而其中之所守者未亡，则恒至于不死，君子是以知贞之可恃也。

上六，冥豫，成有渝，无咎。

王注：处"动豫"之极，极豫尽乐，故至于"冥豫成"也。过豫不已，何可长乎？故必渝变然后无咎。

《象》曰："冥豫"在上，何可长也？

苏传："冥"者，君子之所宜息也。豫至上六，宜息矣，故曰"冥豫"。"成有渝"者，盈辄变也。盈辄变，所以为无穷之豫也。

☷震下兑上　随，元亨，利贞，无咎。

《彖》曰：随，刚来而下柔，动而说，随。大亨，贞，无咎，而天下随时。随时之义大矣哉！

王注：震刚而兑柔也，以刚下柔动而之说，乃得随也。为随而不大通，逆于时也。相随而不为利，正灾之道也。故大通利贞，乃得无咎也。为随而令大通利贞，得于时也。得时则天下随之矣。随之所施，唯在于时也。时异而不随，否之道也，故"随时之义大矣哉"！

苏传：大时不齐，故随之世，容有不随者也。责天下以人人随已而咎其贞者，此天下所以不说也。是故大亨而利贞者，贞者无咎，而天下随时。时者上之所制也，不从己而从时，其为随也大矣。

《象》曰：泽中有雷，随。君子以向晦入宴息。

王注：泽中有雷，"动说"之象也。物皆说随，可以无为，不劳明鉴。故君子"向晦入宴息"也。

苏传：雷在泽中，伏而不用，故君子晦则入息。

初九，官有渝，贞吉。出门交有功。

王注：居随之始，上无其应，无所偏系，动能随时，意无所主者也。随不以欲，以欲随宜者也。故官有渝变，随不失正也。出门无违，何所失哉！

《象》曰："官有渝"，从正吉也。"出门交有功"，不失也。

苏传：物有正主之谓"官"，九五者六二之正主也。二以远五而苟随于初，五以其随初而疑之，则官有变矣。官有变，初可以有获也，而非其正，故官虽有变，而以从正不取为吉也。初之取二也，得二而失五；初之不取二也，失二而得五，何也？可取而不取，归之其正主。初信有功于五矣，五必德之。失门内之配，而得门外之交，是故舍其近配，而出门以求交于其所有功之人，其得也必多，故君子以为未尝失也。

六二，系小子，失丈夫。

王注：阴之为物，以处随世，不能独立，必有系也。居随之时，体于柔弱，而以乘夫刚动，岂能秉志违于所近？随此失彼，弗能兼与。五处已上，初处已下，故曰"系小子，失丈夫"也。

《象》曰："系小子"，弗兼与也。

苏传：小子，初也。丈夫，五也。兼与，必两失。

六三，系丈夫，失小子。随有求得，利居贞。

王注：阴之为物，以处随世，不能独立，必有系也。虽体下卦，二已据初，将何所附？故舍初系四，志在"丈夫"。四俱无应，亦欲于己随之，则得其所求矣，故曰"随有求得"也。应非其正，以系于人，何可以妄？故"利居贞"也，初处已下，四处已上，故曰"系丈夫，失小子"也。

《象》曰："系丈夫"，志舍下也。

王注："下"谓初也。

苏传：四为"丈夫"，初为"小子"，三无适应，有求则得之矣。然而从四正也。四近三在上①，从上则顺，与近则固，故"系丈夫"而"利居贞"。

九四，随有获，贞凶。有孚在道以明，何咎？

王注：处说之初，下据二阴，三求系己，不距则获，故曰"随有获"也。居于臣地，履非其位，以擅其民，失于臣道，违正者也，故曰"贞凶"。体刚居说而得民心，能干其事，而成其功者也。虽违常义，志在济物，心存公诚②，著信在道以明其功，何咎之有？

《象》曰："随有获"，其义凶也。"有孚在道"，明功也。

苏传：六三固四之所当有也，不可以言"获"。获者，取非其有之辞也。二之往配于五也，历四而后至，四之势可以不义取之。取之则于五为凶，不取则于五为有功。二之从五也甚难，初处其邻，而四当其道。处其邻不忘贞，当其道不忘信。使二得从其配者，初与四之功也，故皆言功。居可疑之地，而有功足以自明，其谁咎之？

九五，孚于嘉，吉。

王注：履正居中，而处随世，尽"随时"之宜，得物之诚，故"嘉吉"也。

《象》曰："孚于嘉吉"，位正中也。

苏传：嘉，谓二也。《传》曰"嘉偶曰配"，而昏礼为嘉，故《易》凡言"嘉"者，其配也。随之时，阴急于随阳者也。故阴以不苟随为贞，而阳以不疑其叛己为吉。六二以远五而二于初九，五不疑而信之，则初不敢有，二不敢叛，故吉。

上六，拘系之，乃从维之。王用亨于西山。

王注：随之为体，阴顺阳者也。最处上极，不从者也。随道已成，而特不从，故"拘系之乃从"也。"率土之滨，莫非王臣"，而为不从，王之所讨也，故"维之王用亨于西山"也。兑为西方，山者，途之险隔也。处西方而为不从，故王用通于西山。

《象》曰："拘系之"，上穷也。

王注：处于上极，故穷也。

苏传：居上无应而不下随，故"拘系之"而后从。从而又维之，明强之而后从也。强之而后从，则其从也不固，故教之曰：当如王之通于西山。王，文王也。西山，西戎也。文王之通西戎也，待其自服而后从之，不强以从也。

---

① 三：陈本、《经解》本、青本同，闵本、《四库》本作"而"。
② 存：阮元十三经注疏本作"有"。

☲巽下艮上　蠱,元亨,利涉大川。先甲三日,后甲三日。

《彖》曰：蠱,刚上而柔下,

王注：上刚可以断制,下柔可以施令。

巽而止,"蠱"。

王注：既巽又止,不竞争也。有事而无竞争之患,故可以有为也。

"蠱元亨",而天下治也。

王注：有为而大亨,非天下治而何也？

"利涉大川",往有事也。"先甲三日,后甲三日",终则有始,天行也。

王注：蠱者有事而待能之时也。可以有为,其在此时矣。物已说随,则待夫作制以定其事也。进德修业,往则亨矣。故"元亨,利涉大川"也。甲者,创制之令也。创制不可责之以旧,故先之三日,后之三日,使令治而后乃诛也。因事申令,终则复始,若天之行用四时也。

苏传：器久不用而蠱生之,谓之蠱；人久宴溺而疾生之,谓之蠱；天下久安无为而弊生之,谓之蠱。《易》曰："蠱者事也。"夫蠱,非事也,以天下为无事而不事事,则后将不胜事矣,此蠱之所以为事也。而昧者乃以事为蠱,则失之矣。器欲常用,体欲常劳,天下欲常事事,故曰："巽而止,蠱。"夫下巽则莫逆,上止则无为。下莫逆而上无为,则上下大通而天下治也。治生安,安生乐,乐生媮,而衰乱之萌起矣。蠱之灾,非一日之故也,必世而后见。故爻皆以父子言之,明父养其疾,至子而发也。人之情,无大患难,则日入于媮。天下既已治矣,而犹以涉川为事,则畏其媮也。蠱之与巽一也。上下相顺,与下顺而上止,其为媮一也。而巽之所以不为蠱者,有九五以干之,而蠱无是也。故《蠱》之《彖》曰："先甲三日,后甲三日,终则有始。"而《巽》之九五曰："无初有终,先庚三日,后庚三日,吉。"阳生于子,尽于巳。阴生于午,尽于亥。阳为君子,君子为治。阴为小人,小人为乱。夫一日十二干相值,干五支六而后复①,世未有不知者也。"先甲三日,后甲三日",则世所谓六甲也。"先庚三日,后庚三日",则世所谓六庚也。甲、庚之先后,阴阳相反,故《易》取此以寄治乱之势也。"先甲三日",子、戌、申也。申尽于巳,而阳盈矣。盈将生阴,治将生乱,故受之以后甲。"后甲三日",午、辰、寅也。寅尽于亥,然后阴极而阳生。蠱无九五以干之,则其治乱皆极其自然之势。势穷而后变,故曰"终则有始,天行也"。夫巽则不然,初虽失之,后必有以起之。譬之于庚,"先庚三日",午、辰、寅也。"后庚三日",子、戌、申也。庚之所

---

① 干五支六：原本作"支五干六",《经解》本、闵本、《四库》本、青本同,据方孔炤《周易论合编》卷三引文改。

后,甲之所先也。故先庚三日尽于亥,后庚三日尽于巳。先阴而后阳,先乱而后治,故曰"无初有终",又特曰"吉"。不言之于其《象》①,而言之于九五者,明此九五之功,非巽之功也。

《象》曰:山下有风,蛊。君子以振民育德。

王注:蛊者,有事而待能之时也,故君子以济民养德也。

苏传:鼓之舞之之谓"振"。振民使不惰,育德使不竭。

初六,干父之蛊,有子,考无咎,厉终吉。

王注:处事之首,始见任者也。以柔巽之质,干父之事,能承先轨,堪其任者也,故曰"有子"也。任为事首,能堪其事,"考"乃无咎也,故曰"有子考无咎"也。当事之首,是以危也。能堪其事,故"终吉"也。

《象》曰:"干父之蛊",意承考也。

王注:干事之首,时有损益,不可尽承,故意承而已。

苏传:蛊之为灾,非一日之故也。及其微而干之,初其任也。见蛊之渐,子有改父之道,其始虽危,终必吉,故曰"有子,考无咎",言无是子则考有咎矣。孝爱之深者,其迹有若不顺。其迹不顺,其意顺也。

九二,干母之蛊,不可贞。

王注:居于内中,宜干母事,故曰"干母之蛊"也。妇人之性难可全正,宜屈己刚。既干且顺,故曰"不可贞"也。干不失中,得中道也。

《象》曰:"干母之蛊",得中道也。

苏传:阴之为性,安无事而恶有为。是以为蛊之深,而干之尤难者,寄之母也。正之则伤爱,不正则伤义,以是为之难也②。非九二,其孰能任之?故责之二也。二以阳居阴,有刚之实,而无用刚之迹,可以免矣。

九三,干父之蛊,小有悔,无大咎。

王注:以刚干事,而无其应,故"有悔"也。履得其位,以正干父,虽"小有悔",终无大咎。

《象》曰:"干父之蛊",终无咎也。

苏传:九三之德,与二无以异也,特不知所以用之。二用之以阴,而三用之以阳,故"小有悔"而"无大咎"。

六四,裕父之蛊,往见吝。

王注:体柔当位,干不以刚而以柔和,能裕先事者也。然无其应,往必不合,故曰"往见吝"。

---

① 其:陈本、《经解》本、闽本、青本同,《四库》本作"巽"。
② 之:陈本、《经解》本、青本同,闽本、《四库》本作"至"。

《象》曰:"裕父之蛊",往未得也。

苏传:六四之所居,与二无以异也,而无其德,斯益其疾而已。裕,益也。

六五,干父之蛊,用誉。

王注:以柔处尊,用中而应,承先以斯,用誉之道也。

《象》曰:干父用誉,承以德也。

王注:以柔处中,不任威力也。

苏传:父有蛊而子干之,犹其有疾而砭药之也,岂其所乐哉?故初以获厉,三以获悔。六五以柔居中,虽有干蛊之志,而无二阳之决,故反以是获誉。誉归于己,则蛊归于父矣。父之德惟不可承也,使其可承,则非蛊矣。蛊而承德,是以无《巽》九五"后庚"之吉也。

上九,不事王侯,高尚其事。

王注:最处事上而不累于位,"不事王侯,高尚其事"也。

《象》曰:"不事王侯",志可则也。

苏传:君子见蛊之渐,则涉川以救之,及其成则不事王侯以远之。蛊之成也,良医不治,君子不事事。

☷☱ 兑下坤上　临,元亨利贞,至于八月有凶。

《彖》曰:临,刚浸而长,说而顺,刚中而应,大亨以正,天之道也。

王注:阳转进长,阴道日消,君子日长,小人日忧,"大亨以正"之义。

"至于八月有凶",消不久也。

王注:八月阳衰而阴长,小人道长,君子道消也,故曰"有凶"。

苏传:复而阳生,凡八月而二阴至,则临之二阳尽矣。方长而虑消者,戒其速也。

《象》曰:泽上有地,临。君子以教思无穷,容保民无疆。

王注:相临之道,莫若说顺也。不恃威制,得物之诚,故物无违也。是以"君子教思无穷,容保民无疆"也。

苏传:泽所以容水,而地又容泽,则无不容也。故君子为无穷之教,保无疆之民。《记》曰:"君子过言则民作辞,过动则民作则。""故言必虑其所终,而行必稽其所弊。"

初九,咸临,贞吉。

王注:"咸"感也。感,应也。有应于四,感以临者也。四履正位,而已应焉,志行正者也。以刚感顺,志行其正,以斯临物,正而获吉也。

《象》曰:"咸临贞吉",志行正也。

苏传：有应为"咸临"。咸，感也①。感以临，则其为临也易。故咸临所以行正也。

九二，咸临，吉，无不利。

王注：有应在五，感以临者也。刚胜则柔危，而五体柔，非能同斯志者也。若顺于五，则刚德不长，何由得"吉无不利"乎？全与相违，则失于感应，其得"咸临，吉无不利"，必未顺命也。

《象》曰："咸临，吉，无不利"，未顺命也。

苏传：二阳在下，方长而未盛也。四阴在上，虽危而尚强也。九二以方长之阳而临众阴，阴负其强而未顺命，从而攻之，阴则危矣，而阳不能无损。故九二以咸临之而后吉。阳得其欲，而阴免于害，故"无不利"。

六三，甘临，无攸利。既忧之，无咎。

王注：甘者，佞邪说媚不正之名也。履非其位，居刚长之世，而以邪说临物，宜其"无攸利"也。若能尽忧其危，改修其道，刚不害正，故"咎不长"。

《象》曰："甘临"，位不当也。"既忧之"，咎不长也。

苏传：乐而受之谓之"甘"。阳进而阴莫逆，"甘临"也。"甘临"者，居于不争之地而后可。今居于阳，阳犹疑之。拒之固伤，不拒犹疑之。进退无所利者，居之过也。故六三之咎，位不当而已。咎在其位，不在其人，则忧惧可以免矣。

六四，至临，无咎。

王注：处顺应阳，不忌刚长，而乃应之，履得其位，尽其至者也。刚胜则柔危，柔不失正，则得"无咎"也②。

《象》曰："至临无咎"，位当也。

苏传：以阴居阴，而应于初，阳至而遂顺之，故曰"至临"。

六五，知临，大君之宜，吉。

王注：处于尊位，履得其中，能纳刚以礼，用违其正③，不忌刚长而能任之，委物以能而不犯焉，则聪明者竭其视听，知力者尽其谋能，不为而成，不行而至矣。"大君之宜"，如此而已，故曰"知临大君之宜吉"也。

《象》曰："大君之宜"，行中之谓也。

苏传：见于未然之谓"知"。临之势，阳未足以害阴，而其势方锐，阴尚可以抗阳，而其势方峻。苟以其未足以害我而不内，以吾尚足以抗之而不

---

① "有应"至"感也"，陈本作"咸感也咸临咸感也"。
② 则：阮元十三经注疏本作"乃"。
③ 阮元十三经注疏本作"建"。

受,则阳将忿而攻阴。六五以柔居尊而应于二,方其未足而收之,故可使为吾用;方吾有余而柔之,故可使怀吾德,此所以为知也。天子以是服天下之强者则可,小人以是畜君子则不可,故曰"大君之宜吉",惟大君为宜用是也。大君以是行其中,小人以是行其邪。

上六,敦临,吉,无咎。

王注:处坤之极,以敦而临者也。志在助贤,以敦为德,虽在刚长,刚不害厚,故"无咎"也。

《象》曰:敦临之吉,志在内也。

苏传:敦,益也。内,下也。六五既已应九二矣,上六又从而附益之,谓之"敦临";《复》之六四既已应初九矣,六五又从而附益之,谓之"敦复",其义一也。

䷓ 坤下巽上　观,盥而不荐,其孚颙若。

王注:王道之可观者,莫盛乎宗庙。宗庙之可观者,莫盛于盥也。至荐简略,不足复观,故观盥而不观荐也。孔子曰:"禘自既灌而往者,吾不欲观之矣。"尽夫观盛,则"下观而化"矣。故观至盥则"有孚颙若"也。

《彖》曰:大观在上,

王注:下贱而上贵也。

顺而巽,中正以观天下,观。"盥而不荐,有孚颙若",下观而化也。观天之神道而四时不忒,圣人以神道设教而天下服矣。

王注:统说观之为道,不以刑制使物,而以观感化物者也。神则无形者也。不见天之使四时,"而四时不忒",不见圣人使百姓,而百姓自服也。

苏传:无器而民趋,不言而物喻者,观之道也。"圣人以神道设教",则赏爵刑罚,有设而不用者矣。寄之宗庙,则"盥而不荐"者也。盥者以诚,荐者以味。

《象》曰:风行地上,观。先王以省方观民设教。

初六,童观,小人无咎,君子吝。

王注:处于观时,而最远朝美,体于阴柔,不能自进,无所鉴见,故曰"童观"。趣顺而已,无所能为,小人之道也,故曰"小人无咎"。君子处大观之时而为"童观",不亦鄙乎?

《象》曰:"初六童观",小人道也。

苏传:"大观在上",故四阴皆以尚宾为事。初六童而未仕者也,急于用以自炫贾,惟器小而夙成者为无咎,君子则吝矣。

六二,窥观,利女贞。

王注：处在于内，寡所鉴见①。体于柔弱②，从顺而已。犹有应焉，不为全蒙，所见者狭，故曰"阚观"。居内得位③，柔顺寡见，故曰"利女贞"，妇人之道也。处"大观"之时，居中得位，不能大观广鉴，阚观而已，诚"可丑"也。

《象》曰：窥观女贞，亦可丑也。

苏传：六二远且弱，宜处而未宜宾者也。譬之于女，利贞而不利行者也。苟以此为观，则是女不待礼，而窥以相求，贞者之所丑也。

六三，观我生，进退。

王注：居下体之极，处二卦之际，近不比尊，远不"童观"，观风者也。居此时也，可以"观我生进退"也。

《象》曰："观我生，进退"，未失道也。

王注：处进退之时，以观进退之几，未失道也。

苏传：六三，上下之际也，故当自观其生，以卜进退。夫欲知其君，则观其民，故我之生，则君之所为也。知君之所为，则进退决矣。进退在我，故未失道也。

六四，观国之光，利用宾于王。

王注：居观之时，最近至尊，"观国之光"者也。居近得位，明习国仪者也，故曰"利用宾于王"也。

《象》曰："观国之光"，尚宾也。

苏传：进退之决在六三，故自三以下，利退而不利进；自三以上，利进而不利退。进至于四，决不可退矣，故"利用宾于王"。

九五，观我生，君子无咎。

王注：居于尊位，为观之主，宣弘大化，光于四表，观之极者也。上之化下，犹风之靡草，故观民之俗，以察己道，百姓有罪，在予一人。君子风著，己乃"无咎"。上为化主④，将欲自观乃观民也。

《象》曰："观我生"，观民也。

上九，观其生，君子无咎。

王注："观我生"，自观其道者也。"观其生"，为民所观者也。不在于位，最处上极，高尚其志，为天下所观者也。处天下所观之地，可不慎乎？故君子德见，乃得"无咎"。"生"，犹动出也。

《象》曰："观其生"，志未平也。

---

① 寡：阮元十三经注疏本作"无"。
② 于：阮元十三经注疏本作"性"。
③ 内：阮元十三经注疏本作"观"。
④ 化：阮元十三经注疏本作"观"。

王注：特处异地，为众所观，不为平易，和光流通，"志未平"也。

苏传：此二观所自，言之者不同，其实一也。观我生，读如"观兵"之"观"。观其生，读如"观鱼"之"观"。九五以其至显观之于民，以我示民，故曰"观我生"。上九处于至高而下观之①，自民观我，故曰"观其生"。今夫乘车于道，负者皆有不平之心。圣人以其一身擅天下之乐，厚自奉以观示天下，而天下不怨，夫必有以大服之矣。吾以吾可乐之生而观之人，人亦观吾生可乐，则天下之争心将自是而起。故曰："君子无咎。"君子而后无咎，难乎其无咎也。

---

① 下：原本、陈本、《经解》本、青本作"不"，欠通，据《四库》本改。

《周易》卷三

☲☳震下离上　噬嗑，亨，利用狱。

王注：噬，啮也；嗑，合也。凡物之不亲，由有间也。物之不齐，由有过也。有间与过，啮而合之，所以通也。刑克以通，狱之利也。

苏传：道之衰也，而物至于相噬以求合，教化则已晚矣，故利用狱。

《彖》曰：颐中有物，曰"噬嗑"。

王注：颐中有物，啮而合之，"噬嗑"之义也。

苏传：所以为噬嗑者四也，否则为颐矣。

噬嗑而亨，

王注：有物有间，不啮不合，无由"亨"也。

刚柔分，动而明，

苏传：噬嗑之时，噬非其类而居其间者也。阳欲噬阴以合乎阳，阴欲噬阳以合乎阴，故曰"刚柔分，动而明"也。

雷电合而章，

王注：刚柔分动，不溷乃明，雷电并合，不乱乃章，皆"利用狱"之义。

柔得中而上行，虽不当位，"利用狱"也。

王注：谓五也。能为啮合而通，必有其主，五则是也。"上行"谓所之在进也。凡言"上行"，皆所之在贵也。虽不当位，不害用狱也。

苏传：谓五也。

《象》曰：雷电，噬嗑。先王以明罚敕法。

初九，屦校灭趾，无咎。

王注：居无位之地以处刑初，受刑而非治刑者也。凡过之所始，必始于微，而后至于著。罚之所始，必始于薄，而后至于诛。过轻戮薄，故"屦校灭趾"，桎其行也。足惩而已，故不重也。过而不改，乃谓之过。小惩大诫，乃得其福，故"无咎"也。"校"者，以木绞校者也，即械也，校者取其通名也。

《象》曰："屦校灭趾",不行也。

王注：过止于此。

苏传：居《噬嗑》之时，六爻未有不以噬为事者也。自二与五，反覆相噬，犹能戒以相存也。惟初与上，内噬三阴，而莫或噬之，贪得而不戒，故始于小过，终于大咎。圣人于此两者，寄小人之始终；于彼四者，明相噬之得丧。

六二，噬肤灭鼻，无咎。

王注：噬，啮也。啮者，刑克之谓也。处中得位，所刑者当，故曰"噬肤"也。乘刚而刑，未尽顺道，噬过其分，故"灭鼻"也。刑得所疾，故虽"灭鼻"而"无咎"也。"肤"者，柔脆之物也。

《象》曰："噬肤灭鼻"，乘刚也。

苏传：以阴居阴，至柔而不刚者也①。故初九噬之若噬肤然，至于灭鼻而不知止也。夫灭鼻而不知止者，非初之利也。非初之利，则二无咎矣。

六三，噬腊肉，遇毒，小吝，无咎。

王注：处下体之极，而履非其位，以斯食物，其物必坚。岂唯坚乎？将遇其毒。"噬"以喻刑人，"腊"以喻不服，"毒"以喻怨生。然承于四而不乘刚，虽失其正，刑不侵顺，故虽"遇毒，小吝无咎"。

苏传："腊肉""干胏""干肉"，皆难噬者也。凡《易》以阴居阳，则不纯乎柔，中有刚矣，故六三、六五皆有难噬之象。夫势之必不能拒也，则君子以不拒为大，六二是也。六三之于九四，力不能敌，而怀毒以待之，则已陋矣，故曰"小吝"。出于见噬而不能堪也，故非其咎。

《象》曰："遇毒"，位不当也。

苏传：若以阴居阴，则无复有毒矣。

九四，噬干胏，得金矢。

苏传：取其坚而可畏。

利艰贞，吉。

王注：虽体阳爻，为阴之主，履不获中，而居非其位，以斯噬物，物亦不服，故曰"噬干胏"也。金，刚也，矢，直也。"噬干胏"而得刚直，可以利于艰贞之吉，未足以尽通理之道也。

《象》曰："利艰贞②，吉"，未光也。

六五，噬干肉，得黄金。

苏传：取其居中而贵。

---

① 刚：陈本、《经解》本、青本同，闵本、《四库》本作"拒"。
② 艰：原本作"坚"，《经解》本、青本同，音近而讹，据陈本、闵本、《四库》本改。

贞厉，无咎。

王注：干肉，坚也。黄，中也。金，刚也。以阴处阳，以柔乘刚，以噬于物，物亦不服，故曰"噬干肉"也。然处得尊位，以柔乘刚而居于中，能行其戮者也。履不正而能行其戮，刚胜者也。噬虽不服，得中而胜，故曰"噬干肉得黄金"也。己虽不正，而刑戮得当，故虽"贞厉"而"无咎"也。

《象》曰："贞厉无咎"，得当也。

苏传：九四居二阴之间，六五居二阳之间，皆处争地而致交噬者也。夫不能以德相怀，而以相噬为志者，惟常有敌以致其噬，则可以少安。苟敌亡矣，噬者无所施，不几于自噬乎？由此观之，无德而相噬者，以有敌为福矣。九四："噬干胏，得金矢。"六五："噬干肉，得黄金。"九四之难噬，是六三、六五之得也；六五之难噬，是九四、上九之得也。得之为言，犹曰赖此以存云尔。"利艰贞吉""贞厉无咎"，皆未可以安居而享福也①。惟有德者为能安居而享福，夫岂赖有敌而后存邪？故曰"夫光"也。"得当者"，当于二阳之间也。

上九，何校灭耳，凶。

王注：处罚之极，恶积不改者也。罪非所惩，故刑及其首，至于"灭耳"，及首非诫，"灭耳"非惩，凶莫甚焉。

《象》曰："何校灭耳"，聪不明也。

王注：聪不明，故不虑恶积，至于不可解也。

苏传："灭趾"者，止其行而已。不行犹可以无咎，灭耳则废其聪矣，无及也，故凶。

☲离下☶艮上　贲，亨，小利有攸往。

《彖》曰："贲，亨"，柔来而文刚，故亨。分刚上而文柔，故"小利有攸往"。

王注：刚柔不分，文何由生？故坤之上六来居二位，"柔来文刚"之义也。柔来文刚，居位得中，是以"亨"。乾之九二，分居上位，分刚上而文柔之义也。刚上文柔，不得中位，不若柔来文刚，故"小利有攸往"。

刚柔交错②，天文也。

王注：刚柔交错而成文焉，天之文也。

文明以止，人文也。

王注：止物不以威武而以文明，人之文也。

---

① 安居：闽本、《四库》本作"居安"，下同。
② 刚柔交错：各本皆无。唐郭京《周易举正》据王弼注"刚柔交错，而成文焉，天之文也"认为："'天文'上脱'刚柔交错'一句。"核以下句"文明以止，人文也"，上下对偶，其说可从。

苏传：刚不得柔以济之，则不能亨；柔不附刚，则不能有所往。故柔之文刚，刚者所以亨也；刚之文柔，小者所以利往也。乾之为离，坤之为艮，阴阳之势数也。"文明以止"，离、艮之德也。势数推之天，其德以为人。《易》有"刚柔往来""上下相易"之说，而其最著者《贲》之《彖》也。故学者沿是争推其所从变，曰泰变为贲。此大惑也。一卦之变为六十三，岂独为贲也哉？学者徒知泰之为贲，又乌知贲之不为泰乎？凡《易》之所谓"刚柔相易"者，皆本诸乾、坤也。乾施一阳于坤，以化其一阴，而生三子，皆一阳而二阴。凡三子之卦，有言"刚来"者，明此本坤也，而乾来化之。坤施一阴于乾，以化其一阳，而生三女，皆一阴而二阳。凡三女之卦，有言"柔来"者，明此本乾也，而坤来化之。故凡言此者，皆三子三女相值之卦也。非是卦也，则无是言也。凡六：《蛊》之《彖》曰："刚上而柔下。"《贲》之《彖》曰："柔来而文刚，分刚上而文柔。"《咸》之《彖》曰："柔上而刚下。"《恒》之《彖》曰："刚上而柔下。"《损》之《彖》曰："损下益上。"《益》之《彖》曰："损上益下。"此六者，适遇而取之也。凡三子三女相值之卦十有八，而此独取其六，何也？曰：圣人之所取以为卦，亦多术矣，或取其象，或取其爻，或取其变，或取其刚柔之相易。取其象，"天水违行，讼"之类是也；取其爻，"六三，履虎尾"之类是也；取其变，"颐中有物曰噬嗑"之类是也；取其刚柔之相易，《贲》之类是也。夫刚柔之相易，其所取以为卦之一端也。遇其取者则言，不取者则不言也①，又可以尽怪之欤？

观乎天文以察时变，观乎人文以化成天下。

王注：解天之文，则时变可知也；解人之文，则化成可为也。

《象》曰：山下有火，贲。君子以明庶政，无敢折狱。

王注：处贲之时，止物以文明，不可以威刑，故"君子以明庶政"，而"无敢折狱"。

苏传：明庶政，明也。无敢折狱，止也。

初九，贲其趾，舍车而徒。

王注：在贲之始，以刚处下，居于无位，弃于不义，安夫徒步以从其志者也。故饰其趾，舍车而徒，义弗乘之谓也。

《象》曰："舍车而徒"，义弗乘也。

苏传："文刚"者，六二也。初九、九三，见文者也。自六二言之，则初九其趾，九三其须也。初九之应在四，六二之文，初九之所不受也。车者所以养趾，为行文也。初九为趾，则六二之所以文初九者，为车矣。初九自洁以

---

① "遇其"至"不言也"，《永乐大典》卷一三八七二作"遇其所取是则言其不取者则不言也"。

答六四之好,故又不乘其车而徒行也。

六二,贲其须。

王注:得其位而无应,三亦无应,俱无应而比焉,近而相得者也。"须"之为物,上附者也。修①其所履以附于上,故曰"贲其须"也。

《象》曰:"贲其须",与上兴也。

苏传:六二施阴于二阳之间,初九有应而不受,九三无应而内之。无应而内之者正也,是以仰"贲其须"。须者,附而兴之类也。

九三,贲如濡如,永贞吉。

王注:处下体之极,居得其位,与二相比,俱履其正,和合相润,以成其文者也。既得其饰,又得其润,故曰"贲如濡如"也。永保其贞,物莫之陵,故曰"永贞吉"也。

《象》曰:永贞之吉,终莫之陵也。

苏传:初九之正配,四也,而九三近之。九三之正配,二也,而初九近之。见近而不贞,则失其正。故九三不贞于二,而二于四,则其配亦见陵于初九矣。初九亦然。何则?无以相贲也。自九三言之,贲我者二也,濡我者四也,我可以两获焉,然而以永贞于二为吉也。

六四,贲如皤如,白马翰如。匪寇,婚媾。

王注:有应在初而阂于三,为己寇难,二志相感,不获通亨,欲静则钦②初之应,欲进则惧三之难,故或饰或素,内怀疑惧也。鲜絜其马,"翰如"以待,虽履正位,未敢果其志也。三为刚猛,未可轻犯,匪寇乃婚,终无尤也。

《象》曰:六四当位,疑也。"匪寇婚媾",终无尤也。

苏传:六四当可疑之位者,以近三也。六二以其贲贲初九,而初九全其洁,皤然也。初九之所以全其洁者,凡以为四也,四可不以洁答之乎?是以洁其车马,翼然而往从之。以三为寇,而莫之媾也。此四者,危疑之间,交争之际也。然卒免于侵陵之祸者,以四之无不贞也。

六五,贲于丘园,束帛戋戋,吝,终吉。

王注:处得尊位,为饰之主,饰之盛者也。施饰于物,其道害也。施饰丘园,盛莫大焉,故贲于束帛,丘园乃落,贲于丘园帛,乃"戋戋"。用莫过俭,泰而能约,故必"吝"焉乃得终吉也。

《象》曰:六五之吉,有喜也。

苏传:丘园者,僻陋无人之地也。五无应于下,而上九之所贲也,故曰

---

① 修:阮元十三经注疏本作"循"。
② 阮元十三经注疏本作"疑",是。

"贲于丘园"。而上九亦无应者也。夫两穷而无归,则薄礼可以相縻而长久也。是以虽吝而有终,可不谓吉乎?彼苟有以相喜,则吝而吉可也。"戋戋",小也。

上九,白贲,无咎。

王注:处饰之终,饰终反素,故任其质素,不劳文饰而"无咎"也。以白为饰,而无忧患,得志者也。

《象》曰:"白贲无咎",上得志也。

苏传:夫柔之文刚也,往附于刚,以贲从人者也;刚之文柔也,柔来附之,以人从贲者也。以贲从人,则贲存乎人;以人从贲,则贲存乎己,此上九之所以得志也。阳行其志,而阴听命,惟其所贲,故曰"白贲"。受贲莫若白。

☷坤下艮上　剥,不利有攸往。

《彖》曰:剥,剥也,柔变刚也。"不利有攸往",小人长也。顺而止之,观象也。

苏传:见可而后动。

君子尚消息盈虚,天行也。

王注:"坤"顺而"艮"止也。所以"顺而止之",不敢以刚止者,以观其形象也。强亢激拂,触忤以陨身,身既倾焉。功又不就,非君子之所尚也。

《象》曰:山附于地,剥。上以厚下安宅。

王注:"厚下"者,床不见剥也。"安宅"者,物不失处也。"厚下安宅",治"剥"之道也。

苏传:身安而民与之,则剥者自衰,不与之校也。

初六,剥床以足,蔑贞凶。

王注:床者,人之所以安也。"剥床以足",犹云剥床之足也。"蔑"犹削也。剥床之足,灭下之道也。下道始灭,刚陨柔长,则正削而凶来也。

《象》曰:"剥床以足",以灭下也。

六二,剥床以辨,蔑贞凶。

王注:"蔑"犹甚极之辞也。辨者,足之上也。剥道浸长,故"剥"其辨也。稍近于"床",转欲灭物之所处,长柔而削正。以斯为德,物所弃也。

《象》曰:"剥床以辨",未有与也。

苏传:阳在上,故君子以上三爻为己载。己者,床也,故下为床[①]。阴之长,犹水之溢也,故曰"灭"。辨,足之上也,床与足之间,故曰辨。君子之于

---

① 下为床:闵本、《四库》本同,陈本、《经解》本、青本作"初为剥床"。

小人,不疾其有丘山之恶,而幸其有毫发之善。"剥床以足",且及其辨矣,犹未直以为凶也,曰蔑贞而后凶。小人之于正也,绝灭无余,而后凶可必也。若犹有余,则君子自其余而怀之矣,故曰"剥床以辨,未有与也"。小人之为恶也,有人与之然后自信以果。方其未有与也,则其愧而未果之际也。

六三,剥之,无咎。

王注:与上为应,群阴剥阳,我独协焉,虽处于剥,可以"无咎"。

《象》曰:"剥之无咎",失上下也。

王注:三上下各有二阴,而三独应于阳,则"失上下"也。

苏传:王弼曰:"群阴剥阳,已独协焉。虽处于剥,可以无咎。上下各有二阴,应阳则失上下也。"

六四,剥床以肤,凶。

王注:初二剥床,民所以安,未剥其身也。至四剥道浸长,床既剥尽,以及人身,小人遂盛,物将失身,岂唯削正,靡所不凶。

《象》曰:"剥床以肤",切近灾也。

苏传:剥床以肤,始及己矣。虽欲怀之,而不可得矣,故直曰"凶"。

六五,贯鱼,以宫人宠,无不利。

王注:处剥之时,居得尊位,为"剥"之主者也。"剥"之为害,小人得宠,以消君子者也。若能施宠小人,于宫人而已,不害于正,则所宠虽众,终无尤也。"贯鱼"谓此众阴也,骈头相次,似"贯鱼"也。

《象》曰:"以宫人宠",终无尤也。

苏传:观之世几于剥矣,而言不及小人者,其主阳也。六五,剥之主,凡剥者皆其类也。圣人不能使之无宠于其类,故择其害之浅者许之。四以下,贯鱼之象也。自上及下,施宠均也。夫宠均则势分,势分则害浅矣。以宫人之宠宠之,不及以政也。不及以政,岂惟自安?亦以安之,故"无不利"。圣人之教人也,容其或有,而去其太甚,庶几从之。如责之以必无,则彼有不从而已矣。

上九,硕果不食,君子得舆,小人剥庐。

王注:处卦之终,独全不落,故果至于硕而不见食也。君子居之,则为民覆荫;小人用之,则剥下所庇也。

《象》曰:"君子得舆",民所载也。"小人剥庐",终不可用也。

苏传:果未有不见食者也。硕而不见食,必不可食者也。智者去之,愚者眷焉。上九之失民久矣,五阴之势足以轹而取之。然且独存于上者,彼特存我以为名尔。与之合则存,不与之合则亡。君子以为是不可食之果也,而亟去之。彼得志于上,必食其下,故君子去其上而出其下,可以得民。载于下谓之"舆",庇于上谓之"庐"。庐者既剥之余也,岂可复用哉?

☷☳ 震下坤上　复,亨。出入无疾,朋来无咎。反复其道,七日来复。利有攸往。

《彖》曰:"复亨",刚反动而以顺行,是以"出入无疾,

王注:入则为反,出则刚长,故"无疾"。疾犹病也。

苏传:自坤为复谓之"入",自复为乾谓之"出"。疾,病也。

朋来无咎"。

王注:"朋"谓阳也。

"反复其道,七日来复",

王注:阳气始剥尽至来复时,凡七日。

天行也。

王注:以天之行,反复不过七日,复之不可远也。

苏传:坤与初九为七。

"利有攸往",刚长也。

王注:往则小人道消也。

复,其见天地之心乎?

王注:复者,反本之谓也,天地以本为心者也。凡动息则静,静非对动者也。语息则默,默非对语者也。然则天地虽大,富有万物,雷动风行,运化万变,寂然至无,是其本矣。故动息地中,乃天地之心见也。若其以有为心,则异类未获具存矣。

苏传:见其意之所向谓之心,见其诚然谓之情。凡物之将亡而复者,非天地之所予者不能也。故阳之消也,五存而不足;及其长也,甫一而有余。此岂人力也哉?《传》曰:"天之所坏,不可支也。"其所支,亦不可坏也。"违天不祥","必有大咎"。

《象》曰:雷在地中,复。先王以至日闭关,商旅不行,后不省方。

王注:方,事也。冬至,阴之复也。夏至,阳之复也。故为复则至于寂然大静,先王则天地而行者也。动复则静,行复则止,事复则无事也。

苏传:"复"者变易之际也。圣人居变易之际,静以待其定,不可以有为也,故以至日闭关明之,下至于"商旅不行",上至于"后不省方"。

初九,不远复,无祗悔,元吉。

王注:最处复初,始复者也。复之不速,遂至迷凶,不远而复,几悔而反,以此修身,患难远矣。错之于事,其殆庶几乎?故"元吉"也。

《象》曰:不远之复,以修身也。

苏传：去其所居而复归，亡其所有而复得，谓之"复"。必尝去也，而后有归；必尝亡也，而后有得。无去则无归，无亡则无得，是故圣人无复。初九谓尝见其有过也，然而始有复矣。孔子曰："颜氏之子，其殆庶几乎？有不善未尝不知，知之未尝复行也。"

六二，休复，吉。

王注：得位处中，最比于初。上无阳爻以疑其亲，阳为仁行，在初之上而附顺之，下仁之谓也。既处中位，亲仁善邻，复之休也。

《象》曰：休复之吉，以下仁也。

苏传：休，初九也。以阴居阴，不争之至也。退而休之，使复者得信，谓之休复。

六三，频复，厉，无咎。

王注：频，频蹙之貌也。处下体之终，虽愈于上六之迷，已失复远矣，是以蹙也。蹙而求复，未至于迷，故虽危无咎也。复道宜速，蹙而乃复，义虽无咎，它来难保。

《象》曰：频复之厉，义无咎也。

苏传：以阴居阳，力不得抗，而中不愿，故频于初九之复也。外顺而内不平者，危则无咎。频，蹙也。

六四，中行独复。

王注：四上下各有二阴而处厥中，履得其位而应于初，独得所复，顺道而反，物莫之犯，故曰"中行独复"也。

《象》曰："中行独复"，以从道也。

苏传：独与初应。

六五，敦复无悔。

王注：居厚而履中，居厚则无怨，履中则可以自考，虽不足以及"休复"之吉，守厚以复，悔可免也。

《象》曰："敦复无悔"，中以自考也。

苏传：忧患未至而虑之，则无悔。六五，阴之方盛也，而内自度其终不足以抗初九，故因六四之"独复"而附益之，以自托焉。

上六，迷复，凶，有灾眚。用行师，终有大败。以其国君凶，至于十年不克征。

王注：最处复后，是迷者也。以迷求复，故曰"迷复"也。用之行师，难用有克也，终必大败。用之于国，则反乎君道也。大败乃复量斯势也。虽复十年修之，犹未能征也。

《象》曰：迷复之凶，反君道也。

苏传：乘极盛之末，而用之不已，不知初九之已复也。谓之"迷复""灾眚"者，示天之罚也①。初九之复，天也，众莫不予，而己独迷焉。用之于敌，则灾其国；用之于国，则灾其身。极盛必衰②，骤胜故败。在其终也，国败君凶，至于十年而不复者，明其用民之过，而师竟之甚也。

䷘震下乾上　无妄，元亨，利贞。其匪正有眚，不利有攸往。

《彖》曰：无妄，刚自外来而为主于内，

王注：谓震也。

苏传：谓初九。

动而健，

王注：震动而乾健也。

刚中而应，

王注：谓五也。

苏传：谓九五。

大亨以正，天之命也。

王注：刚自外来，而为主于内，动而愈健。"刚中而应"，威刚方正，私欲不行，何可以妄？使有妄之道灭，无妄之道成，非大亨利贞而何？刚自外来，而为主于内，则柔邪之道消矣。动而愈健，则刚直之道通矣。"刚中而应"，则齐明之德著矣。故"大亨以正"也。天之教命，何可犯乎？何可妄乎？是以匪正则有眚，而"不利有攸往"也。

苏传：无妄者，天下相从于正也。正者我也。天下从之者天也。圣人能必正，不能使天下必从，故以无妄为天命也。

"其匪正有眚，不利有攸往。"无妄之往，何之矣？天命不祐，行矣哉！

王注：匪正有眚，不求改以从正，而欲有所往，居不可以妄之时，而欲以不正有所往，将欲何之天命之所不祐，竟矣哉！

苏传：无故而为恶者，天之所甚疾也。世之妄也，则其不正者，容有不得已焉。无妄之世，正则安，不正则危。弃安即危，非人情，故不正者，必有天灾。

《象》曰：天下雷行，物与无妄。

王注：与，辞也，犹皆也。天下雷行，物皆不可以妄也。

苏传：妄者，物所不与也。

先王以茂对时，育万物。

---

① 示：陈本无，《经解》本、闵本、青本作"不"，《四库》本作"在"。
② 极盛必衰："衰"原脱，据《四库》本补。

王注：茂，盛也。物皆不敢妄，然后万物乃得各全其性，对时育物，莫盛于斯也。

苏传：茂，勉也。对，济也。《传》曰："宽以济猛，猛以济宽。"天下既已无妄矣，则先王勉济斯时，容养万物而已。

初九，无妄，往吉。

王注：体刚处下，以贵下贱，行不犯妄，故往得其志。

《象》曰：无妄之往，得志也。

苏传：所以为无妄者震也。所以为震者初九也。无妄之权在初九，故往得志也。

六二，不耕获，不菑畲，则利有攸往。

王注：不耕而获，不菑而畲，代终已成而不造也。不擅其美，乃尽臣道，故"利有攸往"。

《象》曰："不耕获"，未富也。

六三，无妄之灾，或系之牛。行人之得，邑人之灾。

王注：以阴居阳，行违谦顺，是"无妄"之所以为灾也。牛者稼穑之资也。二以不耕而获，"利有攸往"，而三为不顺之行，故"或系之牛"，是有司之所以为获，彼人之所以为灾也，故曰"行人之得，邑人之灾"也。

《象》曰：行人得牛，邑人灾也。

九四，可贞，无咎。

王注：处"无妄"之时，以阳居阴，以刚乘柔，履于谦顺，比近至尊，故可以任正，固有所守而"无咎"也。

《象》曰："可贞无咎"，固有之也。

九五，无妄之疾，勿药有喜。

王注：居得尊位，为无妄之主者也。下皆"无妄"，害非所致而取药焉，疾之甚也。非妄之灾，勿治自复，非妄而药之则凶，故曰"勿药有喜"。

《象》曰：无妄之药，不可试也。

王注：药攻有妄者也，而反攻"无妄"，故不可试也。

苏传：善为天下者，不求其必然；求其必然，乃至于尽丧。无妄者，驱人而内之正也。君子之于正，亦全其大而已矣。全其大有道，不必乎其小，而其大斯全矣。古之为过正之行者，皆内不足而外慕者也。夫内足者，恃内而略外，不足者反之①。阴之居阴，安其分者也，六二是也。而其居阳也，不安其分而外慕者也，六三是也。阳之居阳，致其用者也，九五是也。而其居阴

---

① 不足：闽本、《四库》本同，陈本、《经解》本作"足外"。

也，内足而藏其用者也，九四是也。六二安其分，是故不敢为过正之行。曰"不耕获，不菑畲，则利有攸往"，夫必其所耕而后获，必其所菑而后畲，则是拣发而栉，数米而炊，择地而蹈之。充其操者蚓而后可，将有所往，动则踬矣。故曰于义可获，不必其所耕也；于道可畲，不必其所菑也。不害其为正，而可以通天下之情，故"利有攸往"。所恶于不耕而获者，恶富之为害也。如取之不失其正，虽欲富可得乎？故曰："不耕获，未富也。"六三不安其分，而外慕其名，自知其不足，而求详于无妄，故曰："无妄之灾，或系之牛。行人之得，邑人之灾。"或者系其牛于此，而为行道者之得之也。行者固不可知矣，而欲责得于邑人，宜其有无辜而遇祸者，此无妄之所以为灾也。失其牛于此，而欲必求之于此，此其意未始不以为无妄也。然反至于大妄①，则求详之过也。九五以五用九，极其用矣。用极则忧废，故戒之曰"无妄之疾，勿药有喜"。无妄之世而有疾焉，是大正之世，而未免乎小不正也。天下之有小不正，是养其大正也，乌可药哉②？以无妄为药③，是以至正而毒天下，天下其谁安之？故曰："无妄之药，不可试也。"九四内足而藏其用，诎其至刚而用之以柔，故曰："可贞无咎。"可以其贞正物而无咎者，惟四也。其《象》曰："固有之。"固有之者，生而性之，非外掠而取之也。

　　上九，无妄，行有眚，无攸利。

　　王注：处不可妄之极，唯宜静保其身而已，故不可以行也。

　　《象》曰：无妄之行，穷之灾也。

　　苏传：无妄之世有大妄者，六三也，而上九应之。六三外慕于正，而窃取其名。三以苟免可也，至于上九，穷且败矣。

☰乾下艮上　　大畜，利贞。不家食，吉。利涉大川。

　　《彖》曰：大畜，刚健、笃实、辉光，日新其德。

　　王注：凡物既厌而退者，弱也；既荣而陨者，薄也。夫能"辉光日新其德"者，唯"刚健笃实"也。

　　苏传："刚健"者乾也。"笃实"者艮也。"辉光"者，二物之相磨而神明见也。乾不得艮，则素健而已矣④；艮不得乾，则徒止而已矣。以止厉健，以健作止，而德之变不可胜穷也。

　　刚上而尚贤，

―――――――――

①　反：陈本、《经解》本、青本同，闵本、《四库》本作"卒"。
②　药：闵本、《四库》本同，陈本、《经解》本、青本作"无"。
③　为：闵本、《四库》本同，陈本、《经解》本作"之"。
④　素：原本作"徒"，据陈本、《经解》本、闵本、《四库》本、青本改。

王注：谓上九也。处上而大通，刚来而不距，"尚贤"之谓也。

能止健，大正也。

王注：健莫过乾而能止之，非夫"大正"，未之能也。

苏传：大者正也，谓上九也，故谓之贤。贤者见畜于上九，所以为大畜也。

"不家食吉"，养贤也。"利涉大川"，应乎天也。

王注：有大畜之实，以之养贤，令贤者不家食，乃吉也。"尚贤"制健，"大正"应天，不忧险难，故"利涉大川"也。

苏传：乾之健，艮之止，其德天也，犹金之能割，火之能热也。物之相服者，必以其天。鱼不畏网而畏鹈鹕，畏其天也。故乾在艮下，未有不止而为之用也①。物之在乾上者，常有忌乾之心，而乾常有不服之意。需之上六，小畜之上九是也。忌者生于不足以服人尔。不足以服人而又忌之，则人之不服也滋甚②。今夫艮自知有以畜乾，故不忌其健而许其进。乾知艮之有以畜我而不忌，故受其畜而为之用。"不家食"者，以艮为主也。"利涉大川"者，用乾之功也。

《象》曰：天在山中，大畜。君子以多识前言往行，以畜其德。

王注：物之可畜于怀，令德不散，尽于此也。

苏传：孔子论《乾》九二之德曰"君子学以聚之，问以辨之"，是以知乾之健，患在于不学，汉高帝是也。故大畜之君子，将以用乾，亦先厚其学。

初九，有厉，利已。

王注：四乃畜己，未可犯也。故进则有厉，已则利也。

《象》曰："有厉利已"，不犯灾也。

王注：处健之始，未果其健者，故能利已。

苏传：小畜之畜乾也，顺而畜之，故始顺而终反目；大畜之畜乾也，厉而畜之，故始利而终亨。君子之爱人以德，小人之爱人以姑息。见德而愠，见姑息而喜，则过矣。初九欲进之意无已也。至于六四，遇厉而止。六四之厉，我所谓德也。使我知戒而终身不犯于灾者，六四也。

九二，舆说輹。

王注：五处畜盛，未可犯也。遇斯而进，故"舆说輹"也。居得其中，能以其中不为冯河，死而无悔，遇难能止，故"无尤"也。

《象》曰："舆说輹"，中无尤也。

苏传：《小畜》之"说輹"，不得已也，故"夫妻反目"。《大畜》之"说

---

① 不止而为之用也：闵本、《四库》本同，陈本、《经解》本、青本作"止而不进而为之用也"。
② 则人之不服也滋甚："不"原脱，据《四库》本补。

𫐄",其心愿之,故"中无尤也"。

九三,良马逐,利艰贞。曰闲舆卫,利有攸往。

王注:凡物极则反,故畜极则通。初二之进,值于畜盛,故不可以升。至于九三,升于上九,而上九处天衢之亨,途径大通,进无违距,可以驰骋,故曰"良马逐"也。履当其位,进得其时,之乎通路,不忧险厄,故"利艰贞"也。闲,阑也。卫,护也。进得其时,虽涉艰难而无患也,舆虽遇闲而故卫也。与上合志,故"利有攸往"也。

《象》曰:"利有攸往",上合志也。

苏传:三乾并进,故曰"良马逐"。马不忧其不良,而忧其轻车易道以至泛轶也,故"利艰贞"。九三,乾之殿也,故相与饬戒,闲习其车徒,则"利有攸往"。上,上九也。上利在不忌,三利在必戒。

六四,童牛之牿,元吉。

王注:处艮之始,履得其位,能止健初,距不以角,柔以止刚,刚不敢犯。抑锐之始,以息强争,岂唯独利?乃将"有喜"也。

《象》曰:六四元吉,有喜也。

六五,豶豕之牙,吉。

王注:豕牙横猾,刚暴难制之物,谓二也。五处得尊位,为畜之主。二刚而进,能☐其牙,柔能制健,禁暴抑盛,岂唯能固其位,乃将"有庆"也!

《象》曰:六五之吉,有庆也。

苏传:童牛,初九也。牿,角械也。童牛无所用牿,然且不敢废者,自其童而牿之,迨其壮,虽不牿可也。此爱其牛之至也。豶豕,羠豕也,九二之谓也。有牙而不鸷者,羠豕也,不鸷则可畜矣。大畜之畜乾也,始厉而终亨。初九,阳之微者也,而遽牿之,故至于九二,虽有牙而可畜也。其始牿之,其渐可畜,其终虽进之天衢可也。童而牿之,爱以德也,故"有喜"。不恶其牙而畜之,将求其用也,故"有庆"。凡物有以相德曰"喜",施德获报曰"庆",孔子曰:"积善之家,必有余庆。"

上九,何天之衢,亨。

王注:处畜之极,畜极则通,大畜以至于大亨之时。何,辞也,犹云何畜,乃天之衢亨也。

《象》曰:"何天之衢",道大行也。

苏传:天衢者,上之所履,而不与下共者也。德有以守之,虽以予人,而莫敢受。苟无其德,虽吾不予。天将有取之者①,上九之德,足以自固,是以

————————
① 天:原本作"夫",闵本、《四库》本同,据陈本、《经解》本、青本改。

无忌于乾而大进之。其曰"何天之衢"者,何天之衢①,有而不汝进也。夫惟以天衢进之,而乾大服矣。

☷震下艮上　颐,贞吉。观颐,自求口实。

《彖》曰:"颐,贞吉",养正则吉也。"观颐",观其所养也。

苏传:谓上九。

"自求口食",观其自养也。

苏传:谓初九。

天地养万物,圣人养贤以及万民。颐之时大矣哉!

《象》曰:山下有雷,颐。君子以慎言语,节饮食。

王注:言语、饮食犹慎而节之,而况其余乎?

苏传:上止下动,有颐之象,故君子治所以养口者。人之所共知而难能者,慎言语、节饮食也。言语一出而不可复入,饮食一入而不可复出者也。

初九,舍尔灵龟,观我朵颐,凶。

王注:"朵颐"者,嚼也。以阳处下而为动始,不能令物由己养,动而求养者也。夫安身莫若不竞,修己莫若自保。守道则福至,求禄则辱来。居养贤之世,不能贞其所履以全其德,而舍其灵龟之明兆,羡我朵颐而躁求,离其致养之至道,阚我宠禄而竞进,凶莫甚焉。

《象》曰:"观我朵颐",亦不足贵也。

苏传:尔,初九也。我,六四也。龟者不食而寿,无待于物者也。养人者阳也,养于人者阴也,君子在上足以养人,在下足以自养。初九以一阳而伏于四阴之下,其德足以自养而无待于物者如龟也。不能守之而观于四,见其可欲,朵颐而慕之,为阴之所致也,故凶。所贵于阳者,贵其养人也。如养于人,则不足贵矣。

六二,颠颐,拂经于丘颐,征凶。

王注:养下曰颠。拂,违也。经犹义也。丘,所履之常也。处下体之中,无应于上,反而养初居下,不奉上而反养下,故曰"颠颐拂经于丘也"。以此而养,未见其福也;以此而行,未见有与,故曰"颐征凶"。

《象》曰:六二征凶,行失类也。

王注:类皆上养,而二处下养初。

苏传:从下为"颠"。过击曰"拂"。经,历也。丘,空也。《豫》之六五失民,而九四得之,则九四为"由豫"。《颐》之六五失民,而上九得之,则上九

---

① 何天之衢:青本同,陈本、《经解》本作"何衢天之",闽本、《四库》本作"何天衢之"。

为"由颐"。六五有养人之位①,而无养人之德,则丘颐也。夫由、丘二者,皆匪相安者也。丘以其位,由以其德,两立而不相忌者,未之有也。六二、六三之求养于上九也,皆历五而后至焉。夫有求于人者,必致怨于其所忌以求说,此人之情也。故六二、六三之过五也,皆击五而后过。非有怨于五也,以悦其所求养者也。由颐者,利之所在也。丘颐者,位之所在也。见利而蔑其位,君子以为不义也。故曰:"颠颐,拂经于丘颐,征凶。"六二可以下从初九而求养也。然且不从而过击五,以求养于上九。无故而陵其主,故"征凶"。征凶者,明颠颐之吉也。二,阴也,五亦阴也,故称"类"也。

六三,拂颐,征凶②。十年勿用,无攸利。

王注:履夫不正,以养于上,纳上以谄者也。拂养正之义,故曰"拂颐贞凶"也。处颐而为此行,十年见弃者也。立行于斯,无施而利。

《象》曰:"十年勿用",道大悖也。

苏传:"拂颐"者,"拂经于丘颐"也,六二已详言之矣。因前之辞故略,其实一也。拂颐之为不义,二与三均也。然二有初可从,而三不得不从上也,故曰"贞凶"。虽贞于其配,而于义为凶。"由颐"之兴,"丘颐"之废,可坐而待也。其势不过十年,盍待其定而从之? 故戒之曰"十年勿用"。用于十年之内,则大悖之道也。夫击其主而悦其配,虽其配亦不义也,故无攸利。

六四,颠颐,吉。虎视耽耽,其欲逐逐,无咎。

王注:体属上体,居得其位,而应于初,以上养下,得颐之义,故曰"颠颐吉"也。下交不可以渎,故"虎视耽耽",威而不猛,不恶而严。养德施贤,何可有利? 故"其欲逐逐",尚敦实也。修此二者,然后乃得全其吉而"无咎"。观其自养则履正,察其所养则养阳,颐爻之贵,斯为盛矣。

《象》曰:颠颐之吉,上施光也。

苏传:四于初为上,自初而言之,则初之见养于四为凶。自四言之,则四之得养初九为吉。初九之刚,其始若虎之耽耽而不可驯也。六四以其所欲而致之,逐逐焉而来。六四之所施,可谓"光"矣。

六五,拂经,居贞吉。不可涉大川。

王注:以阴居阳,"拂颐"之义也。行则失类,故宜"居贞"也。无应于下而比于上,故可守贞从上,得颐之吉,虽得居贞之吉,处颐违谦,难未可涉也。

《象》曰:居贞之吉,顺以从上也。

苏传:六五既失其民,为六二、六三之所拂而过也。愠而起争之,则亡

---

① 五:陈本、《经解》本、闵本、青本同,《四库》本作"二"。
② 征:《经解》本、闵本同,陈本、《四库》本、青本作"贞"。

矣。故以顺而从上,居贞为吉。失民者不可以犯难,故曰不可以涉大川。

上九,由颐,厉吉,利涉大川。

王注:以阳处上而履四阴,阴不能独为主,必宗于阳也。故莫不由之以得其养,故曰"由颐"。为众阴之主,不可渎也,故厉乃吉。有似《家人》"悔厉"之义,贵而无位,是以厉也。高而有民,是以吉也。为养之主,物莫之违,故"利涉大川"也。

《象》曰:"由颐厉吉",大有庆也。

苏传:莫不由之以得养者,故曰"由颐"。有其德而无其位,故厉而后吉。无位而得众者,必以身犯难,然后众与之也。

☱ 巽下兑上　大过,

王注:音相过之过:

栋桡,利有攸往,亨。

《彖》曰:"大过",大者过也。

王注:大者乃能过也。

"栋桡",本末弱也。

王注:初为本,而上为末也。

刚过而中,

王注:谓二也。居阴,"过"也;处二,"中"也。拯弱兴衰,不失其中也。

巽而说行,

王注:"巽而说行",以此救难,难乃济也。

利有攸往,乃亨。

王注:危而弗持,则将安用? 故往乃亨。

苏传:二、五者用事之地也。阳自内出,据用事之地,而摈阴于外,谓之"大过",大者过也。阴自外入,据用事之地,而囚阳于内,谓之"小过",小者过也。"过"之为言,偏盛而不均之谓也。故大过者,君骄而无臣之世也。《易》之所贵者,贵乎阳之能御阴,不贵乎阳之陵阴而蔑之也。人徒知夫阴之过乎阳之为祸也,岂知夫阳之过乎阴之不为福也哉? 立阴以养阳也,立臣以卫君也。阴衰则阳失其养,臣弱则君弃其卫。故曰:"大过,大者过也。栋桡,本末弱也。"四阳者"栋"也,初上者"栋"之所寄也。弱而见摈,则不任寄矣。此栋之所以桡也。栋桡将压焉。故大过之世,利有事而忌安居。君侈已甚而国无忧患,则上益张而下不堪,其祸可待也。故利有攸往。所利于往者,利其有事也。有事则有患,有患则急人。患至而人急,则君臣之势可以少均。故曰:"刚过而中,巽而说行,利有攸往,乃亨。"

大过之时大矣哉!

王注:是君子有为之时也。

《象》曰:泽灭木,大过。君子以独立不惧,遯世无闷。

王注:此所以为"大过",非凡所及也。

苏传:初六宜不惧,上六宜遯。

初六,藉用白茅,无咎。

王注:以柔处下,过而可以"无咎",其唯慎乎!

《象》曰:"藉用白茅",柔在下也。

苏传:白茅,初六也,所"藉"者九二也。茅之为物,贱而不足收也。然吾有所甚爱之器,必以藉之,非爱茅也,爱吾器也。初之于二,强弱之势固相绝矣,其存亡不足以为损益。然二所以得安养于上者,以有初之藉也。弃茅而不收,则器措诸地;弃初而不录,则二亲其劳矣。故孔子曰:"茅之为物薄,而用可重也。"

九二,枯杨生稊,老夫得其女妻,无不利。

王注:"稊"者,杨之秀也。以阳处阴,能过其本而救其弱者也。上无其应,心无特吝处过以此,无衰不济也。故能令枯杨更生稊,老夫更得少妻,拯弱兴衰,莫盛斯爻,故"无不利"也。老过则枯,少过则稚。以老分少,则稚者长;以稚分老,则枯者荣,过以相与之谓也。大过至衰而己至壮,以至壮辅至衰,应斯义也。

《象》曰:老夫女妻,过以相与也。

苏传:卦合而言之,则大过者君骄之世也;爻别而观之,则九五当骄,而九二以阳居阴,不骄者也。盛极将枯,而九二独能下收初六以自助,则生稊者也。老夫,九二也。女妻,初六也。凡人之情,夫老而妻少,则妻倨而夫恭。妻倨而夫恭,则臣难进而君下之之谓也,故无不利。大过之世,患在亢而无与,故曰:"老夫女妻,过以相与也。"

九三,栋桡,凶。

王注:居大过之时,处下体之极,不能救危拯弱,以隆其栋,而以阳处阳,自守所居,又应于上,系心在一,宜其淹弱而凶衰也。

《象》曰:栋桡之凶,不可以有辅也。

九四,栋隆,吉,有它吝。

王注:体属上体,以阳处阴,能拯其弱,不为下所桡者也,故"栋隆"吉也。而应在初,用心不弘,故"有它吝"也。

《象》曰:栋隆之吉,不桡乎下也。

苏传:卦合而言之,则本末弱,栋桡者也;爻别而观之,则上六当栋桡,初六弱而能立,以遇九二,不桡者也。初、上非栋也,栋之所寄而已。所寄在彼,而隆桡见于此。初六不桡于下,则九四栋隆。上六不足以相辅,则九三之栋桡,以其应也。九四专于其应则吉,有他则吝矣。栋之隆也,非初之福,而四享其利。及其桡也,上亦不与,而三受其名。故大过之世,智者以为阳宜下阴,而愚者以为阴宜下阳也。

九五,枯杨生华,老妇得其士夫,无咎无誉。

王注:处得尊位,而以阳处阳,未能拯危。处得尊位,亦未有桡,故能生华,不能生稊;能得夫,不能得妻。处"栋桡"之世,而为"无咎无誉",何可长哉! 故生华不可久,士夫诚可丑也。

《象》曰:"枯杨生华",何可久也? 老妇士夫,亦可丑也。

苏传:盛极将枯,而又生华以自耗,竭而不能久矣。稊者颠而复蘖,反其始也。华者盈而毕发,速其终也。九五以阳居阳,汰侈已甚,而上六乘之,力不能正,祗以速祸,故曰:"老妇得其士夫,无咎无誉。"老妇,上六也。士夫,九五也。夫壮而妻老,君压其臣之象也。故教之以"无咎无誉",以求免于斯世。咎所以致罪,誉所以致疑也。

上六,过涉灭顶,凶,无咎。

王注:处大过之极,过之甚也。涉难过甚,故至于"灭顶凶"。志在救时,故不可咎也。

《象》曰:过涉之凶,不可咎也。

王注:虽凶无咎,不害义也。

苏传:过涉至于灭顶,将有所救也。势不可救,而徒犯其害,故凶。然其义则不可咎也。

䷜坎下坎上 习坎,

王注:"坎",险陷之名也。"习"谓便习之。

苏传:坎,险也。水之所行而非水也,惟水为能习行于险。其不直曰"坎",而曰"习坎",取于水也。

有孚,维心亨,

王注:刚正在内,"有孚"者也。阳不外发而在乎内,"心亨"者也。

行有尚。

王注:内亨外闇,内刚外顺,以此行险,"行有尚"也。

《象》曰:"习坎",重险也。

王注:坎以险为用,故特名曰"重险",言"习坎"者,习乎重险也。

水流而不盈,

苏传：险故流，流故不盈。

行险而不失其信。

王注：险陷①之极，故水流而不能盈也。处至险而不失刚中，"行险而不失其信"者，"习险②"之谓也。

苏传：万物皆有常形，惟水不然，因物以为形而已。世以有常形者为信，而以无常形者为不信，然而方者可斫以为圆，曲者可矫以为直，常形之不可恃以为信也如此。今夫水虽无常形，而因物以为形者，可以前定也，是故工取平焉，君子取法焉。惟无常形，是以遇物而无伤③。惟莫之伤也，故行险而不失其信。由此观之，天下之信，未有若水者也。

"维心亨"，乃以刚中也。

苏传：所遇有难易，然而未尝不志于行者，是水之心也。物之窒我者有尽，而是心无已，则终必胜之。故水之所以至柔而能胜物者，维不以力争而以心通也。不以力争，故柔外；以心通，故刚中。

"行有尚"，往有功也。

王注：便习于"坎"而之"坎"地，尽坎之宜，故往必有功也。

苏传：尚，配也。方圆曲直，所遇必有以配之，故无所往而不有功也。

天险不可升也，

王注：不可得升，故得保其威尊。

地险山川丘陵也。

王注：有山川丘陵，故物得以保全也。

王公设险以守其国。

王注：国之为卫，恃于险也。言自天地以下莫不须险也。

苏传：朝廷之仪，上下之分，虽有强暴而莫敢犯，此王公之险也。

险之时用大矣哉！

王注：非用之常，用有时也。

《象》曰：水洊至，习坎。

王注：重险县绝，故"水洊至"也。不以"坎"为隔绝，相仍而至，习乎"坎"也。

君子以常德行，习教事。

王注：至险未夷，教不可废，故以常德行而习教事也。"习于坎"，然后

---

① 陷：阮元十三经注疏本作"峭"。
② 险：阮元十三经注疏本作"坎"。
③ 遇：陈本、《经解》本、青本同，闵本、《四库》本作"迕"。

乃能不以险难为困,而德行不失常也。故则夫"习坎",以常德行而习教事也。

苏传:事之待教而后能者,"教事"也。君子平居,常其德行,故遇险而不变。习为教事,故遇险而能应。

初六,习坎,入于坎窞,凶。

王注:"习坎"者,习为险难之事也。最处坎底,入坎窞者也。处重险而复入坎底,其道"凶"也。行险而不能自济,"习坎"而入坎窞,失道而穷在坎底,上无应援可以自济,是以"凶"也。

《象》曰:习坎入坎,失道凶也。

苏传:六爻皆以险为心者也。夫苟以险为心,则大者不能容,小者不能忠,无适而非寇也。惟相与同患,其势有以相待,然后相得而不叛。是故居坎之世,其人可与同处患,而不可与同处安。九二、九五,二险之不相下者也。而六三、六四,其蔽也。夫有事于敌,则蔽者先受其害。故九二之于六三,九五之于六四,皆相与同患者也,是以相得而不叛。至于初、上,处内外之极,最远于敌,而不被其祸,以为足以自用而有余,是以各挟其险以待其上,初不附二,上不附五,故皆有失道之凶焉。君子之习险,将以出险也。习险而入险,为寇而已。

九二,坎有险,求小得。

王注:履失其位,故曰"坎"。上无应援,故曰"有险"。坎而有险,未能出险之中也。处中而与初三相得,故可以"求小得"也。初三未足以为援,故曰"小得"也。

《象》曰:"求小得",未出中也。

苏传:险,九五也。小,六三也。九二以险临五,五亦以险待之,欲以求五,焉可得哉?所可得者,六三而已。二所以能得三者,非谓其德足以怀之,徒以二者皆未出于险中,相待而后全故也。

六三,来之坎坎,险且枕,入于坎窞,勿用。

王注:既履非其位,而又处两"坎"之间,出则之"坎",居则亦"坎",故曰"来之坎坎"也。"枕"者,枝而不安之谓也。出则无之,处则无安,故曰"险且枕"也。来之皆"坎",无所用之,徒劳而已。

《象》曰:"来之坎坎",终无功也。

苏传:之,往也。枕,所以休息也。来者坎也,往者亦坎也。均之二坎,来则得生,往则得敌,遇险于外,而休息于内也,故曰"险且枕"。六三知其不足以自用,用必无功,故退入于坎,以附九二,相与为固而已。

六四,樽酒簋贰,用缶,纳约自牖,终无咎。

王注:处重险而履正,以柔居柔,履得其位,以承于五,五亦得位,刚柔各得其所，不相犯位，皆无余应相以承比，明信显著，不存外饰，处"坎"以斯，虽复一樽之酒，二簋之食，瓦缶之器，纳此至约，自进于牖，乃可羞之于王公，荐之于宗庙，故"终无咎"也。

《象》曰："樽酒簋贰"，刚柔际也。

王注：刚柔相比而相亲焉，"际"之谓也。

苏传："樽酒簋贰，用缶"，薄礼也。"纳约自牖"，简陋之至也。夫同利者不交而欢，同患者不约而信。四非五无与为主，五非四无与为蔽。馈之以薄礼，行之以简陋，而终不相咎者，四与五之际也。

九五，坎不盈，祗既平，无咎。

王注：为坎之主而无应辅可以自佐，未能盈坎者也。坎之不盈，则险不尽矣。祗，辞也。为坎之主，尽平乃无咎，故曰"祗既平无咎"也。说既平乃无咎，明九五未免于咎也。

《象》曰："坎不盈"，中未大也。

苏传：祗，犹言适足也。九五可谓大矣，有敌而不敢自大，故"不盈"也。不盈所以纳四也。盈者人去之，不盈者人输之，故不盈适所以使之既平也。

上六，系用徽纆，寘于丛棘，三岁不得，凶。

王注：险陕之极，不可升也。严法峻整，难可犯也。宜其囚执寘于思过之地。三岁，险道之夷也。险终乃反，故三岁不得自修，三岁乃可以求复，故曰"三岁不得凶"也。

《象》曰：上六失道，凶三岁也。

苏传：夫有敌而深自屈以致人者，敌平则汰矣，故九五非有德之主也。无德以致人，则其所致者，皆有求于我者也。上六维无求于五，故徽纆以系之，丛棘以固之。上六之所恃者险尔，险穷则亡，故"三岁不得，凶"也。

☲离下离上　离，

苏传：火之为物，不能自见，必丽于物而后有形，故离之象取于火也。

利贞，亨。

王注：离之为卦，以柔为正，故必贞而后乃亨，故曰"利贞亨"也。

畜牝牛，吉。

王注：柔处于内而履正中，牝之善也。外强而内顺，牛之善也。离之为体，以柔顺为主者也。故不可以畜刚猛之物，而"吉"于"畜牝牛"也。

《象》曰：离，丽也。

王注：丽犹著也。各得所著之宜。

日月丽乎天，百谷草木丽乎土。

苏传：言万物各以其类丽也。

重明以丽乎正，乃化成天下。柔丽乎中正，故亨。是以"畜牝牛，吉"也。

王注：柔著于中正，乃得通也。柔通之吉，极于"畜牝牛"，不能及刚猛也。

苏传：六丽二、五，是柔丽中正也。物之相丽者，不正则易合而难久，正则难合而终必固，故曰"利贞，亨"。欲知其所畜，视其主。有是主，然后可以畜是人也。有其人而无其主，虽畜之不为用。故以柔为主，则所畜者惟牝牛为吉。

《象》曰：明两作，离。大人以继明照于四方。

王注："继"谓不绝也，明照相继，不绝旷也。

苏传：火得其所附，则一可以传千万①。明得其所寄，则一耳目可以尽天下。天下之续吾明者众矣。

初九，履错然，敬之，无咎。

王注："错然"者，警慎之貌也。处离之始，将进而盛，未在既济，故宜慎其所履，以敬为务，辟其咎也。

《象》曰：履错之敬，以辟咎也。

苏传：六爻莫不以相附离为事。而火之性，炎上者也，故下常附上，初九附六二者也。以柔附刚者，宁倨而无诏；以刚附柔者，宁敬而无渎。渎其所以附②，则自弃者也，故初履声错然敬二③，以辟相渎之咎。

六二，黄离，元吉。

王注：居中得位，以柔处柔，履文明之盛而得其中，故曰"黄离元吉"也。

《象》曰："黄离元吉"，得中道也。

苏传：黄，中色。阴不动而阳来附之，故元吉。

九三，日昃之离，不鼓缶而歌，则大耋之嗟，凶。

王注：嗟，忧叹之辞也。处下离之终，明在将没，故曰"日昃之离"也。明在将终，若不委之于人，养志无为，则至于耋老有嗟，凶矣，故曰"不鼓缶而歌，则大耋之嗟凶"也。

《象》曰："日昃之离"，何可久也。

苏传：火得其所附则传，不得其所附则穷。初九之于六二，六五之于上九，皆得其所附者，以阴阳之相资也。惟九三之于九四，不得其传而遇其穷，如日月之昃④，如人之耋也。君子之至此，命也。故"鼓缶而歌"，安以俟之。

―――――――

① "一"字后，闵本、《四库》本有"炬"字，陈本、《经解》本、青本同原本。

② 以：陈本、《经解》本、青本同，闵本、《四库》本无。

③ 二：陈本、《经解》本、青本同，闵本、《四库》本作"之"。

④ 月：陈本、《经解》本、青本同，闵本、《四库》本无。

不然,咨嗟而不宁,则凶之道也。

九四,突如其来如,焚如,死如,弃如。

王注:处于明道始变之际,昏而始晓,没而始出,故曰"突如其来如"。其明始进,其炎始盛,故曰"焚如"。逼近至尊,履非其位,欲进其盛,以炎其上,命必不终,故曰"死如"。违"离"之义,无应无承,众所不容,故曰"弃如"也。

《象》曰:"突如其来如",无所容也。

苏传:九三无所附,九四人莫附之,皆穷者也。然九三之穷,则咨嗟而已。九四见五之可欲,而不度其义之不可得,故其来突如,其炎焚如。其五拒而不纳①,故穷而无所容。夫四之欲得五,是与上九争也。而上九,离之王公也,是以死而众弃之也。

六五,出涕沱若,戚嗟若,吉。

王注:履非其位,不胜所履。以柔乘刚,不能制下,下刚而进,将来害己,忧伤之深,至于沱嗟也。然所丽在尊,四为逆首,忧伤至深,众之所助,故乃沱嗟而获吉也。

《象》曰:六五之吉,离王公也。

苏传:王公,上九也。六五上附上九,而九四欲得之,故出涕戚嗟,以明不二也。六五不二于四,则上九勤之矣②,故吉。

上九,王用出征,有嘉折首,获匪其丑,无咎。

王注:"离",丽也,各得安其所丽谓之"离"。处离之极,离道已成,则除其非类以去民害,"王用出征"之时也。故必"有嘉折首,获匪其丑",乃得"无咎"也。

《象》曰:"王用出征",以正邦也。

苏传:凡在下者,未免离于人也。惟上九离人而不离于人,故其位为王,其德可以正人。各安其所离矣,而有乱群者焉,则王之所征也。"嘉"者六五也。非其类者九四也。六爻皆无应,故近而附之者,得称嘉也。其嘉之所以能克其非类者,以上九与之也。

---

① 其:陈本、《经解》本、青本同,闽本、《四库》本作"六"。
② 勤:陈本、《经解》本、闽本、青本同,《四库》本作"离"。

《周易》卷四

下　　经①

☷艮下兑上　咸,亨,利贞。取女吉。

《彖》曰:"咸",感也。柔上而刚下,二气感应以相与。

王注:是以亨也。

止而说,

王注:故"利贞"也。

男下女,

王注:"取女吉"也。

是以"亨,利贞,取女吉"也。

苏传:下之而后得,必贞者也。取而得贞,取者之利也。

天地感而万物化生,

王注:二气相与,乃"化生"也。

圣人感人心而天下和平。观其所感,而天地万物之情可见矣。

王注:天地万物之情,见于所感也。凡感之为道,不能感非类者也,故引取女以明同类之义也。同类而不相感应,以其各亢所处也,故女虽应男之物,必下之而后取女乃吉也。

苏传:"情"者其诚然也。"云从龙,风从虎",无故而相从者,岂容有伪哉?

《象》曰:山上有泽,咸。君子以虚受人。

王注:以虚受人,物乃感应。

---

① 下经:王弼《周易注》从第四卷起作"周易下经咸卦第四",以下各卷唯换始卦卦名及卷次。《苏氏易传》原本无,依例当有,今据闵本补。

初六,咸其拇。

王注:处咸之初,为感之始,所感在末,故有志而已。如其本实,未至伤静。

《象》曰:"咸其拇",志在外也。

王注:四属外卦①。

苏传:外,四也。"咸其拇"者,以是为咸也。咸者以神交。夫神者将遗其心,而况于身乎？身忘而后神存。心不遗则身不忘,身不忘则神忘。故神与身,非两存也,必有一忘。足不忘屦,则屦之为累也甚于桎梏；要不忘带,则带之为虐也甚于缧绁。人之所以终日蹑屦束带而不知厌者,以其忘之也。道之可名言者,皆非其至。而咸之可分别者,皆其粗也。是故在卦者咸之全也,而在爻者咸之粗也。爻配一体,自拇而上至于口,当其处者有其德。德有优劣,而吉凶生焉。合而用之,则拇履、腓行、心虑、口言,六职并举,而我不知,此其为卦也。离而观之,则拇能履而不能捉,口能言而不能听,此其为爻也。方其为卦也,见其咸而不见其所以咸,犹其为人也,见其人而不见其体也。六体各见,非全人也。见其所以咸,非全德也。是故六爻未有不相应者,而皆病焉,不凶则吝,其善者免于悔而已。

六二,咸其腓,凶。居吉。

王注:咸道转进,离拇升腓,腓体动躁者也。感物以躁,凶之道也。由躁故凶,居则吉矣。处不乘刚,故可以居而获吉。

《象》曰:虽凶居吉,顺不害也。

王注:阴而为居,顺之道也。不躁而居,顺不害也。

苏传:顺九三也。

九三,咸其股,执其随,往吝。

王注:股之为物,随足者也。进不能制动,退不能静处,所感在股,"志在随人"者也。"志在随人",所执亦以贱矣。用斯以往,吝其宜矣。

《象》曰:"咸其股",亦不处也。志在随人,所执下也。

苏传:执,牵也。下,二也。体静而神交者,咸之正也。艮,止也。而所以为艮者三也。三之德固欲止,而初与二莫之听者,往从其配也。见配而动,虽三亦然。是故三虽欲止②,而不免于随也。附于足而足不能禁其动者,拇也；附于股而股不能已其行者,腓也。初与二者艮之体,而艮不能使之止也。拇虽动,足未必听,故初之于四,有志而已。腓之所以无不随者,以动静之制在焉,故可以凶,可以吉也。股欲止而牵于腓,三欲止而牵于二,不信

---

① 卦:阮元十三经注疏本作"也"。
② 三虽:原本倒,据陈本、《经解》本、闵本、《四库》本乙正。

己而信人,是以"往吝"也。

九四,贞吉,悔亡。憧憧往来,朋从尔思。

王注:处上卦之初,应下卦之始,居体之中,在股之上,二体始相交感,以通其志,心神始感者也。凡物始感而不以之于正,则至于害,故必贞然后乃吉,吉然后乃得亡其悔也。始在于感,未尽感极,不能至于无思以得其党,故有"憧憧往来",然后"朋从其思"也。

《象》曰:"贞吉悔亡",未感害也。

王注:未感于害,故可正之,得"悔亡"也。

"憧憧往来",未光大也。

苏传:九四之所居,心之所在也。方其为卦也,四隐而不见,心与百体并用而不知,是以无悔无朋。及其表之以四也,而心始有所在。心有所在而物疑矣,故憧憧往来以求之。正则吉,不正则不吉。既感则悔亡,未感则害我者也。其朋则从,非其朋则不从也。

九五,咸其脢,无悔。

王注:"脢"者,心之上,口之下,进不能大感,退亦不为无志,其志浅末,故"无悔"而已。

《象》曰:"咸其脢",志末也。

苏传:拇之动,腓之行,股之随,心之憧憧往来,皆有为之病也。惩其病而举不为者,以无为之病也①。五之所在②,脢也。而脢者,体之不动而无事者也。畏其有事之劳,而咸于无事,求无悔而已,志已卑矣。

上六,咸其辅、颊、舌。

王注:咸道转末,故在口舌言语而已。

《象》曰:"咸其辅、颊、舌",滕口说也。

王注:"辅、颊、舌"者,所以为语之具也。"咸其辅颊舌",则"滕口说"也。"憧憧往来",犹未光大,况在滕口,薄可知也。

苏传:上六之所在者口也,夫有以为咸者,口未必不用,而恃口以为咸则不可。

䷟ 巽下震上　恒,亨,无咎。利贞,

王注:恒而亨,以济三事也。恒之为道,亨乃"无咎"也。恒通无咎,乃利正也。

---

① 以无:闽本、《四库》本作"是无",陈本、《经解》本、青本作"以药"。
② "在"字后,闽本、《四库》本有"者"字,陈本、《经解》本、青本同原本。

利有攸往。

王注：各得所恒，修其常道，终则有始，往而无违，故"利有攸往"也。

《彖》曰："恒"，久也。刚上而柔下，

王注：刚尊柔卑，得其序也。

雷风相与，

王注：长阳长阴，能相成也。

巽而动，

王注：动无违也。

刚柔相应①，

王注：不孤媲也。

恒。

王注：皆可久之道。

"恒亨无咎，利贞"，久于其道也。

王注：道得②所久，则恒通无咎而利正也。

苏传：所以为恒者贞也，而贞者施于既亨无咎之后者也。上下未交，润泽未渥③，而骤用其贞，此危道也。故将为恒，其始必有以深通之，其终必有以大正之。方其通物也，则上下之分有相错者矣。以错致亨，亨则悦，悦故无我咎者。无咎而后贞，贞则可恒，故恒非一日之故也。惟久于其道，而无意于速成者能之。

天地之道，恒久而不已也。

王注：得其所久，故不已也。

"利有攸往"，终则有始也。

王注：得其常道，故终则复始，往无穷极。

苏传：物未有穷而不变④，故恒非能执一而不变，能及其未穷而变尔。穷而后变，则有变之形；及其未穷而变，则无变之名，此其所以为恒也。故居恒之世而利有攸往者，欲及其未穷也。夫能及其未穷而往，则终始相受，如环之无端。

日月得天而能久照，

苏传：照者日月也，运之者天也。

四时变化而能久成，

---

① 相：青本同，陈本、《经解》本、《四库》本作"皆"。
② 得：阮元十三经注疏本作"德"。
③ 润：陈本、《经解》本、青本同，闵本作"周"，《四库》本作"恩"。
④ "变"字后，闵本、《四库》本有"者"字，陈本、《经解》本、青本同原本。

苏传：将明恒久不已之道，而以日月之运、四时之变明之，明及其未穷而变也。阳至于午，未穷也，而阴已生；阴至于子，未穷也，而阳以萌①，故寒暑之际人安之。如待其穷而后变，则生物无类矣。

圣人久于其道而天下化成。

王注：言各得其"所恒"，故皆能长久。

观其所恒，而天地万物之情可见矣。

王注：天地万物之情，见于"所恒"也。

苏传：非其至情者，久则厌矣。

《象》曰：雷风，恒。

王注：长阳长阴，合而相与，可久之道也。

君子以立不易方。

王注：得其所久，故"不易"也。

苏传：雷风非天地之常用也，而天地之化所以无常者，以有雷风也，故君子法之。以能变为恒，立不易方，而其道运矣。

初六，浚恒，贞凶，无攸利。

王注：处恒之初，最处卦底，始求深者也。求深穷底，令物无余缊，渐以至此，物犹不堪，而况始求深者乎？以此为恒，凶正害德，无施而利也。

《象》曰：浚恒之凶，始求深也。

苏传：恒之始，阳宜下阴以求亨；及其终，阴宜下阳以明贞。今九四不下初六，故有浚恒之凶；上六不下九三，故有振恒之凶。二者皆过也，易地而后可。下沈曰"浚"，上奋曰"振"。初六以九四不见下，故求深自藏以远之。使九四虽田而无获，可谓贞矣。然阴阳否而不亨，非所以为恒之始也，故凶。始不亨而用贞，终必两废，故"无攸利"。夫恒之始，宜亨而未宜贞。

九二，悔亡。

王注：虽失其位，恒位于中，可以消悔也。

《象》曰："九二悔亡"，能久中也。

苏传：艮、兑合而后为咸，震、巽合而后为恒。故卦莫吉于咸、恒者，以其合也。及离而观之，见己而不见彼，则其所以为咸、恒者亡矣。故咸、恒无完爻，其美者不过"悔亡"。恒之世，惟四宜下初，自初以上，皆以阴下阳为正，故九二、九三、六五、上六，皆非正也。以中者用之，犹可以悔亡；以不中者用之，则无常之人也，故"九三，不恒其德"。

九三，不恒其德，或承之羞，贞吝。

---

① 以：《经解》本、闵本、青本同，陈本、《四库》本作"已"。

王注：处三阳之中，居下体之上，处上体之下，上不全①尊，下不全②卑，中不在体，体在乎恒，而分无所定，无恒者也。德行无恒，自相违错，不可致诘，故"或承之羞"也。施德于斯，物莫之纳，鄙贱甚矣，故曰"贞吝"也。

《象》曰："不恒其德"，无所容也。

苏传：《传》曰："人而无恒，不可作巫医。子曰：不占而已矣。"夫无常之人，与之为巫医且不可，而况可与有为乎？人惟有常，故其善恶可以外占而知。无常之人，方其善也，若可与有为；及其变也，冰解潦竭，而吾受其羞。故与是人遇者，去之吉，贞之吝。善恶各有徒，惟无常者无徒。故曰："不恒其德，无所容也。"

九四，田无禽。

王注：恒于非位，虽劳无获也。

《象》曰：久非其位，安得禽也？

苏传：九四怀非其位，而重下初六。初六其所欲得也，故曰"无禽"。上亢而下沉，欲以获初，难矣！

六五，恒其德，贞。妇人吉，夫子凶。

王注：居得尊位，为恒之主，不能"制义"，而系应在二，用心专贞，从唱而已。妇人之吉，夫子之凶也。

《象》曰：妇人贞吉，从一而终也。夫子制义，从妇凶也。

苏传：恒以阴从阳为正。六五下即二，则妇人之正也；九二上从五，则夫子之病也。

上六，振恒，凶。

王注：夫静为躁君，安为动主。故安者上之所处也，静者可久之道也。处卦之上，居动之极，以此为恒，无施而得也。

《象》曰：振恒在上，大无功也。

苏传：恒之终，阴宜下阳者也。不安其分而奋于上，欲求有功，而非其时矣，故凶。

☷下乾上　　遯，亨，小利贞。

《彖》曰："遯亨"，遯而亨也。

王注：遯之为义，遯乃通也。

苏传：阴盛于否而至于剥，君子未尝不居其间也。遯以二阴而伏于四

---

① 全：阮元十三经注疏本作"至"。
② 全：阮元十三经注疏本作"至"。

阳之下,阴犹未足以胜阳,而君子遂至于遯,何也？曰：君子之遯,非直弃去而不复救也①,以为有亨之道焉。今夫二阴在内,遯之主也。其势至锐,而其朋至寡。锐则其终必胜,寡则其心常欲得众。君子及其未胜而遯,则阴无与处而思求阳。阴思求阳,而后阳可以处,故曰"遯亨,遯而亨也"。

刚当位而应,与时行也。

王注：谓五也。"刚当位而应",非否亢也。遯不否亢,能"与时行也"。

苏传：时当遯,虽有应,不得不逝也。

小利贞,浸而长也。

王注：阴道欲浸而长,正道亦未全灭,故"小利贞"也。

遯之时义大矣哉！

苏传：浸而后长,则今犹微也。微而忘贞则废矣②。

《象》曰：天下有山,遯。

王注：天下有山,阴长之象。

君子以远小人,不恶而严。

苏传：山有企天之意而不可及,阴有慕阳之志而不可追,遯之象也。

初六,遯尾,厉。勿用有攸往。

王注："遯"之为义,辟内而之外者也。"尾"之为物,最在体后者也。处遯之时,不往何灾,而为"遯尾",祸所及也。危至而后求行③,难可免乎？厉则"勿用有攸往"也。

《象》曰：遯尾之厉,不往何灾也？

苏传：遯者皆外向,故初六为尾。首之所趋④,尾所不能禁也。遯而不能禁,逝者众矣。众逝则我无与处,故危。势不能禁而往迫之,则阳怒而为灾,故"不利有攸往"。

六二,执之用黄牛之革,莫之胜说。

王注：居内处中,为遯之主,物皆遯已,何以固之？若能执乎理中厚顺之道以固之也,则莫之胜解。

《象》曰：执用黄牛,固志也。

苏传：六二,遯之主,而与五为应,则有以固执之矣。方阳之遯,其所以执而留之者,非出于款诚至意,阳不顾也。故必有如牛革之坚者,而又用其黄焉,则忠确之至也。

---

① 直弃去：闵本、《四库》本同,陈本、《经解》本、青本作"其去弃"。
② 忘：闵本、《四库》本同,陈本、《经解》本、青本作"亡"。
③ 阮元十三经注疏本无"求"字。
④ 趋：陈本、《经解》本、《四库》本、青本作"趣"。

九三，系遯，有疾，厉。畜臣妾，吉。

王注：在内近二，以阳附阴，宜遯而系，故曰"系遯"。"遯"之为义，宜远小人，以阳附阴，系于所在，不能远害，亦已惫矣，宜其屈辱而危厉也。系于所在，"畜臣妾"可也。施于大事，凶之道也。

《象》曰：系遯之厉，有疾惫也。"畜臣妾吉"，不可大事也。

苏传：九三虽阳，而与阴同体，是为以阴止阳。徒欲止之而无应于上。止之不由其道，盖系之而已。彼欲去矣，而以力系之，我惟无疾而后可。一日有疾，则彼皆舍我而去尔①。何则②？所以系之者，恃力也，故曰"畜臣妾，吉"。系者，畜臣妾之道，而非所以畜君子也。

九四，好遯，君子吉，小人否。

王注：处于外而有应于内，君子"好遯"，故能舍之，小人系恋，是以"否"也。

《象》曰：君子好遯，小人否也。

王注：音臧否之否。

苏传：九四有初六之好，舍其好而遯，则君子吉而小人否也。

九五，嘉遯，贞吉。

王注：遯而得正，反制于内。小人应命，率正其志，"不恶而严"，得正之吉，遯之嘉也。

《象》曰："嘉遯贞吉"，以正志也。

苏传：六二，九五配也。合其配而遯，故曰"嘉遯"。犹惧其怀也，故戒之以"贞吉"。

上九，肥遯，无不利。

王注：最处外极，无应于内，超然绝志，心无疑顾，忧患不能累，缯缴不能及，是以"肥遯无不利"也。

《象》曰："肥遯无不利"，无所疑也。

苏传：无应于下，沛然而去，遯之肥也。夫九三牵于二阴而为之止，我不知势之不可以不遯而止之，非其利也。然则上九之遯③，非独以利我，亦以利三也。

☱ 乾下震上　大壮，利贞。

《彖》曰：大壮，大者壮也，

---

① 尔：陈本、《经解》本、青本作"而"，属下"我可乎"为读。
② 何则：闵本、《四库》本同，陈本、《经解》本、青本作"我可乎"。
③ "遯"字前，闵本、《四库》本有"肥"字，陈本、《经解》本、青本同原本。

王注：大者谓阳爻，小道将灭，大者获正，故"利贞"也。

刚以动，故壮。"大壮利贞"，大者正也。正大而天地之情可见矣。

王注：天地之情，正大而已矣。弘正极大，则天地之情可见矣。

苏传：以大者为正，天地之至情也。

《象》曰：雷在天上，大壮。

王注：刚以动也。

君子以非礼弗履。

王注：壮而违礼则凶，凶则失壮也。故君子以"大壮"而顺礼也。

苏传：所以全其勇壮也。

初九，壮于趾，征凶，有孚。

王注：夫得"大壮"者，必能自终成也。未有陵犯于物而得终其壮者。在下而壮，故曰"壮于趾"也。居下而用刚壮，以斯而进，穷凶可必也，故曰"征凶有孚"。

《象》曰："壮于趾"，其孚穷也。

王注：言其信穷。

苏传：乾施壮于震者也。壮者为羊所施为藩，故五以二为羊，三以六为藩。以类推之，则初九之壮，施于九四。九四藩决不羸，则初九亦触四之羊也。以其最下而用壮，故曰"壮于趾"。自下之四，故曰"征"。众皆触非其类，己独触其类。触其类，则有孚于非其类矣。不孚于方壮之阳，而孚于已穷之阴，故虽有孚而不免于凶者，其孚穷而不足赖也。

九二，贞吉。

王注：居得中位，以阳居阴，履谦不亢，是以"贞吉"。

《象》曰："九二贞吉"，以中也。

苏传：初九以触阳凶，九三以触阴厉，皆失中者也。九二之于五也，进不触之，退不助之，安贞而已，中也。

九三，小人用壮，君子用罔，贞厉。羝羊触藩，羸其角。

王注：处健之极，以阳处阳，用其壮者也。故小人用之以为壮，君子用之以为罗己者也。贞厉以壮，虽复羝羊，以之触藩，能无羸乎？

《象》曰："小人用壮"，君子罔也。

苏传：羊，九三也；藩，上六也。羸，废也。九三之壮，施于上六。上六，穷阴也；九三，壮阳也。以壮阳触穷阴，其势若易易然。而阳壮则轻敌①，阴穷则深谋。故小人以是为壮，而君子以是为罔己也。以阳触阴，正也，而危

---

① "而"字前，陈本、闵本、《四库》本有"然"，《经解》本、青本同。

道也,是以君子不触也。

九四,贞吉,悔亡。藩决不羸,壮于大舆之輹。

王注:下刚而进,将有忧虞。而以阳处阴,行不违谦,不失其壮,故得"贞吉"而"悔亡"也。已得其壮,而上阴不罔己路,故"藩决不羸"也。"壮于大舆之輹",无有能说其輹者,可以"往"也。

《象》曰:"藩决不羸",尚往也。

苏传:九四有藩,是以知初九之触也,欲进而消二阳者①,九四之贞吉也。外有二阴之敌,而内有初九之触,此九四之所以有悔也。愬其触而羸其角,则是敌未亡而内自战,四以是为病也。故见触不校②,即而怀之,以为其徒,则可以悔亡,故曰"藩决不羸,壮于大舆之輹"。九四自决其藩,而不以羸初九之角,则向之触我者止而为吾用,适所行以壮吾輹尔。临敌而輹壮,可以往矣。

六五,丧羊于易,无悔。

王注:居于大壮,以阳处阳,犹不免咎,而况以阴处阳,以柔乘刚者乎?羊,壮也。必丧其羊,失其所居也。能丧壮于易,不于险难,故得"无悔"。二履贞吉,能干其任,而已委焉,则得"无悔"。委之则难不至,居之则敌寇来,故曰"丧羊于易"也。

《象》曰:丧羊于易,位不当也。

苏传:羊,九二也。六五者,九二施壮之地也。以阴居阳,则不纯乎阴,有志于助阳矣,是以释九二之羊而纵之。故曰:"丧羊于易,位不当也。"人皆为藩以御羊,而己独无有,岂非易之至也欤?有藩者羸其角,而易者丧之。羸其角者无攸利,则丧之者无悔,岂不明哉?

上六,羝羊触藩,不能退,不能遂。无攸利,艰则吉。

王注:有应于三,故"不能退"。惧于刚长,故"不能遂"。持疑犹豫,志无所定,以斯决事,未见所利。虽处刚长,刚不害正。苟定其分,固志在一,以斯自处,则忧患消亡,故曰"艰则吉"也。

《象》曰:"不能退,不能遂",不详也。"艰则吉",咎不长也。

苏传:羊,九三也。藩,上六也。自三言之,三不应触其藩;自上言之,上不应羸其角。二者皆不计其后而果于发者。三之触我,我既已罔之矣。方其前不得遂,而退不得释也,岂独羊之患,虽我则何病如之?且未有羊羸角而藩不坏者也,故"无攸利"。均之为不利也,则以知难而避之为吉。

---

① 阳:《经解》本、闵本、青本同,陈本、《四库》本作"阴"。
② 校:青本同,陈本、《经解》本、闵本、《四库》本作"校"。

☷坤下☲离上　晋，康侯用锡马蕃庶，昼日三接。

《彖》曰："晋"，进也。明出地上，顺而丽乎大明，柔进而上行，

王注：凡言"上行"者，所之在贵也。

是以"康侯用锡马蕃庶，昼日三接"也。

王注：康，美之名也。顺以著明，臣之道也。"柔进而上行"，物所与也。故得锡马而蕃庶。以"讼受服"，则"终朝三褫"。柔进受宠，则"一昼三接"也。

苏传：《晋》以离为君，坤为臣。坤之为物，广大博厚，非特臣尔，乃诸侯也，故曰"康侯"。君以是安诸侯也。夫坤顺而离明，以顺而进趋于明，无有逆而不受者，故曰"锡马"。马所以进也，锡之马而使蕃之，许其进之甚也。一日三接，喜其来之至也。

《象》曰：明出地上，晋。君子以自昭明德。

王注：以顺著明，自显之道。

初六，晋如摧如，贞吉，罔孚，裕无咎。

王注：处顺之初，应明之始，明顺之德，于斯将隆。进明退顺，不失其正，故曰"晋如、摧如、贞吉"也。处卦之始，功业未著，物未之信，故曰"罔孚"。方践卦始，未至履位，以此为足，自丧其长者也。故必"裕"之，然后"无咎"。

《象》曰："晋如摧如"，独行正也。"裕无咎"，未受命也。

王注：未得履位，"未受命也"。

苏传：三阴皆进而之离，九四居于其冲，欲并而有之，众之所不与也。初六有应于四，将以众适四，故进而众摧之也。夫初六之适四，正也。其以众适四，不正也。己独行而不以众，则得其正矣，故曰"贞吉"。我虽正矣，而众莫吾信，故裕之而后无咎。裕之而后无咎者，众未肯受吾命也。

六二，晋如愁如，贞吉。受兹介福，于其王母。

王注：进而无应，其德不昭，故曰"晋如愁如"。居中得位，履顺而正，不以无应而回其志，处晦能致其诚者也。修德以斯，闻乎幽昧，得正之吉也，故曰"贞吉"。"母"者，处内而成德者也。"鸣鹤在阴"，则"其子和"，之立诚于闇，闇亦应之，故其初"愁如"。履贞不回，则乃受兹大福于其王母也。

《象》曰："受兹介福"，以中正也。

苏传：将进而之五，而四欲得之，故"晋如愁如"。我守吾正，虽四为拒，不能终闭也，故受福于"王母"。六五之谓"王母"也。以其为王母，故二虽阴，亦可得而归之矣。

六三，众允悔亡。

王注：处非其位，悔也。志在上行，与众同信，顺而丽明，故得"悔亡"也。

《象》曰：众允之志，上行也。

苏传：将适上九而近于四，悔也。虽与之近，而众信其不与也，故悔亡。

九四，晋如鼫鼠，贞厉。

王注：履非其位，上承于五，下据三阴，履非其位。又负且乘，无业可安，志无所据，以斯为进，正之危也。进如鼫鼠，无所守也。

《象》曰："鼫鼠贞厉"，位不当也。

苏传：求得而未必能者①，鼫鼠也。六二、六三，非其所当得也，因其过我，欲兼有之而众不听，故曰"晋如鼫鼠"。九四之有初六，正也。非其正者，固不可得矣。而正者犹危，则位不当之故也。

六五，悔亡，失得勿恤。往吉，无不利。

王注：柔得尊位，阴为明主，能不用察，不代下任也。故虽不当位，能消其悔。"失得勿恤"，各有其司，术斯以往，"无不利"也。

《象》曰："失得勿恤"，往有庆也。

苏传：四夺其与，悔也。然而众不与四，是以"悔亡"。夫以五之尊，而下与四争，其所附则陋矣。故虽失所当得，勿恤而往，则吉。夫下与四争必来。来者争也，则往者不争之谓也②。五犹不争，而四何敢不置之？故其所失，终亦必得而已矣。苟终于得，则其不争，非独四之利也。

上九，晋其角，维用伐邑，厉吉无咎，贞吝。

王注：处进之极，过明之中，明将夷焉，已在乎角，而犹进之，非亢如何？失夫道化无为之事，必须攻伐，然后服邑，危乃得吉，吉乃无咎。用斯为正，亦以贱矣。

《象》曰："维用伐邑"，道未光也。

苏传：刚之上穷者角也。"晋其角"者，以是为晋也。以角为晋，必有所用其触。三，吾应也③，而四闭之，则上九之所伐者四也。四与上同体，故为邑也。邑人而闭吾应，无以容④之，而至于用兵，道不光矣。此正也，而吝道也。故知戒于危，然后其吉可以无咎。

䷣ 离下坤上　明夷，利艰贞。

《彖》曰：明入地中，明夷。内文明而外柔顺，以蒙大难，文王以之。"利艰贞"，晦其明也。内难而能正其志，箕子以之。

---

① 求：陈本、闵本、《四库》本同，青本作"有"。
② 谓：陈本、《经解》本、青本同，闵本、《四库》本作"至"。
③ 吾：原本作"五"，陈本、《经解》本、青本同，音近而误，据闵本、《四库》本改。
④ 容：原本作"令"，闵本、《四库》本同，语意不畅，据陈本、《经解》本、青本改。

《象》曰："明入地中,明夷。"君子以莅众,

王注：莅众显明,蔽伪百姓者也。故以蒙养正,以"明夷"莅众。

用晦而明。

王注：藏明于内,乃得明也。显明于外,乃所辟也。

苏传：王弼曰："显明于外,乃所辟也。"

初九,明夷于飞,垂其翼。君子于行,三日不食。有攸往,主人有言。

王注：明夷之主,在于上六。上六为至闇者也。初处卦之始,最远于难也。远难过甚,"明夷"远遁,绝迹匿形,不由轨路,故曰"明夷于飞"。怀惧而行,行不敢显,故曰"垂其翼"也。尚义而行,故曰"君子于行"也。志急于行,饥不遑食,故曰"三日不食"也。殊类过甚,以斯适人,人必疑之,故曰"有攸往,主人有言"。

《象》曰："君子于行",义不食也。

苏传：明夷之主在上六,二与五,皆其用事之地,而九三势均于其主,力足以正之。此三者,皆有责于明夷之世者也①。夫君子有责于斯世,力能救则救之,六二之"用拯"是也；力能正则正之,九三之"南狩"是也。既不能救,又不能正,则君子不敢辞其辱以私便其身,六五之箕子是也。君子居明夷之世,有责必有以塞之,无责必有以全其身而不失其正。初九、六四,无责于斯世,故近者则入腹获心于出门庭,而远者则行不及食也。"明夷"者,自夷以全其明也。将飞而举其翼,必见麋矣,故"垂其翼",所以示不飞之形也。方其未去也,"垂其翼",缓之至也；及其去也,三日不遑食,亟之至也。是何也？则惧不免也。明夷之主既已失其民矣,我有所适,所适必其敌也。去主而适敌,主且以我为谋之,故曰"主人有言"。主人,上六也。

六二,明夷夷于左股,用拯马壮,吉。

王注："夷于左股",示②行不能壮也。以柔居中,用夷其明,进不殊类,退不近难,不见疑惮,"顺以则"也,故可用拯马而壮吉也。不垂其翼,然后乃免也。

《象》曰：六二之吉,顺以则也。

王注：顺之以则,故不见疑。

苏传：爻言左右,犹言内外也。在我之上,则于我为左矣。明夷之世,坤,君也,而将废也；离,臣也,而方壮也。自离言之,坤之废,左股之伤也。六二之顺之至,故往用拯之。爱其忠而忧其不济也,故戒之曰：徒往不足拯

---

① 世：原本作"势",陈本同,涉前音近而误,据闵本、《四库》本改。
② 示：阮元十三经注疏本作"是"。

也，马壮而后吉。马所以载伤者也。

九三，明夷于南狩，得其大首，不可疾贞。

王注：处下体之上，居文明之极，上为至晦，入地之物也。故夷其明，以获南狩，得大首也。"南狩"者，发其明也。既诛其主，将正其民。民之迷也，其日固已久矣。化宜以渐，不可速正，故曰"不可疾贞"。

《象》曰：南狩之志，乃大得也。

王注：去闇主也。

苏传：六二所居，顺而不失人臣之则，故可以拯不明之君。有功而不见疑，是以吉也。至于九三，其势逼矣。虽欲拯之，而不可得。故南狩以正之。明夷始自晦也。南狩，发其明之地也。以阳用阳，戒在于速，故大首既获，则不可疾贞。

六四，入于左腹，获明夷之心，于出门庭。

王注：左者，取其顺也。入于左腹，得其心意，故虽近不危。虽时辟难，门庭而已，能不逆忤也。

《象》曰："入于左腹"，获心意也。

苏传：近不明之君，而位非用事之地，虽以逊免可也。是故入其左腹，获其心意。而君子莫之咎者，以去其门庭之速也。君子之居此，惧不免尔。既免，未有不去者。既免而不去，怀其门庭，将以有求，则吾罪大矣①。

六五，箕子之明夷，利贞。

王注：最近于晦，与难为比，险莫如兹。而在斯中，犹闇不能没，明不可息，正不忧危，故"利贞"也。

《象》曰：箕子之贞，明不可息也。

苏传：六五之于上六，正之则势不敌，救之则力不能，去之则义不可，此最难处者也。如箕子而后可。箕子之处于此，身可辱也，而明不可息者也。

上六，不明晦。初登于天，后入于地。

王注：处明夷之极，是至晦者也。本其初也，在乎光照，转至于晦，遂入于地。

《象》曰："初登于天"，照四国也。"后入于地"，失则也。

苏传：六爻皆晦也，而所以晦者不同。自五以下，明而晦者也。若上六，不明而晦者也，故曰"不明晦"，言其实晦，非有托也。明而晦者，始晦而终明；不明而晦者，强明而实晦。此其辨也。

---

① 吾：陈本作"其"。

≡≡ 离下巽上　家人，利女贞。

王注：家人之义，各自修一家之道，不能知家外他人之事也。统而论之，非元亨利君子之贞，故"利女贞"。其正在家内而已。

《彖》曰：家人，女正位乎内，

王注：谓二也。

苏传：谓二也。

男正位乎外。

王注：谓五也。家人之义，以内为本，故先说女也。

苏传：谓五也。

男女正，天地之大义也。家人有严君焉，父母之谓也。父父、子子、兄兄、弟弟、夫夫、妇妇，而家道正，正家而天下定矣。

《象》曰：风自火出，家人。

王注：由内以相成炽也。

君子以言有物，而行有恒。

王注：家人之道，修于近小而不妄也。故君子以言必有物而口无择言，行必有恒而身无择行。

苏传：火之所以盛者风也，火盛而风出焉；家之所以正者我也，家正而我与焉。

初九，闲有家，悔亡。

王注：凡教在初而法在始，家渎而后严之，志变而后治之，则"悔"矣。处家人之初，为家人之始，故宜必以"闲有家"，然后"悔亡"也。

《象》曰："闲有家"，志未变也。

苏传：家人之道，宽则伤义，猛则伤恩，然则是无适而可乎？曰："君子以言有物，而行有恒。"至矣，言之有物也，行之有恒也。虽有悍妇暴子弟，莫敢不肃然，而未尝废恩也。此所以为至也。曾子曰："君子所贵乎道者三：动容貌，斯远暴慢矣；正颜色，斯近信矣；出辞气，斯远鄙倍矣。"如是，何闲之有？初九用刚于家之始，九三用刚于家之成，是以皆有悔也。夫所以至于闲者，惟德不足故也。德既不足，而又忘闲焉，则志变矣。及其未变而闲之，故"悔亡"。

六二，无攸遂，在中馈，贞吉。

王注：居内处中，履得其位，以阴应阳，尽妇人之正，义无所必，遂职乎"中馈"，巽顺而已，是以"贞吉"也。

《象》曰：六二之吉，顺以巽也。

苏传：有中馈，无遂事，妇人之正也。

九三,家人嗃嗃,悔厉,吉。妇子嘻嘻,终吝。

王注:以阳处阳,刚严者也。处下体之极,为一家之长者也。行与其慢,宁过乎恭;家与其渎,宁过乎严。是以家人虽"嗃嗃悔厉",犹得其道。"妇子嘻嘻",乃失其节也。

《象》曰:"家人嗃嗃",未失也。"妇子嘻嘻",失家节也。

苏传:以阳居阳,过于用刚,故悔且危也。人见其悔且危也,而矫之以宽,则家败矣。故告之以斯人之终吉,戒之以失节之终吝。

六四,富家,大吉。

王注:能以其富顺而处位,故"大吉"也。若但能富其家,何足为大吉?体柔居巽,履得其位,明于家道,以近至尊,能富其家也。

《象》曰:"富家大吉",顺在位也。

苏传:《家人》有四阳二阴,而阴皆不失其位以听于阳。阳为政而阴听之,家欲不治,不可得也。富者治之极也,故六二"贞吉",其治也;六四"富家",其极也。以治极致富,则其富可久。此之谓"大吉"。

九五,王假有家,勿恤,吉。

王注:假,至也。履正而应,处尊体巽,王至斯道,以有其家者也。居于尊位,而明于家道,则下莫不化矣。父父、子子、兄兄、弟弟、夫夫、妇妇,六亲和睦交相爱乐而家道正,"正家而天下定矣"。故"王假有家",则勿恤而吉。

《象》曰:"王假有家",交相爱也。

苏传:假,至也。王至有家,则是家也大矣①,王者以天下为一家。家人之家,近而相渎;天下之家,远而相忘。知其患在于相渎也,故推严别远,以存相忘之意;知其患在于相忘也,故简易勿恤,以通相爱之情。家人四阳,惟九五有人君之德,故称其德,论天下之家焉。君臣欲其如父子,父子欲其如君臣,圣人之意也。

上九,有孚威如,终吉。

王注:处家人之终,居家道之成,"刑于寡妻",以著于外者也,故曰"有孚"。凡物以猛为本者则患在寡恩,以爱为本者则患在寡威,故家人之道尚威严也。家道可终,唯信与威。身得威敬,人亦如之。反之于身,则知施于人也。

《象》曰:威如之吉,反身之谓也。

苏传:上九之所信者三也。家人之无应者,惟三与上而已。人皆刚柔相与,而己独两刚相临,是以终身不忘畏也。畏威如疾,民之上也。故畏人

---

① 是家:《四库》本同,陈本缺,《经解》本、青本作"吉"。

者,人亦畏之;慢人者,人亦慢之,此之谓"反身"。凡言终者,其始未必然也。"妇子嘻嘻",其始可乐。"威如之吉",其始苦之。

䷥ 兑下离上　睽,小事吉。

《彖》曰:睽,火动而上,泽动而下。二女同居,其志不同行。说而丽乎明,柔进而上行,得中而应乎刚。

苏传:谓五也。

是以小事吉。

王注:事皆相违,害之道也,何由得小事吉? 以有此三德也。

苏传:有同而后有睽,同而非其情,睽之所由生也。说之丽明,柔之应刚,可谓同矣。然而不可大事者,以二女之志不同也。

天地睽而其事同也,男女睽而其志通也,万物睽而其事类也。睽之时用大矣哉!

王注:睽离之时,非小人之所能用也。

苏传:人苟惟同之知,若是必睽;人苟知睽之足以有为,若是必同。是以自其同者言之,则二女同居而志不同,故其吉也小;自其睽而同者言之,则天地睽而其事同,故其用也大。

《象》曰:上火下泽,睽。君子以同而异。

王注:同于通理,异于职事。

苏传:"同而异",晏平仲所谓和也。

初九,悔亡,丧马勿逐,自复。见恶人,无咎。

王注:处睽之初,居下体之下,无应独立,悔也。与四合志,故得"悔亡"。马者,必显之物。处物之始,乖而丧其马,物莫能同,其私必相显也,故"勿逐"而"自复"也。时方乖离,而位乎穷下,上无应可援,下无权可恃,显德自异,为恶所害,故"见恶人"乃得免咎也。

《象》曰:"见恶人",以辟咎也。

苏传:睽之不相应者,惟初与四也。初欲适四,而四拒之,悔也。四之拒我,逸马也,恶人也。四往无所适,无归之马也。马逸而无归,其势自复。马复则悔亡矣。人惟好同而恶异,是以为睽。故美者未必婉,恶者未必狠,从我而来者未必忠,拒我而逸者未必贰。以其难致而舍之,则从我者皆吾疾也,是相率而入于咎尔,故见恶人,所以辟咎也。

九二,遇主于巷,无咎。

王注:处睽失位,将无所安。然五亦失位,俱求其党,出门同趣,不期而遇,故曰"遇主于巷"也。处睽得援,虽失其位,未失道也。

《象》曰:"遇主于巷",未失道也。

苏传:主,所主也,有所适必有所主。九二之进,则主五矣。"巷"者,二、五往来相从之道也。使二决从五,则见主于其室;五决从二,则见主于其门。所以相遇于巷者,皆有疑也。何疑也?疑四之为寇也。然而犹可以无咎者,皆未失相从之道也,特未至尔。

六三,见舆曳,其牛掣,其人天且劓。无初有终。

王注:凡物近而不相得,则凶。处睽之时,履非其位,以阴居阳,以柔乘刚,志在于上,而不和于四,二应于五,则近而不相比,故"见舆曳"。"舆曳"者,履非其位,失所载也。"其牛掣"者,滞阳所在①,不获进也。"其人天且劓"者,四从上取,二从下取,而应在上九,执志不回。初虽受困,终获刚助。

《象》曰:"见舆曳",位不当也。"无初有终",遇刚也。

苏传:三非六之所宜据,譬之乘舆而非其人也。非其人而乘其器,无人则肆,有人则怍矣。故六三见上九,曳其轮而不进,掣其牛而去之。夫六三配上九,而近于九四。九四其寇也,无所应而噬之。未达于配而噬于寇,是以"天且劓"也。乘非其位,而污非其配,可以获罪矣。然上九犹脱弧而纳之,上九则大矣。有是大者容之,故"无初有终"。

九四,睽孤,遇元夫,交孚。厉无咎。

王注:无应独处,五自应二,三与己睽,故曰"睽孤"也。初亦无应特立。处睽之时,俱在独立,同处体下,同志者也。而已失位,比于三五,皆与己乖,处无所安,故求其畴类而自托焉,故曰"遇元夫"也。同志相得而无疑焉,故曰"交孚"也。虽在乖隔,志故得行,故虽危无咎。

《象》曰:交孚无咎,志行也。

苏传:睽之世,阳惟升,阴惟降。九二升而遇五,故为遇主;九四升而无所遇,故为睽孤。元夫,初九也。夫两穷而后相遇者,不约而交相信,是以虽危而无咎也。

六五,悔亡。厥宗噬肤,往何咎?

王注:非位,悔也,有应故亡。"厥宗",谓二也。"噬肤"者,啮柔也。三虽比二,二之所噬,非防己应者也。以斯而往,何咎之有?往必合也。

《象》曰:"厥宗噬肤",往有庆也。

苏传:六五之配九二也,九二之宗九四也,"二与四同功",故亦曰"宗"。肤,六三也。自五言,二之宗,故曰"厥宗"。六五之所以疑而不适二者,疑四之为寇也。故告之曰:四已噬三矣。夫既已噬三,则不暇寇我。我往从二,

———————

① 阳:阮元十三经注疏本作"隔"。

何咎之有？

上九，睽孤，见豕负涂，载鬼一车。先张之弧，后说之弧。匪寇婚媾，往遇雨则吉。

王注：处睽之极，睽道未通，故曰"睽孤"。已居炎极，三处泽盛，睽之极也。以文明之极，而观至秽之物，"睽"之甚也。豕而负涂，秽莫过焉。至"睽"将合，至殊将通，恢诡谲怪，道将为一。未至于洽，先见殊怪，故"见豕负涂"，甚可秽也。见鬼盈车，吁可怪也。"先张之弧"，将攻害也。"后说之弧"，睽怪通也。四剠其应，故为寇也。"睽"志将通，"匪寇婚媾"，往不失时，睽疑亡也。贵于遇雨，和阴阳也。阴阳既和，"群疑亡"也。

《象》曰：遇雨之吉，群疑亡也。

苏传：上九之所见者六三也。污非其配，负涂之豕也；载非其人，载鬼之车也，是以张弧而待之。既而察之曰：是其所居者不得已，非与寇为媾者也，是以说弧而纳之。阴阳和而雨也。天下所以睽而不合者，以我求之详也。夫苟求之详，则孰为不可疑者？今六三之罪，犹且释之。群疑之亡也，不亦宜哉？

艮下坎上　蹇，利西南，不利东北。

王注：西南，地也，东北，山也。以难之平则难解，以难之山则道穷。

利见大人，

王注：往则济也。

贞吉。

王注：爻皆当位，各履其正，居难履正，正邦之道也。正道未否，难由正济，故"贞吉"也。遇难失正，吉可得乎？

《象》曰：蹇，难也，险在前也。见险而能止，知矣哉！"蹇利西南"，往得中也。"不利东北"，其道穷也。

苏传：艮，东北也。坎，北也。难在东北，则西南者无难之地也。君子将有意乎犯难以靖人，必先靖其身，是故立于无难之地，以观难之所在，势之可否。见可而后赴之，是以往则得中也。难之所在，我亦在焉，则求人之不暇，其道穷矣。然此非为大人者言也。初六、九三、六四、上六，皆因其势之远近、时之可否，以断其往来之吉凶。故西南之利，东北之不利，为是四者言也。若九五之大人则不然。

"利见大人"，往有功也。当位贞吉，以正邦也。

苏传：当位而正，五也，五之谓"大人"。"大人"者，不择其地而安，是以立于险中而能正邦也。是岂恶东北而乐西南者哉？得见斯人而与之往，其有功无疑也。上六当之。

蹇之时用大矣哉!

王注:蹇难之时,非小人之所能用也。

《象》曰:山上有水,蹇。

王注:山上有水,蹇难之象。

君子以反身修德。

王注:除难莫若反身修德。

初六,往蹇来誉。

王注:处难之始,居止之初,独见前识,睹险而止,以待其时,知矣哉!故往则遇蹇,来则得誉。

《象》曰:"往蹇来誉",宜待也。

苏传:九五以大蹇为朋来之主,以中正为往来之节。未及于五,难未艾也,犯之有咎;过五以上,难衰而可乘矣。故"上六往蹇来硕",而六四以下,皆以往蹇为病,而其来有先后之差焉。见难而往,难不可犯;穷而后反,人不以穷而后反者为有让,以其不得已也。惟初六涉难未深而遽反,不待其穷,是以有誉也。

六二,王臣蹇蹇,匪躬之故。

王注:处难之时,履当其位,居不失中,以应于五。不以五在难中,私身远害,执心不回,志匡王室者也。故曰:"王臣蹇蹇,匪躬之故。"履中行义,以存其上,处蹇以此,未见其尤也。

《象》曰:"王臣蹇蹇",终无尤也。

苏传:初六、九三、六四、上六,彼四者或远或近,皆视其势之可否以为往来之节。独六二有应于五,君臣之义深矣。是以不计远近,不虑可否,无往无来,蹇蹇而已。君子不以为不智者,以其非身之故也。

九三,往蹇来反。

王注:进则入险,来则得位,故曰"往蹇来反"。为下卦之主,是内之所恃也。

《象》曰:"往蹇来反",内喜之也。

六四,往蹇来连。

王注:往则无应,来则乘刚,往来皆难,故曰"往蹇来连"。得位履正,当其本实,虽遇于难,非妄所招也。

《象》曰:"往蹇来连",当位实也。

苏传:夫势不可往者,非徒往而无获,亦将来而失其故也。何则?险难在前,不虑可否,而轻以身赴之,苟前不得进,则必有议吾后者矣。"九三往蹇",而其来也,得反其位,则内喜之也。内之二阴,不能自立于险难之际,待我而为捍蔽,是故完位以复我,我之所以得反者幸也。至于六四,则九三蹶而袭之矣。外难未夷,而归遇难,故曰"往蹇来连"。连者,难之相仍也,实阳也。九三以阳居阳,其有乘虚而不敢者乎? 故曰:"当位实也。"

九五,大蹇,朋来。

王注:处难之时,独在险中,难之大者也,故曰"大蹇"。然居不失正,履不失中,执德之长,不改其节,如此则同志者集而至矣,故曰"朋来"也。

《象》曰:"大蹇朋来",以中节也。

苏传:险中者人之所避也,而己独安焉,此必有以任天下之大难也。是以正位不动,无往无来,使天下之济难者,朋来而取节焉。谓之大人,不亦宜乎!

上六,往蹇来硕,吉。利见大人。

王注:往则长难,来则难终,难终则众难皆济,志大得矣,故曰"往蹇来硕吉"。险夷难解,大道可兴,故曰"利见大人"也。

《象》曰:"往蹇来硕",志在内也。

王注:有应在内,往之则失。来则志获,"志在内也"。

"利见大人",以从贵也。

苏传:六爻可以往者惟是也,故独享其利。天下有大难,彼三人者皆不能济,而我济之。既济而天下不吾宗者,未之有也,故曰"往蹇来硕"。"利见大人"者,明上六之有功,由九五为之节也。"内"与"贵",皆五之谓也。

☳坎下震上　解,利西南。

王注:西南,众也。解难济险,利施于众也。亦不困于东北①,故不言不利东北也。

无所往,其来复吉。有攸往,夙吉。

王注:未有善于解难而迷于处安也。解之为义,解难而济厄者也。无难可往,以解来复则不失中。有难而往,则以速为吉也,无难则能复其中,有难则能济其厄也。

《彖》曰:"解",险以动,动而免乎险,解。

王注:动乎险外,故谓之"免"。免险则解,故谓之"解"。

"解,利西南",往得众也。"其来复吉",乃得中也。"有攸往,夙吉",往有功也。

苏传:所以为解者,震也,坎也。震,东也。坎,北也。解者在此,所解

---

① 亦:阮元十三经注疏本作"遇难"。

在彼。东北解者之所在,则西南所解之地也。在难而思解,处安而恶扰者,物之情也。方其在难,我往则得众,故"利西南"。及其无难,我往则害物,故"来复吉"。"复"者复东北也。东北有时而当复,是以不言其不利也。来复之为吉者,夙所往之时也①。苟有攸往,非夙不可。有攸往而不夙,则难深而不可解矣。

天地解而雷雨作,雷雨作而百果草木皆甲坼②。

王注:天地否结则雷雨不作,交通感散,雷雨乃作也。雷雨之作,则险厄者亨,否结者散,故"百果草木皆甲坼"也。

解之时大矣哉!

王注:无所而不释也③。难解之时,非治难时,故不言用。体尽于解之名,无有幽隐,故不曰义。

《象》曰:雷雨作,解。君子以赦过宥罪。

初六,无咎。

王注:"解"者,解也。屯难盘结,于是乎解也。处塞难始解之初,在刚柔始散之际,将赦罪厄,以夷其险。处此之时,不烦于位而"无咎"也。

《象》曰:刚柔之际,义无咎也。

王注:或有过咎,非其理也。"义"犹理也。

苏传:《解》有二阳,九二有应于六五,而九四有应于初六,各得其正而分定矣。惟六三者,无应而处于二阳之间,兼与二阳,而解始有争矣。故解之所疾者,莫如六三也。六三欲以其不正乱人之正,故初与五皆其所疑而咎之。以其疑而咎之也,故特明其无咎,曰此与九四刚柔之际也,于义无咎。

九二,田获三狐,得黄矢,贞吉。

王注:狐者,隐伏之物也。刚中而应,为五所任,处于险中,知险之情,以斯解物,能获隐伏也,故曰:"田获三狐"也。黄,理中之称也。矢,直也。田而获三狐,得乎理中之道,不失枉直之实,能全其正者也,故曰"田获三狐,得黄矢,贞吉"也。

《象》曰:九二贞吉,得中道也。

苏传:九二之所当得者,六五也。近而可取者,初六、六三也。此之谓

---

① 夙:原本作"九",《经解》本、青本同,陈本无,据闵本、《四库》本改。
② 甲坼:原本作"甲拆",按当作"甲坼"。阮刻《十三经注疏》本经文作"甲坼",《校勘记》:"《石经》、岳本作'坼',是也。下注及《正义》一同。闽、监本作'拆',非。宋本《注疏》皆作'甲坼'。经文'坼'字不明,当作'坼'。"《释文》:"马、陆本'宅'。"据阮氏所说,宋本《注疏》作"甲坼",则苏轼所据即王弼本,原文当亦作"甲坼"。今作"甲拆"者,当为后人刊刻时所改。今正。
③ 所:阮元十三经注疏本作"坼"。

"三狐"。"三狐"皆可取,而以得六五为贞吉也。此之谓"黄矢"。"黄",中也。"矢",直也,直其所当得也。是以六五为黄矢。释其所不当得之三狐,而取其所当得之一矢,息争之道也。

六三,负且乘,致寇至,贞吝。

王注:处非其位,履非其正,以附于四,用夫柔邪以自媚者也。乘二负四,以容其身。寇之来也,自己所致,虽幸而免,正之所贱也。

《象》曰:"负且乘",亦可丑也。自我致戎,又谁咎也?

苏传:三于四为"负",于二为"乘"。乘而不负,若负而不乘,犹可以免于寇。寇之所伐者,负且乘也。夫三苟与四而不与二,则四不伐;与二而不与四,则二不攻。所以致寇者,由兼与也。二与四皆非其配,虽贞于一,犹吝也,而况兼与乎?丑之甚也。

九四,解而拇,朋至斯孚。

王注:失位不正,而比于三,故三得附之为其拇也。三为之拇,则失初之应,故"解其拇",然后朋至而信矣。

《象》曰:"解而拇",未当位也。

苏传:拇,六三。朋,九二也。三来附己,解而不取,则二信之。"未当位"者,明势不可以争也。

六五,君子维有解,吉。有孚于小人。

王注:居尊履中而应乎刚,可以有解而获吉矣。以君子之道解难释险,小人虽闇,犹知服之而无怨矣。故曰"有孚于小人"也。

《象》曰:君子有解,小人退也。

苏传:六五,九二之配也,而近于四。六三欲附于二与四,故疑而疾之。夫以六五之中直,岂与六三争所附者哉?而六三以小人之意,度君子之心,故六五"维有解,吉"。"维有解"者①,无所不解之谓也。近则解四,远则解二,是以六三释然而退也。

上六,公用射隼于高墉之上,获之,无不利。

王注:初为四应,二为五应,三不应上,失位负乘,处下体之上,故曰"高墉"。墉非隼之所处,高非三之所履,上六居动之上,为解之极,将解荒悖而除秽乱者也。故用射之,极而后动,成而后举,故必"获之",而"无不利"也。

《象》曰:"公用射隼",以解悖也。

苏传:"隼"者,六三也。"墉"者,二阳之间也。"悖"者,争也。二阳之所以争而不已者,以六三之不去也。孰能去之?将使二与四乎?二与四固

---

① 者:闵本、《四库》本同,陈本、青本作"吉"。

欲得之。将使初与五乎？则初与五，二阳之配，三之所疑也。夫欲毙所争而解交斗，惟不涉党者能之。故高墉之隼，惟上六为能射而获也。隼获争解，二与四无不利者。

☲兑下艮上　损，有孚，元吉，无咎，可贞，利有攸往。曷之用？二簋可用享。

《彖》曰："损"，损下益上，其道上行。

王注：艮为阳，兑为阴。凡阴顺于阳者也。阳止于上，阴说而顺，损下益上，上行之义也。

苏传：自阳为阴谓之"损"，自阴为阳谓之"益"。兑本乾也，受坤之施而为兑，则损下也；艮本坤也，受乾之施而为艮，则益上也。惟益亦然。则损未尝不益，益未尝不损。然其为名，则取一而已。何也？曰：君子务知远者大者。损下以自益，君子以为自损；自损以益下，君子以为自益也。

损而有孚，元吉，无咎。

苏传：损下而下信之，必有道矣。孟子曰："以佚道使民，虽劳不怨；以生道杀民，虽死不怨杀者。"使民知所以损我者，凡以益我也，则信之矣。损者下之所患也，然且不顾而为之，则其利必有以轻其所患者矣。利不足以轻其所患，益不足以偿其所损，则损且有咎。是故可以无咎者，惟元吉也。上之所以损我者，岂徒然哉？盖吉之元者也。如此而后无咎。

"可贞，利有攸往。

王注：损之为道，"损下益上"，损刚益柔也。损下益上，非补不足也。损刚益柔，非长君子之道也。为损而可以获吉，其唯有孚乎？"损而有孚"，则"元吉"，"无咎"而可正，"利有攸往"矣。"损刚益柔"，不以消刚。"损下益上"，不以盈上，损刚而不为邪，益上而不为谄，则何咎而可正？虽不能拯济大难，以斯有往，物无距也。

曷之用？

王注：曷，辞也。"曷之用"，言何用丰为也。

二簋可用享"，

王注：二簋，质薄之器也。行损以信，虽二簋而可用享。

二簋应有时。

王注：至约之道，不可常也。

损刚益柔有时，

王注：下不敢刚，贵于上行，"损刚益柔"之谓也。刚为德长，损之不可以为常也。

损益盈虚，与时偕行。

王注：自然之质，各定其分，短者不为不足，长者不为有余，损益将何加焉？非道之常，故必"与时偕行"也。

苏传："有孚，元吉，无咎"，为上卦言也。"可贞，利有攸往。曷之用？二簋可用享"，为下卦言也。"损下益上，其道上行"，然而下不可以无贞也。以损之道为上行，而举不可贞，则过矣。故损有可贞之道，九二是也。皆贞而不往，则无上；皆往而不贞，则无下。故"可贞，利有攸往"。有"往"者，有"贞"者，故曰"曷之用"。"曷之"者择之也。二簋，兑之二阳也。兑本乾也，而六三以身徇上，故自阳而变为阴。初九、九二，意则向之，而身不徇，故自如而不变也。祭祀之设簋也，亦以其意而已，我岂予之？神岂取之哉？君子之益人也，盖亦有无以予之，而人不胜其益者也。然此二阳，皆有应于上者也。初九"遄往"，而九二"征凶"，故曰"二簋应有时"，言虽应而往有时也。

《象》曰：山下有泽，损。

王注：山下有泽，损之象也。

君子以惩忿窒欲。

王注：可损之善，莫善忿欲也。

初九，已事遄往，无咎。酌损之。

王注：损之为道，"损下益上"，损刚益柔，以应其时者也。居于下极，损刚奉柔，则不可以逸。处损之始，则不可以盈，事已则往，不敢宴安，乃获"无咎"也。刚以奉柔，虽免乎咎，犹未亲也。故既获无咎，复自"酌损"，乃得"合志"也。遄，速也。

《象》曰："已事遄往"，尚合志也。

王注：尚合于志，欲速往也。

苏传：《象》曰"损益盈虚，与时偕行"，则损、益视盈虚以为节者也。初九阳之未损，则方盈也。六四阴之未益，则犹虚也。下方盈而上犹虚，则其往也不可后矣。故我虽有事，当且已之而遄往也。其往也自我，则损之多少，我得酌之。若盘桓不进，迫于上之势而后往，则虽欲酌之，不可得矣，其损必多。故势不可以不损者，惟遄往可以无咎。

九二，利贞，征凶，弗损益之。

王注：柔不可全益，刚不可全削，下不可以无正。初九已损刚以顺柔，九二履中，而复损已以益柔，则剥道成焉，故不可遄往而"利贞"也。进之乎柔①，则凶矣，故曰"征凶"也。故九二不损而务益，以中为志也。

---

① 乎：阮元十三经注疏本作"于"。

《象》曰："九二利贞",中以为志也。

苏传:初九已损矣,六四已益矣,九二之于六五,不可复往,故"利贞,征凶"。其迹不往,其心往也,故"弗损益之",言九二以无损于己者益六五也。兑之三爻,未有不以益上为志者。初九迹与心合,故曰"尚合志也"。九二则其心向之而已,故曰"中以为志也"。夫以损己者益人,则其益止于所损;以无损于己者益人①,则其益无方。故损之六三,益之六四,皆以损己者益人;而损之九二,益之九五,皆以无损于己者益人。以其无损于己,故受其益者,皆获十朋之龟也。

六三,三人行则损一人,一人行则得其友。

王注:损之为道,"损下益上,其道上行"。三人,谓自六三已上三阴也。三阴并行,以承于上,则上失其友,内无其主,名之曰"益",其实乃"损"。故天地相应,乃得化淳②;男女匹配,乃得化生。阴阳不对,生可得乎? 故六三独行,乃得其友。三阴俱行,则必疑也。

《象》曰:一人行,三则疑也。

苏传:兑之三爻,皆以益上为志,故曰"三人行"。卒之损己以益上者,六三而已,故曰"损一人",且曰"一人行也"。友,九二也。六三以身徇上,使九二得以不征,此九二之所深德也,故曰"一人行,则得其友"。以心言之,则三人皆行;以迹言之,则一人而已。君子之事上也,心同而迹异,故上不疑。苟三人皆行,则上且以我为有求而来,进退之义轻矣。

六四,损其疾,使遄有喜,无咎。

王注:履得其位,以柔纳刚,能损其疾也。疾何可久? 故速乃有喜。损疾以离其咎,有喜乃免,故使速乃有喜,有喜乃"无咎"也。

《象》曰:"损其疾",亦可喜也。

苏传:"遄"者,初九也。下之所损者有限,而上之求益者无已,此下之所病也。我去是病,则夫遄者喜我矣。自初言之,"已事遄往",则四之求我也寡,故"酌损之";自四言之,"损其疾",则初之从我也易,故"遄有喜"。

六五,或益之十朋之龟,弗克违,元吉。

王注:以柔居尊而为损道,江海处下,百谷归之,履尊以损,则或益之矣。朋,党也。龟者,决疑之物也。阴非先唱,柔非自任,尊以自居,损以守之。故人用其力,事竭其功③。知者虑能,明者虑策,弗能违也,则众才之用

---

① 以无损于己者益人:原作"以无益损于己者益人",据《四库》本改。
② 淳:阮元十三经注疏本作"醇"。
③ 竭:阮元十三经注疏本作"顺"。

尽矣，获益而得"十朋之龟"，足以尽天人之助也。

《象》曰：六五元吉，自上祐也。

苏传：六五者，受益之中主①，而非受益之地也。以受益之主，而不居受益之地，不求益者也。不求益而物自益之，故曰"或"。"或"者，我不知其所从来之辞也。"十朋之龟"，则九二弗损之益也。龟之益人也，岂有以予人？而人亦岂有所取之？我亦效其智而已。六五之于九二，无求也，"自上祐"之。而二自效其智，虽欲避之，而不可。以其不可以避，知其非求也，故"元吉"。

上九，弗损益之，无咎，贞吉。利有攸往，得臣无家。

王注：处损之终，上无所奉，损终反益。刚德不损，乃反益之，而不忧于咎。用正而吉，不制于柔，刚德遂长，故曰"弗损，益之，无咎，贞吉，利有攸往"也。居上乘柔，处损之极，尚夫刚德，为物所归，故曰"得臣"。得臣则天下为一，故"无家"也。

《象》曰："弗损益之"，大得志也。

苏传：上九者受益之地，不可以有损。而六三之德，不可以无报也。故以无损于己者益之，则大得其志矣。六三忘家而徇义，我受其莫大之益。苟安居而无所往，则是以其益厚己而已。故"利有攸往"，然后有以受之而无愧也。

䷩ 震下巽上　益，利有攸往，利涉大川。

《彖》曰："益，损上益下"，民说无疆。

王注：震，阳也。巽，阴也。巽非违震者也。处上而巽，不违于下，"损上益下"之谓也。

自上下下，其道大光。"利有攸往"，中正有庆。

王注：五处中正，"自上下下"，故"有庆"也。以中正有庆之德，有攸往也，何适而不利哉！

"利涉大川"，木道乃行。

王注：木者，以涉大川为常而不溺者也。以益涉难，同乎"木"也。

苏传：六四自损以益下，巽之致用，未有如益者也，故曰"木道乃行"。涉川者，用木之道也。

益动而巽，日进无疆。天施地生，其益无方。

王注：损上益下。

---

① 中主：陈本、《经解》本、青本同，闽本、《四库》本作"主"。

苏传：天施，乾为巽也。地生，坤为震也。

凡益之道，与时偕行。

王注：益之为用，施未足也。满而益之，害之道也。故"凡益之道，与时偕行"也。

苏传：君子之视民，与己一也。益者要有所损尔，故时然后行。

《象》曰：风雷，益。君子以见善则迁，有过则改。

王注：迁善改过，益莫大焉。

苏传："惩忿窒欲"，则上之为损也少。改过迁善，则下之蒙益也多矣。

初九，利用为大作，元吉，无咎。

王注：处益之初，居动之始。体夫刚德，以莅其事而之乎巽，以斯大作，必获大功。夫居下非"厚事"之地，在卑非任重之处，大作非小功所济，故"元吉"，乃得"无咎"也。

《象》曰："元吉无咎"，下不厚事也。

王注：时可以大作，而下不可以厚事，得其时而无其处，故"元吉"，乃得"无咎"也。

苏传：《益》之下，《损》之上也，故知《损》则知《益》矣。逆而观之，《益》之初九，则《损》之上九也。自初已上，无不然者。惟其上下、内外不同，故其迹不能无少异。若所以益初之情，处事之宜，则损、益一也①。《损》之上九，《益》之初九，皆正受益者也。彼之所以自损而专以益我者，岂以利我哉？将以厚责我也，我必有以塞之。故上九"利有攸往"，而初九"利用为大作"。上之有为也，其势易，有功则其利倍，有罪则其责薄。故损之上九，仅能无咎而已，正且吉矣。下之有为也，其势难，有功则利归于上，有罪则先受其责。故益之初九，至于元吉然后无咎。何则？其所居者，非厚事之地也。

六二，或益之十朋之龟，弗克违，永贞吉。王用享于帝，吉。

王注：以柔居中，而得其位。处内履中，居益以冲。益自外来，不召自至，不先不为②，则朋龟献策，同于损卦六五之位，位不当尊故吉在"永贞"也。帝者，生物之主，兴益之宗，出震而齐巽者也。六二居益之中，体柔当位，而应于巽，享帝之美，在此时也。

《象》曰："或益之"，自外来也。

苏传：《益》之六二，则《损》之六五也。六五所获之龟，则九二弗损之益

---

① "若所以"至"一也"，陈本无。益初：《经解》本、青本同，闽本作"尽物"，《四库》本作"尽初"。
② 为：阮元十三经注疏本作"违"。

也;六二所获之龟,则九五惠心之益也。是受益者,臣也则以永贞于五为吉,王也则以享帝为吉①,皆受益而不忘报者也。

六三,益之用凶事,无咎。有孚中行,告公用圭。

王注:以阴居阳,求益者也。故曰"益之"。益不外来,已自为之,物所不与,故在谦则戮,救凶则免。以阴居阳,处下卦之上,壮之甚也。用救衰危,物所恃也,故"用凶事",乃得"无咎"也。若能益不为私,志在救难,壮不至亢,不失中行,以此告公,国主所任也;用圭之礼,备此道矣,故曰"有孚,中行,告公用圭"也。公者,臣之极也。凡事足以施天下,则称王,次天下之大者,则称公。六三之才,不足以告王,足以告公,而得用圭也。故曰"中行告公用圭"也。

《象》曰:益用凶事,固有之也。

王注:用施凶事,乃得固有之也。

苏传:《益》之六三,则《损》之六四也。"或益之"者,人益我也。"益之"者,我益人也。六四之于初九,"损其疾"以益之;六三之于上九,"用凶事"以益之,其实一也。君子之遇凶也,恶衣粝食,致觳以自贬。上九虽吾应,然使其自损以益我,彼所不乐也。故六三致觳以自贬,然后能固而有之。彼以我为得其益而不以自厚也,则信我而来矣,故曰"有孚中行"。《益》以六二为主,则初与三皆得为公。告者有以语之,益之也。礼之用圭也,卒事则反之,故圭非所以为贿,所以致信也。上九之益六三,以信而已,非有以予之。而六三亦享其信而无所取也,则上九乐益之矣。

六四,中行,告公从,利用为依迁国。

王注:居益之时,处巽之始,体柔当位,在上应下。卑不穷下,高不处亢,位虽不中,用"中行"者也。以斯告公,何有不从?以斯"依迁",谁有不纳也?

《象》曰:"告公从",以益志也。

王注:志得益也。

苏传:《益》之六四,则《损》之六三也。皆以身为益者也。"六四中行",而《益》初九岂特如上九用圭而已哉?非徒告之,乃以身从之。夫能损身以徇人者,此以益为志也。初九本阴也,六四本阳也,而相易也,故初九为"迁国"也。六四自损,而初受其益。初九之迁,六四资之,故初九"利用",依我而迁也。

九五,有孚惠心,勿问元吉。有孚,惠我德。

王注:得位履尊,为益之主者也。为益之大,莫大于信。为惠之大,莫

---

① 王也则:原本脱"则",青本同,据闵本、《四库》本补。陈本、《经解》本作"主也"。

大于心。因民所利而利之焉,惠而不费,惠心者也。信以惠心,尽物之愿,固不待问而"元吉有孚惠我德"也。以诚惠物,物亦应之,故曰"有孚惠我德"也。

苏传:《益》之九五,则《损》之九二也。惠之以心,则惠而不费。九二益之以弗损之益,而九五惠之以不费之惠,其实一也。夫不费之惠,其有择哉?故"勿问元吉"。我惟信二也,故二信我;我惟德二也,故二德我。"有孚,惠我德",永贞之报也。

《象》曰:"有孚惠心",勿问之矣。"惠我德",大得志也。

苏传:大得六二之志也。

上九,莫益之,或击之。立心勿恒,凶。

王注:处益之极,过盈者也。求益无已,心无恒者也。无厌之求,人弗与也。独唱莫和,是"偏辞也"。人道恶盈,怨者非一,故曰"或击之"也。

《象》曰:"莫益之",偏辞也。"或击之",自外来也。

苏传:《益》之上九,则《损》之初九也。二者皆不乐为益者也,故"损其疾""用凶事",而后能致之。初九在下,势不得已,故"已事遄往"。而上九则益不益在我者也。且损上益下,君子之所乐,而小人之所戚也。故至于上九,特以"莫益""勿恒"之凶戒之。"莫益之"者,非无以益,我固曰"莫益";"勿恒"者,非不可恒,我固曰"勿恒"。莫与勿者,我之偏见不广之辞也。众莫不益下,所谓恒也①。我特立是心而勿恒之,凶其宜矣。上者独高之位,下之所疾也。而莫吾敢击者,畏吾与也。莫益则无与矣。孔子曰:"无交而求,则民不与。"莫之与,则伤之者至矣,故或击之。上九之致击,如六二之致益,徒有是心②,而物自有以应之,故皆曰"或","或"者③,物自外来而吾不知也。

---

① 恒:陈本、《经解》本作"何"。
② 心:闵本无。
③ "而物自"至"或者",闵本作"害而不虞致害之故,皆曰或者"。物:《四库》本同,陈本、《经解》本、青本作"无"。

《周易》卷五

☱☰ 乾下兑上　　夬，扬于王庭，孚号有厉。告自邑，不利即戎，利有攸往。

王注：夬与剥反者也。剥以柔变刚，至于刚几尽。夬以刚决柔，如剥之消刚。刚陨则君子道消，柔消则小人道陨。君子道消，则刚正之德不可得直道而用，刑罚之威不可得坦然而行。"扬于王庭"，其道公也。

《彖》曰：夬，决也，刚决柔也。健而说，决而和。

王注："健而说"，则"决而和"矣。

"扬于王庭"，柔乘五刚也。

王注：刚德齐长，一柔为逆，众所同诛，而无忌者也。故可"扬于王庭"。

"孚号有厉"，其危乃光也。

王注：刚正明信以宣其令，则柔邪者危，故曰"其危乃光也"。

苏传：五阳而一阴，阴至寡弱，而皆重于决者，以其得所附也。上六之所乘者，九五之刚，所谓"王"也。欲决上六，必暴扬之于王之庭。此其势有不便者，故五阳虽相信，而不忘警，以为有危道焉。"号"者所以警也，在强而知危，所以"光"也。

"告自邑，不利即戎"，所尚乃穷也。

王注：以刚断制，告令可也。"告自邑"，谓行令于邑也。用刚即戎，尚力取胜也。尚力取胜，物所同疾也。

苏传："邑"者民之所在也。与小人处，必先附其民。彼无民将无与立。戎，上六也。五阳之强，足以即之有余，然而不即也，此所以不穷也。自以为不足，虽弱有余；自以为足，虽强有所止矣。故其所尚，乃所以穷也。

"利有攸往"，刚长乃终也。

王注：刚德愈长，柔邪愈消，故"利有攸往"，道乃成也。

苏传：阳盈则忧溢，溢则忧覆，故"利有攸往"。往则有所施用，所以求不盈也。

《象》曰：泽上于天，夬。君子以施禄及下，居德则忌。

王注："泽上于天，夬之象也。""泽上于天"，必来下润，"施禄及下"之义也。《夬》者，明法而决断之象也。忌，禁也①。法明断严，不可以慢，故"居德"以明禁也。施而能严，严而能施，健而能说，决而能和，美之道也。

苏传：君子之于禄利，欲其在人；德业，欲其在己。孔子曰："修辞立其诚，所以居业也。""泽上于天"，其势不居，故君子以施禄，不以居德。

初九，壮于前趾，往不胜为咎。

王注：居健之初，为决之始，宜审其策，以行其事。壮其前趾，往而不胜，宜其咎也。

《象》曰：不胜而往，咎也。

王注：不胜之理，在往前也。

苏传：大壮之长则为夬，故《夬》之初九，与《大壮》之初九无异也。《大壮》之初九曰"壮于趾"，而《夬》之初九曰"壮于前趾"，二者皆有羊之象，见于其所施壮之爻，是以知其无异也。曰"前"者，通大壮之辞也。必通大壮而为辞者，明其所壮同，而所遇异也。《大壮》之初九，施壮于震。震，吾朋也。触而遇其朋，是以决藩而遂之，因以为用。《夬》之初九，施壮于兑。兑，非吾朋也。苟不能胜，则往见掣矣，岂复决藩而遂我哉？君子之动，见胜而后往，故胜在往前。不能必胜而往，宜其为咎也。

九二，惕号，莫夜有戎，勿恤。

王注：居健履中，以斯决事，能审已度而不疑者也。故虽有惕惧号呼，莫夜有戎，不忧不惑，故"勿恤"也。

《象》曰："有戎勿恤"，得中道也。

苏传：戎，上六也。"惕号莫夜"，警也。"有戎勿恤"，静也。能静而不忘警，能警而不用，得中道矣。与《大壮》九二"贞吉"同，故皆称其"得中"。

九三，壮于頄，有凶。君子夬夬，独行遇雨，若濡有愠，无咎。

王注：頄，面权也，谓上六也。最处体上，故曰"权"也。剥之六三，以应阳为善。夫刚长则君子道兴，阴盛则小人道长。然则处阴长而助阳则善，处刚长而助柔则凶矣。夬为刚长，而三独应上六，助于小人，是以凶也。君子处之，必能弃夫情累，决之不疑，故曰"夬夬"也。若不与众阳为群，而独行殊志，应于小人，则受其困焉。"遇雨若濡"，有恨而无所咎也。

《象》曰："君子夬夬"，终无咎也。

---

① 禁：阮元十三经注疏本作"止"。

苏传：上六为臀①，故九三为顑。与小人处而壮见于面颜，有凶之道矣。《易》凡称其尤者申言之，"乾乾""谦谦""蹇蹇"之类是也。九三之所以见壮于面颜者，避私其配之嫌也。故告之以不然，曰：九三之君子，以阳居阳，夬之尤者也，何嫌于私其配也哉？苟舍其朋而独行，以答其配，使上六之阴，和洽而为雨，以至于濡，虽有不知我心而愠者，然终必无咎。

九四，臀无肤，其行次且。牵羊悔亡，闻言不信。

王注：下刚而进②，非己所据，必见侵食③，失其所安，故"臀无肤，其行次且"也。羊者，抵很难移之物④，谓五也。五为夬主，非下所侵。若牵于五，则可得"悔亡"而已。刚亢不能纳言，自任所处，闻言不信以斯而行，凶可知矣。

《象》曰："其行次且"，位不当也。"闻言不信"，聪不明也。

王注：同于噬嗑灭耳之"凶"。

苏传：上六，九四之所谓"臀"也。《困》之六三"据于蒺藜"，故初六之臀"困于株木"。《夬》之上六见夬，故九四之"臀无肤"，皆谓其同体之末者为臀也。与众阳处而同体者见决，故"其行次且"而不安也。"羊"者初九也。初九之"触"，则我之"悔"也，而能牵之，故"悔亡"。虽能"悔亡"，而"聪不明"矣。孰与《大壮》九四，既悔亡而得壮輹哉？夫君子惟能释怨而收士，故为之聪明者众，《大壮》之九四是也。今初九触我，我牵而縻之莫肯释，则惧者众矣。虽其左右前后，将无不可疑，故"闻言不信"。

九五，苋陆夬夬，中行无咎。

王注：苋陆，草之柔脆者也。决之至易，故曰"夬夬"也。夬之为义，以刚决柔，以君子除小人者也。而五处尊位，最比小人，躬自决者也。以至尊而敌至贱，虽其克胜，未足多也。处中而行，足以免咎而已，未足光也。

《象》曰："中行无咎"，中未光也。

苏传：上六之不足夬，苋如陆也⑤。九五以阳居阳，夬之尤者也。于所不足夬，用夬之尤，虽中而未光，故"中行无咎"。"中行"者，反与四阳处而释上六也。此与上六为同体者，与九四均尔。然不至于"次且"者，以其刚之全也。刚之全者，则不戚其同体之伤矣。故九四之象，以为位不当也。

上六，无号，终有凶。

王注：处夬之极，小人在上，君子道长，众所共弃，故非号咷所能延也。

---

① 上六为臀：《经解》本、闵本、青本同，《四库》本作"初九为趾"。
② 下：阮元十三经注疏本作"不"。
③ 食：阮元十三经注疏本作"伤"。
④ 很：阮元十三经注疏本作"狠"。
⑤ 苋如：陈本、《经解》本、青本同，闵本、《四库》本作"如苋"。

《象》曰：无号之凶，终不可长也。

苏传："无号"者不警也。阳不吾警，则吾或有以乘之矣。然终亦必凶。

☰巽下乾上　　姤，女壮，勿用取女。

《彖》曰："姤"，遇也，柔遇刚也。

王注：施之于人，即女遇男也。一女而遇五男，为壮至甚，故不可取也。

"勿用取女"，不可与长也。

苏传："姤"者，所遇而合，无适意之谓也①。故其女不可与长。

天地相遇，品物咸章也。

王注：匹乃功成也②。

苏传：姤者乾之末，坤之始也，故曰"天地相遇"。以四时言之，则建午之月，"品物咸章"之际也。《易》曰："万物相见乎离。"

刚遇中正，天下大行也。

王注：化乃大行也。

姤之时义大矣哉！

王注：凡言义者，不尽于所见，中有意谓者也。

苏传："刚"者，二也。"中正"者，五也。阴之长，自九二之亡而后为遯，始无臣也；自九五之亡而后为剥，始无君也。姤之世，上有君，下有臣，君子欲有为，无所不可，故曰"刚遇中正，天下大行也"。

《象》曰：天下有风，姤。后以施命诰四方。

初六，系于金柅，贞吉。有攸往，见凶。羸豕孚蹢躅。

王注：金者，坚刚之物。柅者，制动之主，谓九四也。初六处遇之始，以一柔而承五刚，体夫躁质，得遇而通，散而无主，自纵者也。柔之为物，不可以不牵。臣妾之道，不可以不贞，故必系于正应，乃得"贞吉"也。若不牵于一，而有攸往行，则唯凶是见矣。羸豕，谓牝豕也。群豕之中，豭强而牝弱，故谓之"羸豕"也。孚，犹务躁也。夫阴质而躁恣者，羸豕特甚焉，言以不贞之阴，失其所牵，其为淫丑，若羸豕之孚务蹢躅也。

《象》曰："系于金柅"，柔道牵也。

苏传：刚而能止物者谓之"金柅"，九二是也。初六之势，足以兼获五阳，然其始遇而合者九二也。既合不贞③，又舍而之他④，则终身无所容矣。

---

① 意：闵本、《四库》本同，陈本、《经解》本、青本作"应"。
② 匹：阮元十三经注疏本作"正"。
③ 不贞：《四库》本作"于二"。
④ 又：陈本、《经解》本、闵本、青本同，《四库》本作"若"。

故以系二而贞为吉,有所往见为凶。初六者,"羸豕"也。虽羸而不可信者,以权在焉。以其羸而信之,则踟躅而不可制矣。

九二,包有鱼,无咎。不利宾。

王注:初阴而穷下,故称"鱼"。不正之阴,处遇之始,不能逆近者也。初自乐来应已之厨,非为犯夺,故"无咎"也。擅人之物,以为己惠,义所不为,故"不利宾"也。

《象》曰:"包有鱼",义不及宾也。

苏传:"鱼"者,初六也。"包"者,鱼之所不能脱也。"宾"者,九四也。姤者主求民之时,非民求主之时也,故近而先者得之,远而后者不得也,不论其应与否也。嫌其若有咎,故曰"无咎"。

九三,臀无肤,其行次且,厉,无大咎。

王注:处下体之极,而二据于初,不为己乘,居不获安,行无其应,不能牵据,以固所处,故曰"臀无肤,其行次且"也。然履得其位,非为妄处,不遇其时,故使危厉。灾非已招,是以"无大咎"也。

《象》曰:"其行次且",行未牵也。

苏传:以《姤》之初六为《夬》之上六,则《姤》之九三,《夬》之九四也,故其象同。九三之所谓"臀"者初六。初六剥阳而进者也。处众阳之间而同体者,有剥阳之阴,宜其"次且"而不安也。《夬》之九四,下牵初九之"羊",故有"聪不明"之咎。而九三无是也,故虽危"无大咎",而《象》曰"行未牵也"。

九四,包无鱼,起凶。

王注:二有其鱼,故失之也。无民而动,失应而作,是以"凶"也。

《象》曰:无鱼之凶,远民也。

苏传:既已失民,起而争之则凶。

九五,以杞包瓜,含章,有陨自天。

王注:杞之为物,生于肥地者也。包瓜为物,系而不食者也。九五履得尊位,而不遇其应,得地而不食,含章而未发,不遇其应,命未流行。然处得其所,体刚居中,志不舍命,不可倾陨,故曰"有陨自天"也。

《象》曰:九五含章,中正也。"有陨自天",志不舍命也。

苏传:"金柅"也,"包"也,"杞"也,皆九二也。"豕"也,"鱼"也,"瓜"也,皆初六也。"杞",枸檵也,木之至庳者也。"包瓜"者,笼而有之也。"瓜"之为物,得所附而后止;不得所附,则攀援而求,无所不至。幸而遇乔木,则虽欲抑之,不可得矣。故授之以"杞",则"杞"能笼而有之。"杞"之所至,"瓜"之所及也。九五者姤之主也。知初六之势,将至于剥尽而后止,故授之以九二。九二之所至,初六之所及也。姤者阴长之卦,而九五以至阳而胜之,故曰"含章"。凡阴中之阳为"章"。阴长而消阳,天之命也;有以胜之,人之志也。君子不以命废志,故九五之志坚,则必有自天而陨者,言人之至者天不能胜也。

上九,姤其角,吝,无咎。

王注:进之于极,无所复遇,遇角而已,故曰"姤其角"也。进而无遇,独恨而已,不与物争,其道不害,故无凶咎也。

《象》曰:"姤其角",上穷吝也。

苏传:刚之上穷者角也。"姤其角",以是为姤也。以角为姤,物之所不乐遇也。小人虽不能合,而君子亦无自入焉,故"吝无咎"。

☷坤下兑上　萃,亨。

王注:聚乃通也。

王假有庙,

王注:假,至也,王以聚至有庙也。

利见大人,亨,利贞。

王注:聚得大人,乃得通而利正也。

用大牲吉,

王注:全夫聚道,"用大牲乃吉"也。聚道不全,而用大牲,神不福也。

利有攸往。

《彖》曰:萃,聚也。顺以说,刚中而应,故聚也。

王注:但"顺而说",则邪佞之道也。刚而违于中应,则强亢之德也。何由得聚?顺说而以刚为主,主刚而履中,履中以应,故得聚也。

"王假有庙",致孝享也。

王注:全聚乃得致孝之享也。

"利见大人,亨",聚以正也。

王注:大人,体中正者也。通聚以正①,聚乃得全也。

苏传:《易》曰:"方以类聚,物以群分。"有聚必有党,有党必有争,故萃者争之大也。盍取其爻而观之,五能萃二,四能萃初。近四而无应,则四能萃三;近五而无应,则五能萃上。此岂非其交争之际也哉?且天下亦未有萃于一者也。大人者惟能因其所萃而即以付之,故物有不萃于我,而天下之能萃物者,非我莫能容之。其为萃也大矣。"顺以说,刚中而应"者,二与五而已,而足以为萃乎?曰:足矣,有余矣。从我者纳之,不从者付之。其所欲

① 聚:阮元十三经注疏本作"众"。

从此大人也,故萃有二亨。萃未有不亨者,而其未见大人也,则亨而不正。不正者,争非其有之谓也,故曰"利见大人,亨,聚以正也。"大人者,为可以聚物之道而已。王至于有庙,而尽其孝享,非安且暇不能。物见其安且暇,安得不聚而归之? 此聚之正也。

"用大牲吉,利有攸往",顺天命也。

王注:"顺以说"而不损刚,"顺天命"者也。天德刚而不违中,顺天则说,而以刚为主也。

苏传:《易》之言"荐""盥""禴""享",非正言也,皆有寄焉。"用大牲"者,犹曰用大利禄云尔。《易》曰:"何以聚人曰财。"所聚者大,则所用者不可小矣。天之命我[①]为是物主,非以厚我也,坐而享之,则过矣,故"利有攸往,顺天命也"。

观其所聚,而天地万物之情可见矣。

王注:"方以类聚,物以群分",情同而后乃聚,气合而后乃群。

苏传:不期而聚者,必其至情也。

《象》曰:泽上于地,萃。君子以除戎器,戒不虞。

王注:聚而无防,则众心生。

苏传:王弼曰:"聚而无防,则众生心。"

初六,有孚不终,乃乱乃萃。若号,一握为笑,勿恤,往无咎。

王注:有应在四而三承之,心怀嫌疑,故"有孚不终"也。不能守道,以结至好,迷务竞争,故"乃乱乃萃"也。一握者,小之貌也。为笑者,懦劣之貌也。已为正妃,三以近宠,若安夫卑退,谦以自牧,则"勿恤"而"往无咎"也。

《象》曰:"乃乱乃萃",其志乱也。

苏传:初六之所应者,九四也。九四有信之者而不终,六三是也。始以无应而萃于四,终以四之有应,咨嗟而去之,故其《象》曰"萃如嗟如",此志乱而苟聚者也。"若号一握为笑"者,号且笑也。"一握"者其声也,号笑杂也。君子之于祸福审矣,故笑则不号,号则不笑。先否而后通,则先号而后笑,未有号笑杂者也。此其志已乱,焉能为我寇哉? 故"勿恤,往无咎"。

六二,引吉,无咎,孚乃利用禴。

王注:居萃之时,体柔当位,处坤之中,已独处正,与众相殊,异操而聚,民之多僻,独正者危。未能变体以远于害,故必见引,然后乃"吉"而"无咎"

[①] 我:原本作"者",青本同,据陈本、《经解》本、闵本、《四库》本改。邓梦文《八卦余生》卷一二引文亦作"我"。

也。禴,殷春祭名也,四时祭之省者也。居聚之时,处于中正,而行以忠信。故可以省薄荐于鬼神也①。

《象》曰:"引吉无咎",中未变也。

苏传:阴之从阳,以难进为吉。六二得位而安其中,不急于变,志以从上者也,故九五引之而后从。引之而后从,则其聚也固,是以吉而无复有咎。"禴"者礼之薄者也,故用于既信之后。上以利禄聚之,下岂以利禄报之哉?故上用大牲而下用禴,以为有重于此者矣。

六三,萃如嗟如,无攸利。往无咎,小吝。

王注:履非其位,以比于四,四亦失位。不正相聚,相聚不正,患所生也。干人之应,害所起也,故"萃如嗟如,无攸利"也。上六亦无应而独立,处极而忧危,思援而求朋,巽以待物者也。与其萃于不正,不若之于同志,故可以往而无咎也。二阴相合,犹不若一阴一阳之至,故有"小吝"也。

《象》曰:"往无咎",上巽也。

苏传:六三之萃于四,四与我与初皆不利也。去而之上,上亦无应,巽而纳我者也。故虽小吝而无咎。

九四,大吉无咎。

王注:履非其位而下据三阴,得其所据,失其所处。处聚之时,不正而据,故必"大吉",立夫大功,然后"无咎"也。

《象》曰:"大吉无咎",位不当也。

苏传:非其位而有聚物之权,五之所忌也,非大吉则有咎矣。

九五,萃有位,无咎。匪孚,元永贞,悔亡。

王注:处聚之时,最得盛位,故曰"萃有位"也。四专而据,己德不行,自守而已,故曰"无咎匪孚"。夫修仁守正,久必悔消,故曰"元永贞,悔亡"。

《象》曰:"萃有位",志未光也。

苏传:九五,萃之主也。萃有四阴,而九四分其二。以位为心者,未有能容此者也,故曰"萃有位,无咎"。存位以忌四②,为无咎而已,志不光矣。惟大人为能忘位以任四。夫能忘位以任四,则四且为吾用,而二阴者独何往哉?"匪孚"者,非其所孚也。"元"者,始也。"元永贞"者,始既以从之,则终身为之贞也。自六二之外,皆非我之所孚也。非我之所孚,则我不求聚,使各得永贞于其始之所从,悔亡之道也。

上六,赍咨涕洟,无咎。

---

① 故可:阮元十三经注疏本作"致之"。
② 存:陈本、《经解》本、闵本、青本同,《四库》本作"挟"。

王注：处聚之时，居于上极，五非所乘，内无应援。处上独立，近远无助，危莫甚焉。赍咨，嗟叹之辞也。若能知危之至，惧祸之深，忧病之甚，至于涕洟，不敢自安，亦众所不害，故得"无咎"也。

《象》曰："赍咨涕洟"，未安上也。

苏传："未安上"者，不乐在五上也。

䷭巽下坤上　升，元亨，用见大人，勿恤。

王注：巽顺可以升，阳爻不当尊位，无严刚之正，则未免于忧，故用见大人，乃"勿恤"也。

南征吉。

王注：以柔之南，则丽乎大明也。

《象》曰：柔以时升。

王注：柔以其时，乃得升也。

巽而顺，刚中而应，是以大亨。

王注：纯柔则不能自升，刚亢则物不从。既以时升，又"巽而顺，刚中而应"，以此而升，故得"大亨"。

"用见大人勿恤"，有庆也。

苏传：巽之为物，非能破坚达强者也。幸而遇坤，故能升。其升也有时，故曰"柔以时升"。坤既顺之，五又应之，是以大亨。大人之于物也，危者安之，易者惧之。下巽而上顺，质柔而遇易，志得而轻进，以此见大人所畏者也，故不曰利。虽不利，不可不见也。见而知畏，其为利也大矣。利之远者曰"庆"。以其有庆，故虽有畏，勿恤也。

"南征吉"，志行也。

王注：巽顺以升，至于大明，"志行"之谓也。

苏传：《象》曰："巽而顺，刚中而应，是以大亨"，而六五为升阶。由此观之，非独巽之上即坤，亦坤之下援巽也。巽之求坤，坤之求巽，皆会于南。"南征吉"，二者相求之谓也。

《象》曰：地中生木，升。君子以顺德，积小以高大。

初六，允升，大吉。

王注：允，当也。巽卦三爻，皆升者也。虽无其应，处《升》之初，与九二、九三合志俱升。当升之时，升必大得，是以"大吉"也。

《象》曰："允升大吉"，上合志也。

苏传：所以为升者巽也。所以为巽者初也。升之制在初，故初六虽阴柔，而其于升也盖诚能之，故曰"允升"。阴升而遇阳，若阳升而遇阴，皆得其所升者也。初六以诚能之资而遇九二,宜其为吉之大者矣。

九二,孚乃利用禴,无咎。

王注:与五为应,往必见任。体夫刚德,进不求宠,闲邪存诚,志在大业,故乃利用纳约于神明矣。

《象》曰:九二之孚,有喜也。

苏传:九二升而遇九三,盖升而穷者也。虽穷于三而配于五。穷而之五,五亦无所升而纳之,故薄礼可以相縻而无咎也。

九三,升虚邑。

王注:履得其位,以阳升阴,以斯而举,莫之违距,故若"升虚邑"也。

《象》曰:"升虚邑",无所疑也。

王注:往必得也。

苏传:九三以阳用阳,其升也果矣;六四以阴居阴,其避之也审矣,故曰"升虚邑,无所疑也"。不言吉者,以至强克至弱,其为祸福未可知也,存乎其人而已。

六四,王用亨于岐山,吉,无咎。

王注:处升之际,下升而进,可纳而不可距也。距下之进,攘来自专,则殃咎至焉。若能不距而纳,顺物之情,以通庶志,则得"吉"而"无咎"矣。岐山之会,顺事之情,无不纳也。

《象》曰:"王用亨于岐山",顺事也。

苏传:上有所适,下升而避之。失于此而偿于彼,虽不争可也,人或能之。今六四下为三之所升,而上不为五之所纳,此人情必争之际也。然且不争,而虚邑以待之,非仁人其孰能为此?大王避狄于豳,而亨于岐。方其去豳也,岂知百姓之相从而不去哉?亦以顺物之势而已。以此获吉,夫何咎之有?

六五,贞吉,升阶。

王注:升得尊位,体柔而应,纳而不距,任而不专,故得"贞吉,升阶"而尊也。

《象》曰:"贞吉升阶",大得志也。

苏传:"贞"者,贞于九二也。巽之所以能升者,以六五之应也,曰:此升之阶也。"阶"者,有可升之道焉。我惟为阶,故人升之;我不为阶,而人何自升哉?木之生也,克土而后能升①。而土以生木为功,未有木生而土不愿者也,故阶而升,则六五为得志矣。

---

① 升:闵本、《四库》本同,陈本、《经解》本、青本作"生"。

上六,冥升,利于不息之贞。

王注:处升之极,进而不息者也。进而不息,故虽冥犹升也。故施于不息之正则可,用于为物之主则丧矣。终于不息,消之道也。

《象》曰:冥升在上,消不富也。

王注:劳不可久也。

苏传:"冥"者,君子之所息也。升至上六,宜息也。然而不息,则消之道也,施于不息之正者则可。孟子曰:"求则得之,舍则失之。"求在我者,此不息之正者也。求之有道,得之有命。求在外者,此不息之不正者也。

䷮坎下兑上　困,亨,

王注:穷必通也。处穷而不能自通者,小人也。

贞大人吉,无咎,

王注:处困而得"无咎",吉乃免也。

有言不信。

《象》曰:困,刚掩也。

王注:刚见掩于柔也。

苏传:九二为初六、六三之所掩,九四、九五为六三、上六之所掩,故"困"。"困"者,坐而见制,无能为之辞也。阴之害阳者多矣,然皆有以侵之。夫惟侵之,是以阴不能堪而至于战。战者,有危道也,而无所谓困。困之世,惟不见侵而见掩,阴有以消阳,而阳无所致其怒,其为害也深矣。

险以说,困而不失其所亨,

王注:处险而不改其说,"困而不失其所亨"也。

其唯君子乎?"贞大人吉",以刚中也。

王注:处困而用刚,不失其中,履正而能体大者也。能正而不能大博,未能济困者也,故曰"贞,大人吉"也。

苏传:"刚中"者二也。二之谓"大人"。贞于大人而后吉者,五也。

有言不信,尚口乃穷也。

王注:处困而言,不见信之时也。非行言之时,而欲用言以免,必穷者也。其吉在于"贞大人",口何为乎?

《象》曰:泽无水,困。君子以致命遂志。

王注:泽无水,则水在泽下,水在泽下,困之象也。处困而屈其志者,小人也。"君子固穷",道可忘乎?

苏传:水,润下者也,在泽上则居,在泽下则逝矣。故水在泽下,为泽无水。"命"与"志",不相谋者也,故各致其极,而任其所至也。

初六,臀,困于株木,入于幽谷,三岁不觌。

王注:最处底下,沉滞卑困,居无所安,故曰"臀困于株木"也。欲之其应,二隔其路,居则困于株木,进不获拯,必隐遁者也,故曰:"入于幽谷"也。困之为道,不过数岁者也。以困而藏,困解乃出,故曰"三岁不觌"也。

《象》曰:"入于幽谷",幽不明也。

王注:言幽者,不明之辞也。入于不明,以自藏也。

苏传:初六,掩九二者也。掩者非一人之所能,故初六之掩九二,必将有待于六三,六三则其所谓臀也①。臀得其所据,而后其身能有所为。今六三之所据者,蒺藜也,则臀已困于株木,身且废矣。株木也,蒺藜也,皆非臀之所据者也。夫以柔助刚,则其幽可明;以柔掩刚,其谁明之?入谷者也,有配在四而不善二,是以三岁不得见也。

九二,困于酒食,朱绂方来,利用享祀,征凶,无咎。

王注:以阳居阴,尚谦者也。居困之时,处得其中。体夫刚质,而用中履谦,应不在一,心无所私,盛莫先焉。夫谦以待物,物之所归;刚以处险,难之所济。履中则不失其宜,无应则心无私恃,以斯处困,物莫不至,不胜丰衍,故曰"困于酒食",美之至矣。坎,北方之卦也。朱绂,南方之物也。处困以斯,能招异方者也,故曰"朱绂方来"也。丰衍盈盛,故"利用享祀"。盈而又进,倾之道也。以此而往②,凶谁咎乎?故曰"征凶无咎"。

《象》曰:"困于酒食",中有庆也。

苏传:困之世,利以柔用刚。二与五皆刚者也,二以柔用之,而五以刚用之。天下之易怀者,惟小人也。方其见掩也,争之以力,虽刀锯有不足;而将怀之也,则酒食有余矣。故"九二困于酒食",所以怀小人也。九五则不然。掩我下者我劓之,掩我上者我刖之,轻用其威,威穷而物不服,乃大困也。既困而无助,则虽欲不求二,不可得矣。"赤绂"者,所以爵命二也,故曰"困于赤绂"。五以"赤绂"为困,而二以是为"方来",言此五之所困,而二之所不求而至也。困而求二,乃徐有说,以其用说为已晚矣。说于未困,则其所以为说者小,故九二之所困者,酒食而已。说于已困,则其所以为说者重。故九五之所困者,爵命也。祭祀者,人之求神,而神无求也。祭之者人也,享之者神也。五求二,故祭之;二不求五,故享之而已。享之者固不征,而征以求之故凶。虽然,其义则不可咎,以其所从者君也。

六三,困于石,据于蒺藜,入于其宫,不见其妻,凶。

---

① 则其所谓:陈本、《经解》本、闵本、青本同,《四库》本作"固以初为"。
② 往:阮元十三经注疏本作"征"。

王注：石之为物，坚而不纳者也，谓四也。三以阴居阳，志武者也。四自纳初，不受已者。二非所据，刚非所乘。上比困石，下据蒺藜，无应而入，焉得配耦？在困处斯，凶其宜也。

《象》曰："据于蒺藜"，乘刚也。"入于其宫，不见其妻"，不祥也。

苏传：六三上掩四，下掩二者也。坚而不可胜者石也，四之谓石。伤而不可据者蒺藜也，二之谓蒺藜。六三阴也，而居于阳。自以为阳，而求配于上六，不祥也。三之应在上，而上六非其应也。宫则是矣，而非其妻，故曰："入于其宫，不见其妻，凶。"小人易合而难久，故困之三阴，其始相与缔交而掩刚，其终初六之臀困，六三之妻亡。

九四，来徐徐，困于金车，吝，有终。

王注："金车"，谓二也。二刚以载者也，故谓之金车。"徐徐"者，疑惧之辞也。志在于初而隔于二，履不当位，威命不行。弃之则不能，欲往则畏二，故曰"来徐徐，困于金车"也。有应而不能济之，故曰"吝"也。然以阳居阴，履谦之道，量力而处，不与二争，虽不当位，物终与之，故曰"有终"也。

《象》曰："来徐徐"，志在下也。

王注：下谓初也。

虽不当位，有与也。

苏传：初六，我之配，二之所恶也。二刚而在下，载己者也，故为"金车"。欲下从初六而困于二，故其来徐徐，不急于配。配之所怨，刚之所与也。故虽吝而有终。

九五，劓刖，困于赤绂，乃徐有说，利用祭祀。

王注：以阳居阳，任其壮者也。不能以谦致物，物则不附。忿物不附而用其壮猛，行其威刑，异方愈乖，遐迩愈叛。刑之欲以得，乃益所以失也，故曰"劓刖，困于赤绂"也。二以谦得之，五以刚失之，体在中直，能不遂迷困而后①能用其道者也。致物之功，不在于暴，故曰"徐"也。困而后乃徐，徐则有说矣，故曰"困于赤绂，乃徐有说"也。祭祀，所以受福也。履夫尊位，困而能改，不遂其迷以斯祭，祀必得福焉，故曰"利用祭祀"也。

苏传：其曰"赤绂"，正也。"朱绂"，严之也，下受上之辞也。

《象》曰："劓刖"，志未得也。"乃徐有说"，以中直也。"利用祭祀"，受福也。

苏传：用九二也。

上六，困于葛藟，于臲卼，曰动悔、有悔，征吉。

---

① 阮元十三经注疏本作"徐"。

王注：居困之极，而乘于刚，下无其应，行则愈绕者也。行则缠绕，居不获安，故曰"困于葛藟于臲卼"也。下句无困，困于上也。处困之极，行无通路，居无所安，困之至也。凡物穷则思变，困则谋通，处至困之地，用谋之时也。"曰"者，思谋之辞。谋之所行，有隙则获，言将何以通至困乎？"曰动悔"，令生有悔，以征则济矣，故曰"动悔有悔，征吉"也。

苏传：柔而牵己者"葛藟"也，三之谓"葛藟"。刚而难乘者"臲卼"也，五之谓"臲卼"。上六困于此二者而不能去，则谋全之过也。曰不可动，动且有悔，而不知其不动，乃所以有悔也。上无掩我者，则吉莫如征也。而不征，何哉？以柔用刚，则乘之者至以为"蒺藜"；以刚用刚，则乘之者以为"臲卼"而已。

《象》曰："困于葛藟"，未当也。

王注：所处未当，故致此困也。

苏传：上六足以为配，而六三未足以当也。

"动悔有悔"，吉行也。

巽下坎上　井，改邑不改井，

王注：井，以不变为德者也。

无丧无得。

王注：德有常也。

往来井井，

王注：不渝变也。

汔至，亦未繘井。

王注：已来至而未出井也。

羸其瓶，凶。

王注：井道以已出为功也。几至而覆，与未汲同也。

《彖》曰：巽乎水而上水，井。

王注：音举上之上。

井，养而不穷也。"改邑不改井"，乃以刚中也。

王注：以刚处中，故能定居其所而不变也。

"汔至，亦未繘井"，未有功也。

王注：井以已成为功。

"羸其瓶"，是以凶也。

苏传：食者往也，不食者来也。食不食存乎人，所以为井者存乎己。存乎人者二，存乎己者一，故曰"往来井井"。汔，燥也，至井而未及水曰"汔至"。得水而未出井曰"未⬚井"。井未尝有得丧,"⬚井"之为功,"羸瓶"之为凶,在汲者尔。

《象》曰:木上有水,井。君子以劳民劝相。

王注:"木上有水",井之象也。上水以养,养而不穷者也。相犹助也。可以劳民劝助,莫若养而不穷也。

苏传:人之于井,未有锢之者也,故君子推是道以"劳民劝相"。

初六,井泥不食,旧井无禽。

王注:最在井底,上又无应,沉滞滓秽,故曰"井泥不食"也。井泥而不可食,则是久井不见渫治者也。久井不见渫治,禽所不向,而况人乎?一时所共弃舍也。井者不变之物,居德之地,恒德至贱,物无取也。

《象》曰:"井泥不食",下也。"旧井无禽",时舍也。

苏传:《易》以所居为邪正,然不可必也,惟井为可必。井未有在洁而不清,处秽而不浊者也。故即其所居而邪正决矣。孔子曰:"君子恶居下流,天下之恶皆归焉。"初六,恶之所钟也。君子所受于天者无几,养之则日新,不养则日亡。择居所以养也。《象》曰:"井养而不穷。"所以养井者,岂有他哉?得其所居则洁,洁则食,食则日新,日新故不穷。"井泥"者,无禽之渐也,泥而不食则废矣。"旧井",废井也。其始为人,其终无禽。无人犹可治也,无禽不可治也。所以为井者亡矣,故时皆舍之。

九二,井谷射鲋,瓮敝漏。

王注:谿谷出水,从上注下,水常射焉。井之为道,以下给上者也。而无应于上,反下与初,故曰"井谷射鲋"。鲋,谓初也。失井之道,水不上出,而反下注,故曰"瓮敝漏"也。夫处上宜下,处下宜上,井已下矣,而复下注,其道不交,则莫之与也。

《象》曰:"井谷射鲋",无与也。

苏传:九二居非其正,故无应于上,则趋下而已也。下趋者谷之道也。失井之道而为谷,故曰"井谷"。九二之所趋者初六也,初六之谓"鲋"。井而有鲋,则人恶之矣。然犹得志于瓮,何也?彼有利器,而肯以我污之欤?此必敝漏之瓮,非是瓮不汲是井也。

九三,井渫不食,为我心恻,可用汲。王明并受其福。

王注:渫,不停污之谓也。处下卦之上,履①得其位,而应于上,得井之义也。当井之义而不见食,修己全洁而不见用,故"为我心恻"也。为,犹使也。不下注而应上,故"可用汲"也。王明则见照明,既嘉其行,又钦其用,故

---

① 履:阮元十三经注疏本作"复"。

曰"王明,并受其福"也。

《象》曰:"井渫不食",行恻也。

王注:行感于诚,故曰"恻也"。

求王明,受福也。

苏传:渫,洁也。九三居得其正,"井洁"者也。井洁而不食,何哉?不中也。不中者,非邑居之所会也,故不食。井未有以不食为戚者也。凡为我恻者,皆行道之人尔,故曰"行恻"。"行恻"者,明人之恻我,而非我之自恻也。是井则非敝漏之瓮所能容矣,故择其所用汲者。曰孰可用者哉?其惟器之洁者乎?器之洁,则王之明者也。器洁王明,则受福者非独在我而已。

六四,井甃,无咎。

王注:得位而无应,自守而不能给上,可以修井之坏,补过而已。

《象》曰:"井甃无咎",修井也。

苏传:修,洁也。阳为动为实,阴为静为虚。泉者所以为井也,动也,实也。井者泉之所寄也,静也,虚也。故三阳为泉,三阴为井。初六最下,故曰"泥"。上六最上,故曰"收"。六四居其间而不失正,故曰"甃"。甃之于井,所以御恶而洁井也。井待是而洁,故无咎。

九五,井洌,寒泉食。

王注:洌,絜也。居中得位①,体刚不挠,不食不义,中正高絜,故"井洌寒泉",然后乃"食"也。

《象》曰:"寒泉之食",中正也。

苏传:此其正,与九三一也。所以食者中也。

上六,井收勿幕,有孚元吉。

王注:处井上极,水已出井,井功大成,在此爻矣,故曰"井收"也。群下仰之以济,渊泉由之以通者也。幕犹覆也。不擅其有,不私其利,则物归之,往无穷矣,故曰"勿幕有孚,元吉"也。

《象》曰:元吉在上,大成也。

苏传:"收"者,甃之上穷也。"收"非所以为井,而井之权在收。夫苟幕之,则下虽有寒泉而不达,上虽有汲者而不获,故"勿幕"则"有孚元吉"。

☲离下兑上　革,巳日乃孚。元亨利贞,悔亡。

王注:夫民可与习常,难与适变;可与乐成,难与虑始。故革之为道,即日不孚,"巳日乃孚"也。孚,然后乃得"元亨利贞,悔亡"也。巳日而不孚,

---

① 位:阮元十三经注疏本作"正"。

革不当也。悔吝之所生，生乎变动者也。革而当，其悔乃亡也。

《彖》曰："革"，水火相息，二女同居，其志不相得，曰革。

王注：凡不合，而后乃变生①，变之所生，生于不合者也。故取不合之象以为"革"也。"息"者，生变之谓也，火欲上而泽欲下，水火相战，而后生变者也。"二女同居"，而有水火之性，近而不相得也。

"巳日乃孚"，革而信之。文明以说，大亨以正，革而当，其悔乃亡。

王注：夫所以得革而信者，"文明以说"也。"文明以说"，履正而行，以斯为革，应天顺民，大亨以正者也。革而大亨以正，非当如何？

苏传：水火则有男女之象，然后能相生。此非水火也，二女同居而已。二女同居则睽。所以不睽者，兑欲下而遇离，离欲上而遇兑②，虽欲相违而不能也。既不相得，又不相违，则不能无相攻。攻而不已，必有一胜，胜者斯革之矣。火能革金，离革兑者也，故曰革。火者金之所畏也，而金非火则无以就器用。器成而后知火之利也。故夫革不信于革之日，而信于巳革之日。以其始之不信，是以知悔者，革之所不能免也，特有以亡之尔。

天地革而四时成，汤武革命，顺乎天而应乎人。革之时大矣哉！

《象》曰：泽中有火，革。君子以治历明时。

王注：历数时会，存乎变也。

苏传："历"者天事也，"时"者人事也。

初九，巩用黄牛之革。

王注：在革之始，革道未成，固夫常中，未能应变者也。此可以守成，不可以有为也。巩，固也。黄，中也。牛之革，坚刃不可变也。固之所用常中，坚刃不肯变也。

《象》曰：巩用黄牛，不可以有为也。

苏传：以卦言之，则离革兑者也。以爻言之，则阳革阴者也。六爻皆以阳革阴，故初九、九三、九四、九五，四者所以革人，而六二、上六者，人革之。初九、九三所以为革者火也。而六二者，火之所附，初九、九三之所欲革者也。火以有所附为利，而所附者以得火为灾，故初九、九三常愿六二之留而不去也。夫六二苟留而不去，其见革也无日矣。六二之欲去，如避之九三之欲避也。故初九当用避之六二，所以执九三者固而留之。六二之所以去者，以我有革之之意也，故不可以有为。有为则革之之意见矣。

六二，巳日乃革之，征吉，无咎。

---

① 而：阮元十三经注疏本作"然"。
② 上：原本作"下"，据陈本、《经解》本、闵本、《四库》本、青本改。

王注：阴之为物，不能先唱，顺从者也。不能自革，革已乃能从之，故曰"巳日乃革之"也。二与五虽有水火殊体之异，同处厥中，阴阳相应，往必合志不忧咎也，是以征吉而无咎。

《象》曰：巳日革之，行有嘉也。

苏传：初九之所以固我，非爱我也。畏我去之，故未见其革尔。徒见其今之固我而不我革，以为可信而与之处，则及矣。君子见几而作，彼今日不革，巳日必革之，故"征吉"。为初九计，则宜留；自为计，则宜征。六二之所谓"嘉"者五也。五之所以为革者，与初异矣。舍初从五，其吉也岂复有咎哉？

九三，征凶，贞厉。革言三就，有孚。

王注：已处火极，上卦三爻，虽体水性，皆"从革"者也。自四至上，从命而变，不敢有违，故曰"革言三就"。其言实诚，故曰"有孚"。"革言三就有孚"而犹征之，凶其宜也。

《象》曰："革言三就"，又何之矣？

苏传：九三有应于上，故其意常欲征也。六二之所以不得去者，以我乘之也。舍之而征，则二去矣。二苟去之，则我与初九无所施其革。二阳相灼，而丧其所附，则穷之道也，故"征凶，贞厉"。"贞"者，不征之谓也。不征则与六二处而不相得，以相革者也，故危，虽危而不凶。"言"者以也。"革言三就"，犹曰革以三成。三者相持而成革，明二之不可去也。二存则初与三相信，二去则初与三相疑。此必然之势也，故曰："革言三就，有孚。"

九四，悔亡，有孚，改命吉。

王注：初九处下卦之下，九四处上卦之下，故能变也。无应，悔也。与水火相比，能变者也，是以"悔亡"。处水火之际，居会变之始，能不固吝，不疑于下，信志改命，不失时愿，是以"吉"也。有孚则见信矣。见信以改命，则物安而无违，故曰"悔亡，有孚改命，吉"也。处上体之下，始宣命也。

《象》曰：改命之吉，信志也。

王注："信志"而行。

苏传：下之二阳，以火为革者也，故见革者，惟欲去之，此德不足者也。德不足而革，则所革者亡，革者亦凶。故初九、九三，皆以六二之留为吉也。上之二阳则不然，其革也以说。革而人莫不说，非有德者其孰能之？九四，未当位者也。未当位而革，故悔。革而说，故"悔亡有孚"也。改命者，始受命也。虽未当位，而志自信矣。

九五，大人虎变，未占有孚。

王注："未占而孚"，合时心也。

《象》曰："大人虎变"，其文炳也。

苏传：《易》曰："云从龙，风从虎。"虎有文而能神者也，豹有文而不能神者也，故大人为虎，君子为豹。非大人而革者，皆毁人以自成，废人以自兴，故人之从之也疑，见其可从而后信①。若大人之革也，则在我而已，炳然日新②，天下之所谓文者自废矣。此岂待占而后信者哉？

上六，君子豹变，小人革面，

王注：居变之终，变道已成，君子处之，能成其文。小人乐成，则变面以顺上也。

征凶，居贞吉。

王注：改命创制，变道已成，功成则事损，事损则无为。故居则得正而吉，征则躁扰而凶也。

《象》曰："君子豹变"，其文蔚也。"小人革面"，顺以从君也。

苏传：上六，见革于"大人"者也。此见革者"君子"也，则其向之未革，乃其避世之遇尔。豹生而有文，岂其无素而能为之哉？若小人也，则革五而已。朝为寇雠，莫为腹心，无足怪者。下之二阳，德不足者也，故六二以征为吉。上之二阳，大人也，故上六以征为凶。

☴下离上　鼎，元吉，亨。

王注：革去故而鼎取新，取新而当其人，易故而法制齐明，吉然后乃亨，故先"元吉"而后"亨"也。鼎者，成变之卦也。革既变矣，则制器立法以成之焉。变而无制，乱可待也。法制应时，然后乃吉；贤愚有别，尊卑有序，然后乃亨，故先"元吉"而后乃"亨"。

《象》曰：鼎，象也。

王注：法象也。

苏传："象"者，可见之谓也。天之生物不可见，既生而刚强之者可见也。圣人之创业，其所以创之者不可见，其成就熟好，使之坚凝而不坏者可见也，故《象》曰"君子以正位凝命"。革所以改命，而鼎所以凝之也。知革而不知鼎，则上下之分不明，而位不正，虽其所受于天者，流泛而不可知矣。

以木巽火，亨饪也。

王注："亨饪"，鼎之用也。

圣人亨以享上帝，而大亨以养圣贤。

王注：亨者，鼎之所为也。"革去故"而鼎成新，故为亨饪调和之器也。

---

① 疑见其：陈本、《经解》本、闵本、青本同，《四库》本作"必占其"。
② 日：闵本、《四库》本同，陈本、《经解》本、青本作"自"。

去故取新,圣贤不可失也。饪,熟也。天下莫不用之,而圣人用之,乃上以享上帝,而下以"大亨"养圣贤也。

苏传:大器非器也①,大亨非亨也。取鼎之用而施之天下谓之大亨。鼎之用,极于享帝而已。以其道养圣贤,则亨之大者也。国有圣贤,则君位定而天命固矣。

巽而耳目聪明,

王注:圣贤获养,则己不为而成矣,故"巽而耳目聪明"也。

柔进而上行,得中而应乎刚,是以元亨。

王注:谓五也。有斯二德,故能成新,获"大亨"也②。

苏传:"元亨"所谓"元吉亨"也。"柔进而上行"者五也。五得中而应乎刚,则所以为"耳目"者巽也。

《象》曰:木上有火,鼎。君子以正位凝命。

王注:凝者,严整之貌也。鼎者,取新成变者也。"革去故"而鼎成新。"正位"者,明尊卑之序也。"凝命"者,以成教命之严也。

初六,鼎颠趾,利出否。得妾以其子,无咎。

王注:凡阳为实而阴为虚,鼎之为物,下实而上虚。而今阴在下,则是为覆鼎也,鼎覆则趾倒矣。否谓不善之物也。取妾以为室主,亦"颠趾"之义也。处鼎之初,将在纳新,施颠以出秽,得妾以为子,故"无咎"也。

《象》曰:"鼎颠趾",未悖也。

王注:倒以写否,故未悖也。

"利出否",以从贵也。

王注:弃秽以纳新也。

苏传:六爻皆鼎也,当其处者有其象。故以初为趾,二与三、四为腹,而实在焉。五与上为耳。初六上应九四,颠趾之象也。夫鼎,圣人将以正位凝命,亨而熟之,至于可食而后已。苟有不善者在焉,则善与不善皆亨而并熟,而善者弃矣。鼎于是未有实也,故及其未有实而颠之,以出其不善。如待其有实,则夫不善已污之矣。实非吾之所欲弃也,于是焉而颠之。以其所欲弃,出其所不欲弃,则天下之乱,或自是起矣,故曰"鼎颠趾,未悖也"。颠趾而出否,尽去之道也。尽去之则患鼎无实。圣人之于人也,责其身,不问其所从;论其今,不考其素。苟骍且角,犁牛之子可也。鼎虽以出否为利,而择之太详,求之太备。天下无完人,故曰"得妾以其子,无咎"。从其子之为贵,

---

① 大:闵本、《四库》本同,陈本、《经解》本、青本无。
② 获:阮元十三经注疏本作"而获"。

则其出于妄者可忘也。

九二,鼎有实,我仇有疾,不我能即,吉。

王注:以阳之质,处鼎之中,有实者也。有实之物,不可复加,益之则溢,反伤其实。"我仇",谓五也。因于乘刚之疾不能就我,则我不溢,得全其吉也。

《象》曰:"鼎有实",慎所之也。

王注:有实之鼎,不可复有所取。才任已极,不可复有所加。

"我仇有疾",终无尤也。

苏传:九二,始"有实"者。"仇"者,六五也,所谓"耳"也。九二之实,六五之所举也。故其《象》曰:"鼎黄耳,中以为实也。"仇有疾而不能即我,畏九四也。鼎以耳行,故耳能即之则食,不能即之则不食。之,道也。始有实者,以不食为吉,恶其未足而轻用之也,故曰"鼎有实,慎所之也"。

九三,鼎耳革,其行塞。雉膏不食,方雨亏悔,终吉。

王注:"鼎"之为义,虚中以待物者也。而三处下体之上,以阳居阳,守实无应,无所纳受。耳宜空以待铉,而反全其实塞,故曰"鼎耳革,其行塞",虽有雉膏,而终不能食也。雨者,阴阳交和,不偏亢者也,虽体阳爻,而统属阴卦。若不全任刚亢,务在和通,"方雨"则悔亏,终则吉也。

《象》曰:"鼎耳革",失其义也。

苏传:耳,上九也。九三之实,上九之所举也。熟物之谓"革"。鼎之熟物,以腹不以耳,而上九离之极,火之所炎,以耳革者也。耳之受炎也,足以废塞其行,而不足以革,故曰"鼎耳革,失其义也"。九三,实之将盈者也。于是可食矣,而其行废,故虽有雉膏而不食也。耳以两举者也。六五之耳可铉,而上九之耳不可铉,则六五虽欲独举得乎?阴欲行而阳欲留,其为悔也大矣,故至于雨然后悔,亏而终吉。雨者阴阳之和,玉铉之功也。

九四,鼎折足,覆公𫗧,其形渥,凶。

王注:处上体之下而又应初,既承且施,非己所堪,故曰"鼎折足"也。初已"出否",至四所盛,则已絜矣,故曰"覆公𫗧"也。渥,沾濡之貌也。既"覆公𫗧",体为渥沾,知小谋大,不堪其任,受其至辱,灾及其身,故曰"其形渥,凶"也。

《象》曰:"覆公𫗧",信如何也?

王注:不量其力,果致凶灾,信如之何?

苏传:鼎之量极于四,其上则耳矣。受实必有余量,以为溢地也。故九三以不食为忧,明不可复加也。至于九四,溢则覆矣。故孔子曰:"德薄而位尊,知小而谋大,力少而任重,鲜不及矣。"方其未及也,必有告之者而不信。及其已信,则无如之何矣?

六五,鼎黄耳,金铉,利贞。

王注:居中以柔,能以通理,纳乎刚正,故曰"黄耳金铉,利贞"也。耳黄,则能纳刚正以自举也。

《象》曰:"鼎黄耳",中以为实也。

王注:以中为实,所受不妄也。

上九,鼎玉铉,大吉,无不利。

王注:处鼎之终,鼎道之成也。居鼎之成,体刚履柔,用劲施铉,以斯处上,高不诚亢,得夫刚柔之节,能举其任者也。应不在一,则靡所不举,故曰"大吉,无不利"也。

《象》曰:玉铉在上,刚柔节也。

苏传:六五、上九,皆所谓耳也。上九之耳见于九三,故不复出也。在炎而不灼者玉也,金则废矣。六五之为耳也,中而不亢,柔而有容,故曰"黄耳"。则其所以为铉者,以金足矣。上九之为耳也,炎而灼,不可以迫,故曰"耳革"。则其所以为铉者,玉而后可。金铉可以及五,而不可以及上,玉铉则可以两及矣。可以两及,则上九之刚,六五之柔,我为之节也。九二之实,利在于不食,故六五之耳,利在于贞而不行。九三之实,以不食为忧,故上九之耳,得玉铉则"大吉,无不利"。"无不利"者,上与五,与三之所利也。以鼎熟物,人皆能之,至于鼎盈而忧溢,耳炎而不可举,非玉铉不能。此鼎之所以养圣贤也。

䷲ 震下震上　震,亨。

王注:惧以成,则是以亨。

震来虩虩,笑言哑哑。

王注:震之为义,威至而后乃惧也,故曰"震来虩虩",恐惧之貌也。震者,惊骇怠惰以肃解慢者也,故"震来虩虩,恐致福也。笑言哑哑,后有则也"。

震惊百里,不丧匕鬯。

王注:威震惊乎百里,则足可以不丧匕鬯矣①。匕,所以载鼎实;鬯,香酒,奉宗庙之盛也。

《象》曰:"震,亨。""震来虩虩",恐致福也。"笑言哑哑",后有则也。"震惊百里",惊远而惧迩也。

王注:威震惊乎百里②,则惰者惧于近也。

---

① 足:阮元十三经注疏本作"是"。
② 震:阮元十三经注疏本作"灵"。

出可以守宗庙社稷,以为祭主也。

王注:明所以堪长子之义也。"不丧匕鬯",则已"出可以守宗庙"。

苏传:震者阳德之先,震阴而达阳者也,故"亨"。"震惊百里",言其及远也。"不丧匕鬯",言其和也。若震而不和,则必有僵仆陨坠者矣。匕鬯,祭器也。必取祭器者,以见震长子也。若威而不猛,则可以为祭主矣。"出"之为言见也。

《象》曰:洊雷,震。君子以恐惧修省。

初九,震来虩虩,后笑言哑哑,吉。

王注:体夫刚德,为卦之先,能以恐惧修其德也。

苏传:二阳震物者也,四阴见震者也。震之为道,以威达德者也。故可试而不可遂。试则养而无穷,遂则玩而不终。初九试而不遂者也。以虩虩之震,而继之以哑哑之笑,明其不常用也。惟其不常用,故四阴莫敢犯其锋,皆以逃避而后免也。

《象》曰:"震来虩虩",恐致福也。"笑言哑哑",后有则也。

苏传:以其威之不常用,故知其所以震物者,非以害之,欲其恐而致福也。"有则"者,言其不遂也。

六二,震来厉,亿丧贝。跻于九陵,勿逐,七日得。

王注:"震"之为义,威骇急解,肃整惰慢者也。初干其任而二乘之,"震来"则危,丧其资货,亡其所处矣,故曰"震来厉,亿丧贝"。亿,辞也。贝,资货、粮用之属也。犯逆受戮,无应而行,行无所舍。威严大行,物莫之纳,无粮而走。虽复超越陵险,必困于穷匮,不过七日,故曰"勿逐,七日得"也。

《象》曰:"震来厉",乘刚也。

苏传:初九之威,不可犯也。来则危,往则安,故虽丧贝而勿逐,跻于九陵以避之。以初九之不遂其震,而继之以笑言也,故七日可以得所丧也。"丧贝"以明初九之威,"七日得"以明初九之不以威穷物也。

六三,震苏苏,震行无眚。

王注:不当其位,位非所处,故惧"苏苏"也。而无乘刚之逆,故可以惧行而"无眚"也。

《象》曰:"震苏苏",位不当也。

苏传:六三不邻于震矣,而犹苏苏然惧也。行而避之,然后无眚,以明初九之威能及远也。

九四,震遂泥。

王注:处四阴之中,居恐惧之时,为众阴之主,宜勇其身,以安于众。若其震也。遂困难矣。履夫不正不能除恐,使物安己,德未光也。

《象》曰："震遂泥"，未光也。

苏传：震于已震之后，而不知止者也，故"泥"。"泥"者以言其不能及远也，故二阴皆以处而不避为吉。

六五，震往来厉，亿无丧有事。

王注：往则无应，来则乘刚，恐而往来，不免于危。夫处震之时，而得尊位，斯乃有事之机也。而惧往来，将丧其事，故曰"亿无丧，有事也"。

《象》曰："震往来厉"，危行也。其事在中，大无丧也。

王注：大则无丧，往来乃危也。

苏传：九四以其遂泥之威，加于六五。非六五之所当畏，其衰可坐而待也。夫九四虽未可乘，然往而避之则过矣，故曰"往来厉"。往来皆危，则以处为安矣。九四之威，既已泥矣，岂复能如初九一震而丧六二之贝哉？以六五居中，处而待之，非独无丧，亿将有功，故曰"亿无丧有事"。

上六，震索索，视矍矍，征凶。震不于其躬，于其邻，无咎。婚媾有言。

王注：处震之极，极震者也。居震之极，求中未得，故惧而"索索"，视而"矍矍"，无所安亲也。已处动极而复征焉，凶其宜也。若恐非己造，彼动故惧，惧邻而戒，合于备豫①，故"无咎"也。极惧相疑，故虽"婚媾"而"有言"也。

《象》曰："震索索"，中未得也。虽凶无咎，畏邻戒也。

苏传：九四至此，其实不能为，徒袭其余威以加上六。上六未得其已衰之情，故犹"索索""矍矍"而畏之。苟畏之不已，而征以避之，则四张而不可止矣，故凶。圣人知其不足避也，故告之曰"震不于其躬，于其邻"，言九四之威，仅可以及五，而不及上；可以戒而无咎，无庸征也。九四始欲以威加物，及其泥而物莫之畏也，则其及于上六者，有言而已，衰之甚也。六爻皆无应，故九四兼有二阴，得称"婚媾"也。六二"丧贝"而五无"丧"，六三"震行无眚"而上六"征凶"，九四之不及初也远矣。

☶艮下艮上　　艮其背，

王注：目无患也。

不获其身，

王注：所止在后，故不得其身也。

行其庭，不见其人，

王注：相背故也。

---

①　豫：阮元十三经注疏本作"预"。

无咎。

王注：凡物对面而不相通，"否"之道也。艮者，止而不相交通之卦也。各止而不相与，何得无咎？唯不相见乃可也。施止于背，不隔物欲，得其所止也。背者，无见之物也。无见则自然静止，静止而无见，则"不获其身"矣。"相背"者，虽近而不相见，故"行其庭，不见其人"也。夫施止不于无见，令物自然而止，而强止之，则奸邪并兴，近而不相得则凶。其得"无咎"，"艮其背，不获其身，行其庭，不见其人"故也。

《彖》曰：艮，止也。时止则止，时行则行，动静不失其时，其道光明。

王注：止道不可常用①，必施于不可以行。适于其时，道乃光明也。

艮其止，止其所也。

王注：易背曰止，以明背即止也。施止不可于面，施背乃可也。施止于止，不施止于行，得其所矣，故曰"艮其止，止其所"也。

上下敌应，不相与也，是以"不获其身，行其庭，不见其人，无咎"也。

苏传：所贵于圣人者，非贵其静而不交于物，贵其与物皆入于吉凶之域而不乱也。故夫艮，圣人将有所施之。"艮，止也"，止与静相近而不同。方其动而止之，则静之始也；方其静而止之，则动之先也，故曰："时止则止，时行则行，动静不失其时，其道光明。"此言艮之得其所施者也。施之于天下之至动，是以为颐；施之于天下之至健，是以为大畜。今夫"兼山，艮"，是施之于背而已。背固已止矣，艮何加焉？所以为柅者为轮也②，所以为防者为水也。今也不然，为舆为柅③，为山为防，不亦近于固欤？故曰："艮其止，止其所也。"此所以"不获其身"也。上下敌应，不相与也。此所以"行其庭，不见其人"也。物止各于其所，是果能止也哉？背止于身，身与之动而背不知也。今我施止于物之所止，有大于是物者，则挟而与之趋矣，我焉得知之？故曰："艮其背，不获其身。"其庭未尝无人也，有人焉敌应而不相与，则如无人。是道也，非向之所谓"光明"者也，以为无咎而已。

《象》曰：兼山，艮。君子以思不出其位。

王注：各止其所，不侵官也。

初六，艮其趾，无咎，利永贞。

王注：处止之初，行无所之，故止其趾，乃得"无咎"；至静而定，故利永贞。

---

① 止：阮元十三经注疏本作"正"。
② 轮：闽本、《四库》本同，陈本、《经解》本、青本作"辅"。
③ 柅：原本作"杞"，青本同，陈本、《经解》本作"晬"，形近而误，据闽本、《四库》本改。

《象》曰:"艮其趾",未失正也。

六二,艮其腓,不拯其随,其心不快。

王注:随谓趾也。止其腓,故其趾不拯也。腓体躁而处止,而不得拯其随,又不能退听安静,故"其心不快"也。

《象》曰:"不拯其随",未退听也。

苏传:自趾而上至于辅,当其处者有其德,与咸一也。咸以上六为辅,而五为晦。艮之辅在五,而晦不取,何也? 晦则背也,艮皆取诸动者而已①。艮则何为皆取于动者也? 曰:卦合而观之,见两艮焉。见其施艮于止,故取其体之静者而配之,曰"艮其背"。爻别而观之,不见艮之所施,而各见所遇之位。位有不同,而吉凶悔吝生焉。故取其体之动者,而不取其静,以为其静者已见于卦矣。上止而用下,下止而听于上,此艮之正也。趾动而能听于腓者也②。"艮其趾",不害于腓之动也,趾不自动而已。止而听其上,上止则止,上行则行,此艮之正者也,故"利永贞"。腓能动而不听于股者也,故曰"咸其股,执其随"③。"随"者股之德也,故谓股为随。"艮其腓",则股虽欲行而不能矣。下止而不听于上,上虽有忧患而莫之救,则上之所不快也,以是为失其正矣,故曰"艮其趾,未失正也"。

九三,艮其限,列其夤,厉薰心。

王注:限,身之中也。三当两象之中,故曰"艮其限"。夤,当中脊之肉也。止加其身,中体而分,故"列其夤"而忧危薰心也。"艮"之为义,各止于其所,上下不相与,至中则列矣。列加其夤,危莫甚焉。危亡之忧,乃薰灼其心也。施止体中,其体分焉。体分两主,大器丧矣。

《象》曰:"艮其限",危薰心也。

苏传:三不艮于股,而艮于限,亦取诸动者也。"限"者,上下之际,所以俯仰之节也。"夤"者,自上而属于下者也。艮于下之极,则其自上而下者绝矣。上下绝,心之忧也。心在六四,故忧之及心也谓之"薰"。

六四,艮其身,无咎。

王注:中上称身,履得其位,止求诸身,得其所处,故不陷于咎也。

《象》曰:"艮其身",止诸躬也。

王注:自止其躬不分全体。

苏传:《咸》之九四曰"朋从尔思",则四者心之所在也。施之于一体,则

---

① 诸:《四库》本、青本同,陈本、《经解》本、闵本作"于"。
② 动而能:原本作"能动而",闵本、《四库》本同,据陈本、《经解》本、青本乙。
③ 故:《经解》本、青本同,陈本作"易",闵本、《四库》本作"或"。

艮止于所施,所不施者不及也。施之于心,则无所不及矣,故曰"艮其身"。艮得其要,故"无咎"。

六五,艮其辅,言有序,悔亡。

王注:施止于辅,以处于中,故口无择言,能亡其悔也。

《象》曰:"艮其辅",以中正也。

王注:能用中正,故"言有序"也。

苏传:口欲止,言欲寡。

上九,敦艮,吉。

王注:居止之极,极止者也。敦重在上,不陷非妄,宜其"吉"也。

《象》曰:敦艮之吉,以厚终也。

苏传:敦,益也。艮至于辅,极矣!而又止之,故曰"敦艮"。梏者不忘释,瘘者不忘起,物之情也。在止之极,而不忘于动,非天下之至厚,其孰能之!

☲艮下巽上　渐,女归吉,利贞。

王注:渐者,渐进之卦也。"止而巽",以斯适进,渐进者也。以止巽为进,故"女归吉"也。进而用正,故"利贞"也。

《彖》曰:渐之进也,

王注:之于进也。

女归吉也。进得位,往有功也。进以正,可以正邦也。其位,刚得中也。

王注:以渐进得位也。

苏传:此文转以次相释也。渐之中有进者,则"女归"之"吉"也,而利于"正"。"正"者孰谓?谓得位而有功,可以正邦者也。其得位者何也?刚中者也。由此观之,"女"则二与四,所"归"则五也。

止而巽,动不穷也。

苏传:止而巽,有所观望而后进者,故不穷。

《象》曰:山上有木,渐。君子以居贤德善俗。

王注:贤德以止巽则居,风俗以止巽乃善。

苏传:云上于天,天所不能居,故君子不以居德。木生于山,山能居之。山以有木为高,故君子以是居德业,善风俗。

初六,鸿渐于干,小子厉。有言,无咎。

王注:鸿,水鸟也。适进之义,始于下而升者也,故以鸿为喻。六爻皆以进而履之为义焉[①],始进而位乎穷下,又无其应。若履于干,危不可以安

---

① 六爻:阮元十三经注疏本作"又"。

也。始进而未得其位,则困于小子,穷于谤言,故曰"小子厉有言"也。困于小子谏谀之言,未伤君子之义,故曰"无咎"也。

《象》曰:小子之厉,义无咎也。

苏传:鸿,阳鸟而水居,在水则以得陆为安,在陆则以得水为乐者也。故六爻虽有阴阳之异,而皆取于鸿也。初六,鸿之在水者也。远则无应,近则遇二。以阴适阴,故曰"鸿渐于干"。干,水涯也。两阴不能相容,故为小子之所厉,以至于有言。虽然,其所适非志于利也,则未至于六三之凶,无咎可也。

六二,鸿渐于磐,饮食衎衎,吉。

王注:磐,山石之安者也①。进而得位,居中而应,本无禄养,进而得之,其为欢乐,愿莫先焉。

《象》曰:"饮食衎衎",不素饱也。

苏传:六二,鸿之在水者也。近则遇三,远则应五②,无适而不得其遇③,故择其尤可恃者从之。二之从三也,虽近而难信;其从五也,虽远而可恃。二阳皆"陆"也。在"陆"而尤可恃以安者,"磐"也,九五之谓"磐"。六二知五之可恃,不渐于三而渐于五,则食且乐如是。"衎衎",乐也。"素饱",徒饱也。夫饮食何为若是乐乎?岂非以五之足恃而不徒饱欤?苟为徒饱而已,则虽三可从。夫苟从三,则饮食未终而忧继之矣。

九三,鸿渐于陆,夫征不复,妇孕不育,凶,利御寇。

王注:陆,高之顶也。进而之陆,与四相得,不能复反者也。"夫征不复",乐于邪配,则妇亦不能执贞矣。非夫而孕,故"不育"也。三本艮体而弃乎群丑,与四相得,遂乃不反,至使妇孕不育。见利忘义,贪进忘旧,凶之道也。异体合好,顺而相保,物莫能间,故"利御寇"也。

《象》曰:"夫征不复",离群丑也。"妇孕不育",失其道也。利用御寇,顺相保也。

苏传:九三,鸿之在陆者也,而上九非其应,故曰"鸿渐于陆"。无应于上而近于四,见四之可欲,则离类绝朋而趋之,故曰"夫征不复"。六二之从我,非正也,将视我而进退者也。上之所为,下必有甚者。九三适四而不反④,则难以令于二矣,故曰"妇孕不育,凶"。四顺于五者,而三寇之,言御寇之利,以明三之不利也。

---

① 也:阮元十三经注疏本作"少"。
② 应:陈本、《经解》本、青本同,闵本、《四库》本作"遇"。
③ 遇:陈本、《经解》本、青本同,闵本、《四库》本作"欲"。
④ 三:原本作"二",形近而讹,据陈本、《经解》本、闵本、《四库》本、青本改。

六四,鸿渐于木,或得其桷,无咎。

王注:鸟而之木,得其宜也。"或得其桷",遇安栖也。虽乘于刚,志相得也。

《象》曰:"或得其桷",顺以巽也。

苏传:六四,鸿之在水者也。近于五而非其应,故曰"鸿渐于木"。木生于陆,而非鸿之所安也。鸿之为物也,足不能握。其渐于木而无咎,盖得其大而有容如桷者焉,九五之谓也。"或"者,幸而得之之辞也。无应而从非其配,非巽顺何以相保乎?

九五,鸿渐于陵,妇三岁不孕,终莫之胜,吉。

王注:陵,次陆者也。进得中位,而隔乎三四,不得与其应合,故"妇三岁不孕"也。各履正而居中,三四不能久塞其途者也。不过三岁,必得所愿矣。进以正邦,三年有成,成则道济,故不过三岁也。

《象》曰:"终莫之胜,吉",得所愿也。

苏传:九五,鸿之在陆者也。进而遇上九。上九,"陵"也。"陵"者,陆之又高者也。进而之陵,动乎无嫌。故六二之为妇也,三岁不孕,而终莫之胜。夫以陆之陵,以为不得其愿矣,而妇为之贞如此,则愿孰大焉?故曰:"进以正,可以正邦也。"不求之人,而求之身,虽服天下可也。

上九,鸿渐于陆①,其羽可用为仪,吉。

王注:进处高絜,不累于位,无物可以屈其心而乱其志。峨峨清远,仪可贵也,故曰"其羽可用为仪,吉"。

《象》曰:其羽可用为仪吉,不可乱也。

苏传:上九,鸿之在陆者也②。上无所适,而三非其应,故曰"鸿渐于逵"。渐有三阳,其二为阴之所溷,非其正应,则近而慕之。惟上九不然。夫无累于物,则其进退之际,雍容而可观矣。

兑下震上　归妹,征凶,无攸利。

王注:妹者,少女之称也。兑为少阴,震为长阳,少阴而承长阳,说以动,嫁妹之象也。

---

① 陆:陈本、《经解》本、青本、闵本作"逵",按诸本《周易》皆作"陆"。《四库全书总目》卷二《东坡易传提要》张海鹏跋均以"逵"为"陆"之讹。

② 此"陆"字及下文"陆"字,原本皆作"逵",《四库》本同。误。按,"逵"之义为涂。东坡解《渐卦》,以鸿为阳鸟,以水、陆为居:"鸿,阳鸟而水居,在水则以得陆为安,在陆则以得水为乐者也。"故其解初六、六二、六四之"于磐"、"于干"、"于木",皆谓"鸿之在水者";于九三、九五之"于陆"、"于陵"亦谓"鸿之在陆者",其以水、陆二类分释《渐》之诸爻可知。上九经文即使作"逵",依例亦当释为"陆",况其经文本当作"陆"乎?今正。

《象》曰：归妹，天地之大义也。天地不交，而万物不兴。归妹，人之终始也。

王注：阴阳既合，长少又交，"天地之大义"，人伦之终始。

说以动，所归妹也。

王注：少女而与长男交，少女所不乐也。而今"说以动"，所归必妹也。虽与长男交，嫁而系娣，是以"说"也。

苏传：说少者人之情也，故"说以动"，其所归者妹也。天地之所以交，必天降也；男女之所以合，必男下也。若女长而男少，则《大过》之所谓"老妇士夫"，乌肯下之？夫苟不下，则天地不交，男女不合矣。故归妹者，女少而男长，女用事而男下之之谓也。夫所以下之者，岂一日之故哉？将相与终始故也。

"征凶"，位不当也。

王注：履于不正，说动以进，妖邪之道也。

"无攸利"，柔乘刚也。

王注：以征则有不正之凶，以处则有乘刚之逆。

苏传：归妹之爻，男女皆易位，柔皆乘刚。此男所以说女而致其情者，权以济事，一用而止可也。以此而征则凶，且男女皆不利也。

《象》曰：泽上有雷，归妹。君子以永终知敝。

王注：归妹，相终始之道，故以"永终知敝"。

苏传：归妹，女之方盛者也。凡物之有敝者，必自其方盛而虑之，迨其衰则无及矣。

初九，归妹以娣，跛能履，征吉。

王注：以女而与长男为耦，非敌之谓，是娣从之义也。妹，少女之称也。少女之行，善莫若娣。夫承嗣以君之子，虽幼而不妄行，少女以娣，虽"跛能履"，斯乃恒久之义，吉而相承之道也。以斯而进，吉其宜也。

《象》曰："归妹以娣"，以恒也。"跛能履，吉"，相承也。

九二，眇能视，利幽人之贞。

王注：虽失其位，而居内处中，眇犹能视，足以保常也。在内履中，而能守其常，故"利幽人之贞"也。

《象》曰："利幽人之贞"，未变常也。

苏传：归妹以阴为君，在兑则六三是也，而初与二其娣也；在震则六五是也，而四其娣也。所以为兑者三也，故权在君；所以为震者四也，故权在娣。权之在君也，则君虽不才，而娣常为之用；权之在娣也，则娣虽无能为损益，犹要其君。六三不中而居非其位，跛眇者也。其所以能履且视者，以初与二屈而为之姊也。二者各致其能于六三，故初九曰："归妹以姊，跛能履，征吉。"九二曰："眇能视，利幽人之贞。"①己有能履、能视之才②，不以自行，而安为姊，使跛者得之以征，眇者得之以视③，岂非上下之常分有不可易者邪？故其《象》曰"归妹以姊，以恒也"，而九二之《象》亦曰"未变常也"。九二亦姊也，其不言"姊"何也？因初九之辞也。且跛、眇者一人，而为之视、履者二人。是二人者，岂可以废一欤？故其《象》曰"跛能履，吉相承也"，是以知其皆姊也。己有其能而不自用，使无能者享其名，则九二非幽人而何哉？

六三，归妹以须，反归以娣。

王注：室主犹存，而求进焉。进未值时，故有须也。不可以进，故"反归"待时，"以娣"乃行也。

《象》曰："归妹以须"，未当也。

苏传：古者谓贱妾为须，故天文有须女。六三不知其托行于初九，而自以为能履；不知其借明于九二，而自以为能视，是以弃姊而用须，未足以当姊也。失二姊之助④，则以跛眇见黜而归矣。归然后知用姊，故曰"反归以姊"。

九四，归妹愆期，迟归有时。

王注：夫以不正无应而适人也，必须彼道穷尽，无所与交，然后乃可以往，故"愆期迟归"，以待时也。

《象》曰：愆期之志，有待而行也。

苏传：九四，六五之姊也。以为权在己，故愆期不行，以要其君。君犹待之有时焉而后归，此其志以为吾君必有所待而后能行者也。

六五，帝乙归妹，其君之袂不如其娣之袂良。月几望，吉。

王注：归妹之中，独处贵位，故谓之"帝乙归妹"也。袂，衣袖，所以为礼容者也。"其君之袂"，谓帝乙所宠也⑤，即五也。为帝乙所崇饰，故谓之"其君之袂"也。配在九二，兑少震长，以长从少，不若以少从长之为美也，故曰"不若其娣之袂良"也。位在乎中，以贵而行，极阴之盛，以斯适配，虽不若少，往亦必合，故曰"月几望，吉"也。

《象》曰："帝乙归妹"，不如其娣之袂良也。其位在中，以贵行也。

---

① "九二曰"至"之贞"，陈本、《经解》本、青本同，闵本、《四库》本缺。"九二"，原作"六二"，据经文改。
② 能视：《四库》本缺。
③ "眇者"句，陈本、《经解》本、青本同，闵本、《四库》本作"何哉"。
④ 失：原本作"夫"，闵本同，形近而讹，据陈本、《四库》本、青本改。
⑤ 谓：阮元十三经注疏本作"为"。

苏传：归妹未有如六五之贵者也，故曰"帝乙归妹"。以帝乙之妹而履得其中，则其袂之良否，不足以为损益，非若跛者之托行，眇者之借明也。而九四欲以袂之良而加之，夫袂之良，岂足以加其君哉？"月几望"者，阴疑于阳，《易》之所恶也。然至于娣之欲加其君，则以月几望为吉。以为宁月之几望，而无宁娣之加其君也。

上六，女承筐无实，士刲羊无血，无攸利。

王注：羊谓三也。处卦之穷，仰无所承，下又无应，为女而承命，则筐虚而莫之与。为士而下命，则"刲羊"而"无血"。"刲羊"而"无血"，不应所命也。进退莫与，故曰"无攸利"也。

《象》曰：上六无实，承虚筐也。

苏传：归妹男女皆易位①，柔皆乘刚，此岂永终无敝者哉？上六则敝之所终也。天地之情，正大而已。大者不正，非其至情，其终必有名存实亡之祸。"女承筐无实"，食不绩之蚕也；"士刲羊无血"，用已死之牲也，皆实亡之祸也。《象》曰："归妹征凶，无攸利。"上六处其终，故受其凶之全也。

---

① 易：原本作"异"，音近而讹，据陈本、《经解》本、闵本、《四库》本、青本改。

《周易》卷六

☲离下震上　丰,亨。王假之,

王注：大而亨者,王之所至。

勿忧。宜日中。

王注：丰之为义,阐弘微细,通夫隐滞者也,为天下之主,而令微隐者不亨,忧未已也,故至"丰亨",乃得勿忧也。用夫丰亨不忧之德,宜处天中,以遍照者也,故曰"宜日中"也。

《彖》曰："丰",大也。

王注：音阐大之大也。

明以动,故丰。"王假之",尚大也。

王注：大者王之所尚,故至之也。

"勿忧,宜日中",宜照天下也。

王注：以勿忧之德,故宜照天下也。

日中则昃,月盈则食,天地盈虚,与时消息,而况于人乎？况于鬼神乎？

王注：丰之为用,困于昃食者也。施于未足则尚丰,施于已盈则方溢,不可以为常,故具陈消息之道者也。

苏传：丰者极盛之时也。天下既平,其势必至于极盛,故曰"王假之"。"勿忧,宜日中"者,不忧其不至,而忧其已至也；宜日之中,而不宜其既中也。既盈而亏,天地鬼神之所不免也,而圣人何以处此？曰："丰"者至足之辞也。足则余,余则溢。圣人处之以不足,而安所求余,故圣人无丰。丰非圣人之事也。

《象》曰：雷电皆至,丰。君子以折狱致刑。

王注：文明以动,不失情理也。

苏传：《传》曰："为刑罚威狱,以类天之震曜。"故易至于雷电相遇,则必及刑狱,取其明以动也。至于离与艮相遇,则曰"无折狱,无留狱",取其明以止也。

初九,遇其配主,虽旬无咎,往有尚。

王注:处丰之初,其配在四,以阳适阳,以明之动,能相光大者也。旬,均也。虽均无咎,往有尚也。初、四俱阳爻,故曰"均"也。

《象》曰:"虽旬无咎",过旬灾也。

王注:过均则争,交斯叛也。

苏传:凡人知生于忧患,而愚生于安佚。丰之患常在于闇,故爻皆以明闇为吉凶也。初九、六二、九三,三者皆离也,而有明德者也。九四、六五、上六,则所谓丰而闇者也。离,火也,日也。以下升上,其性也;以明发闇,其德也,故三离皆上适于震。初九适四,其配之所在也。而九四非其配,故曰"配主"。"旬"之为言,犹曰周浃云尔。尚,配也。九四以阳居阴,不安于闇者也。方其患蔽而求发,则虽两刚可以相受,故曰"往有尚",言其与配同也。及其闇去而明全,离之功既周浃矣,则当去之。既浃而不去,则有相疑之灾。九四之为人,可与共忧患,而不可与同安乐者也。

六二,丰其蔀,日中见斗。往得疑疾,有孚发若,吉。

王注:蔀,覆暧,鄣光明之物也。处明动之时,不能自丰以光大之德,既处乎内,而又以阴居阴,所丰在蔀,幽而无睹者也,故曰"丰其蔀,日中见斗"也。日中者,明之盛;斗见者,闇之极也。处盛明而丰其蔀,故曰"日中见斗"。不能自发,故往得疑疾。然履中当位,处闇不邪,有孚者也。若,辞也。有孚可以发其志,不困于闇,故获吉也。

《象》曰:"有孚发若",信以发志也。

九三,丰其沛,日中见沫。折其右肱,无咎。

王注:沛,幡幔,所以御盛光也。沫,微昧之明也。应在上六,志在乎阴,虽愈乎以阴处阴,亦未足以免于闇也。所丰在沛,日中见沫之谓也。施明,则见沫而已,施用,则折其右肱,故可以自守而已,未足用者也。

《象》曰:"丰其沛",不可大事也。

王注:明不足也。

"折其右肱",终不可用也。

王注:虽有左在,不足用也。

苏传:蔀,覆也,蔽之全者也。见斗,闇之甚也。沛,旆也,蔽之不全者也。沫,小明也,明闇杂者也。六五之谓"蔀",上六之谓"沛",何也?二者皆阴也,而六五处中,居暗以求明;上六处高,强明以自用。六二之适五也,适于全蔽而甚闇者也。夫蔽全则患蔽也深,闇甚则求明也力。六五之闇,不发则已,发之则明矣,故曰"往得疑疾,有孚发若,吉"。以阴适阴,其始未有不疑者也。六二虽阴,而所以为离明之所自出也,故始疑而终信也。若夫九三之适上六,则适于明暗杂者也。用人则不能,自用则不足,故不可以大事也。君子不畏其蔽,而畏其杂,以为无时而可发也。为之用乎则不可,不为之用乎则不敢,故"折其右肱",以示必不可用而后免也。

九四,丰其蔀,日中见斗。遇其夷主,吉。

王注:以阳居阴,丰其蔀也。得初以发,夷主吉也。

《象》曰:"丰其蔀",位不当也。"日中见斗",幽不明也。"遇其夷主",吉行也。

苏传:夷,等夷也。初九之谓夷主,不得其配而得其类也。"幽不明"者,以言其暗之甚而不杂。"吉行"者,言初九之不可以久留也。

六五,来章,有庆誉,吉。

王注:以阴之质,来适尊阳之位,能自光大,章显其德,获庆誉也。

《象》曰:六五之吉,有庆也。

苏传:六五以阴居阳,有章者也,而能来六二之明,故曰"来章"。借明于人而誉归于己,君子予之。

上六,丰其屋,蔀其家。窥其户,闃其无人,三岁不觌,凶。

王注:屋,藏荫之物,以阴处极而最在外,不履于位,深自幽隐,绝迹深藏者也。既丰其屋,又蔀其家,屋厚家覆,闇之甚也。虽阚其户,闃其无人,弃其所处,而自深藏者也。处于明动尚大之,时而深自幽隐,以高其行;大道既济,而犹不见,隐不为贤,更为反道,凶其宜也。三年,丰道之成。治道未济,隐犹可也;既济而隐,以治为乱也①。

《象》曰:"丰其屋",天际翔也。

王注:翳光最甚者也。

"窥其户,闃其无人",自藏也。

王注:可以出而不出,自藏之谓也,非有为而藏。不出户庭,失时致凶,况自藏乎?凶其宜也。

苏传:上六翔于天际,自以为明之至也,而其暗则足以蔽其身而已,故曰"丰其屋,蔀其家"。九三自折其右肱,而莫为之用,岂真无人哉?畏我而自藏也。"三岁不觌",其自以为明者穷矣②,故凶。

☲艮下离上　旅,小亨,旅贞吉。

王注:不足全夫贞吉之道,唯足以为旅之贞吉,故特重曰"旅,贞吉"也。

---

① 以:阮元十三经注疏本作"是以"。
② 矣:原作"以",据《四库》本改。

《彖》曰："旅,小亨",柔得中乎外而顺乎刚,止而丽乎明,是以"小亨,旅贞吉"也。

王注：夫物失其主则散,柔乘于刚则乖。既乖且散,物皆羁旅,何由得小亨而贞吉乎？夫阳为物长,而阴皆顺阳。唯六五乘刚,而复得中乎外,以承于上,阴各①顺阳,不为乖逆。止而丽明,动不履妄,虽不及刚得尊位,恢弘大通,足以小亨②。令附旅者,不失其正,得其所安也。

旅之时义大矣哉！

王注：旅者大散,物皆失其所居之时也。咸失其居,物愿所附,岂非知者有为之时？

苏传：《旅》六二、六五二阴据用事之地,而九三、九四、上九三阳寓于其间,所以为旅也。小者为主,而大者为旅。为主者以得中而顺乎刚为亨,故曰"小亨"；为旅者以居贞而不取为吉,故曰"旅贞吉"。"止而丽乎明",则居贞而不取之谓也。"贞吉"者指三阳,非二阴为主者之事也③,故特曰"旅贞吉"。

《象》曰：山上有火,旅。君子以明慎用刑而不留狱。

王注：止以明之,刑戮详也。

初六,旅琐琐,斯其所取灾。

王注：最处下极,寄旅不得所安,而为斯贱之役,所取致灾,志穷且困。

《象》曰："旅琐琐",志穷灾也。

羁旅之世,物无正主,近则相依。自六二至上九,皆阴阳相邻,而初独孑然处六二之下,其细以甚④,故曰"旅琐琐"也。斯,隶也。六二近于九三,三之所取也。初六穷而无依,隶于六二,役于九三。三楚二次,并以及初,故曰"斯其所取灾"也。

六二,旅即次,怀其资,得童仆,贞。

王注：次者,可以安行旅之地也。怀,来也。得位居中,体柔奉上,以此寄旅,必获次舍。怀来资货,得童仆之所正也。旅不可以处盛,故其美尽于童仆之正也。过斯以往,则见害矣。童仆之正,义足而已。

《象》曰："得童仆,贞",终无尤也。

---

① 阮元十三经注疏本作"凶"。
② 足：阮元十三经注疏本作"是"。
③ 二阴为主：原本、青本作"二阳为主"。陈本、《经解》本作"二阳为王",闵本、《四库》本作"二阴为主"。按,东坡前曰：《旅卦》以"小者为主,而大者为旅"。阴为小,阳为大。是阴为主而阳为旅,经既云"旅贞吉",即是阳贞吉无疑。今据闵本、《四库》本改。
④ 以：陈本、《经解》本、青本同,闵本、《四库》本作"已"。

苏传：六二，九三之所即以为次也。因三之资以隶初六，故曰"得童仆，贞"。初六虽四之应，而四为三所隔，终无尤之者也。

九三，旅焚其次，丧其童仆，贞厉。

王注：居下体之上，与二相得，以寄旅之身而为施下之道，与萌侵权，主之所疑也，故次焚仆丧，而身危也。

《象》曰："旅焚其次"，亦以伤矣。以旅与下，其义丧也。

苏传：下，初六也。六二，我之"次"也。而初隶于二，怀二而并有之，则初亦我之童仆矣。九三以刚居上，见得而忘义，焚二以取初，则一举而两失之矣。

九四，旅于处，得其资斧，我心不快。

王注：斧所以斫除荆棘，以安其舍者也。虽处上体之下，不先于物，然而不得其位，不获平坦之地，客于所处，不得其次，而得其资斧之地，故其心不快也。

《象》曰："旅于处"，未得位也。"得其资斧"，心未快也。

苏传："资斧"所以除荆棘，治次舍也。九四刚而失位，所乘者九三，有斧而无地者也①，故处而心不快。

六五，射雉，一矢亡，终以誉命。

王注：射雉以一矢，而复亡之，明虽有雉，终不可得矣。寄旅而进，虽处于文明之中，居于贵位，此位终不可有也。以其能知祸之萌，不安其处以乘其下，而上承于上，故终以誉而见命也。

《象》曰："终以誉命"，上逮也。

苏传：居二阳之间，可以德怀，不可以力取。如以一矢射两雉，理无兼获，得四则失上矣。若不志于取，亡矢而不射，则夫二阳者，皆可以其功誉而爵命之，非独得四可以及上也。

上九，鸟焚其巢，旅人先笑后号咷。丧牛于易，凶。

王注：居高危而以为宅，巢之谓也。客而得上位②，故先笑也。以旅而处于上极，众之所嫉也。以不亲之身而当嫉害之地，必凶之道也，故曰"后号咷"。牛者，稼穑之资。以旅处上，众所同嫉，故"丧牛于易"，不在于难。物莫之与，危而不扶，丧牛于易，故莫之闻③。莫之闻，则伤之者至矣。

《象》曰：以旅在上，其义焚也。"丧牛于易"，终莫之闻也。

---

① 有：闵本同，《四库》本作"资"。按"有斧"与"无地"对举，故当作"有"为上。陈本、《经解》本、青本无。

② 而：阮元十三经注疏本作"旅"。

③ 故：阮元十三经注疏本作"终"。

苏传：九三次于六二之上，上九巢于六五之上，皆以刚临柔。六二、六五皆无应而在我下，其势必与我。上九、九三知其无应而必我与也，故易而取之。九三"焚其次"，上九"焚其巢"，其为不义一也。而三止于"贞厉"，上至于"号咷"之凶者，六五旅之主也。《离》之《象》曰"畜牝牛吉"，六五之谓牛矣。易五以丧牛，终莫之闻者，骄亢之罪也。

☴巽下巽上　巽，小亨。

王注：全以巽为德，是以小亨也。上下皆巽，不违其令，命乃行也。故申命行事之时，上下不可以不巽也。

利有攸往，

王注：巽悌以行，物无距也。

利见大人。

王注：大人用之，道愈隆。

《彖》曰：重巽以申命。

王注：命乃行也。未有不巽而命行也。

苏传：君子和而不同，以巽继巽，小人之道也。无施而可，故用于申命而已。

刚巽乎中正而志行，

王注：以刚而能用巽，处于中正，物所与也。

柔皆顺乎刚，

王注：明无违逆，故得小亨。

是以"小亨，利有攸往，利见大人"。

苏传：所以为巽者，初与四也。二、五虽据用事之地，而权不在焉，故曰"刚巽乎中正而志行"，言必用初与四而后得志也。权虽在初与四，而非用事之地，故曰"柔皆顺乎刚，是以小亨"，言必顺二、五而后亨也。"利有攸往"，为二、五用也。"利见大人"，见九五也。有其权而无其位，非九五之大人，孰能容之？

《象》曰：随风，巽。君子以申命行事。

苏传：申，重也。两风相因，是谓"随风"，"申命"之象也。古之为令者，必反覆申明之，然后事必行。

初六，进退，利武人之贞。

王注：处令之初，未能服令者也。故进退也。成命齐邪，莫善武人，故"利武人之贞"以整之。

《象》曰："进退"，志疑也。

王注：巽顺之志，进退疑惧。

"利武人之贞"，志治也。

苏传：初六有其权而无其位，九二、九三之所病，故疑而进退也。小人而权在焉，则《易》谓之"武人"。武人负其力而不贞于君，志乱也。及其治也，则以贞于其君为利。

九二，巽在床下，用史巫纷若，吉，无咎。

王注：处巽之中，既在下位，而复以阳居阴，卑巽之甚，故曰："巽在床下"也。卑甚失正，则入于咎过矣。能以居中而施至卑于神祇，而不用之于威势，则乃至于纷若之吉，而亡其过矣。故曰"用史巫纷若，吉，无咎"也。

《象》曰："纷若"之"吉"，得中也。

苏传：九二以阳居阴，能下人者也。知权在初六，故巽于床下，下之而求用也。初六，武人也。方且进退，我则下之而求其用，故求者纷然，而用者不力。譬之用史巫，将以求福于神，神之降福未可知，而史巫先享其利也，故吉而后无咎。纷然而求人者，非吉之道也，其所以吉者，居得其中，用事之地也。

九三，频巽，吝。

王注：频，频蹙，不乐而穷，不得已之谓也。以其刚正而为四所乘，志穷而巽，是以吝也。

《象》曰：频巽之吝，志穷也。

苏传：九三以阳居阳，而非用事之地也。知权之在初六也，下之则心不服，制之则力不能，故频蹙以待之。《复》之六三，不能止初九之为复也，故"频复"。《巽》之九三，不能止初六之为巽也，故"频巽"。

六四，悔亡，田获三品。

王注：乘刚，悔也，然得位乘五，卑得所奉。虽以柔乘刚，而依尊履正，以斯行命，必能获强暴，远不仁者也。获而有益，莫善三品，故曰"悔亡，田获三品"。一曰乾豆，二曰宾客，三曰充君之庖。

《象》曰："田获三品"，有功也。

苏传：六四有其权而无其位者，与初六均也，盖亦居可疑之地矣。而有九五以为之主，坦然以正待之，故"悔亡"。九五不求，而六四自求用，故其用也力。譬之于田，田者尽力获禽，而利归于君。一为乾豆，二为宾客，三为充君之庖。君子不劳而获三品，其与史巫之功亦远矣。

九五，贞吉，悔亡，无不利。无初有终，先庚三日，后庚三日，吉。

王注：以阳居阳，损于谦巽。然秉乎中正以宣其令，物莫之违，故曰"贞吉，悔亡，无不利"也。化不以渐，卒以刚直用加于物，故初皆不说也。终于中正,邪道以消,故有终也。申命令谓之庚。夫以正齐物,不可卒也;民迷固久,直不可肆也,故先申三日,令著之后,复申三日,然后诛而无咎怨矣。甲、庚,皆申命之谓也。

《象》曰:九五之吉,位正中也。

苏传:九五履正中之位,进不频戚以忌四,退不过巽以下之,盖贞而已矣。此四所以心服而为之用也,是以"吉"且"悔亡",而"无不利"①。"无不利"者,四与五皆利也。九五之德如此,故有后庚之终吉。

上九,巽在床下,丧其资斧,贞凶。

王注:处巽之极,极巽过甚,故曰:"巽在床下"也。斧所以断者也,过巽失正,丧所以断,故曰"丧其资斧,贞凶"者也。

《象》曰:"巽在床下",上穷也。"丧其资斧",正乎凶也。

苏传:九二以阳居阴,上九处巽之极,故皆巽于床下。而上九阳亢于上,非能下人者也。九二②之巽,将以用初六,而上九之巽,将以图六四也。有用斧之意焉,特以处于无位之地,故丧其斧也。以上下言之则正,以势言之则凶。

☱兑下兑上　兑,亨,利贞。

《彖》曰:兑,说也。刚中而柔外,说以利贞,

王注:说而违刚则谄,刚而违说则暴。刚中而柔外,所以说以利贞也。刚中,故利贞,柔外,故说亨。

是以顺乎天而应乎人。

王注:天刚而不失说者也。

说以先民,民忘其劳;说以犯难,民忘其死。说之大,民劝矣哉!

苏传:小惠不足以劝民。

《象》曰:丽泽,兑。君子以朋友讲习。

王注:丽,犹连也。施说之盛,莫盛于此。

苏传:取其乐而不流者也。

初九,和兑,吉。

王注:居兑之初,应不在一,无所党系,和兑之谓也。说不在谄,履斯而行,未见有疑之者,吉其宜矣。

《象》曰:和兑之吉,行未疑也。

---

① 而:原本、陈本、《经解》本、青本无,据闵本、《四库》本改。
② 二:原本作"三",形近而讹,据陈本、《经解》本、闵本、《四库》本、青本改。

九二,孚兑,吉,悔亡。

王注:说不失中,有孚者也。失位而说,孚吉,乃悔亡者也。

《象》曰:孚兑之吉,信志也。

王注:其志信也。

苏传:和而不同,谓之"和兑";信于其类,谓之"孚兑"。六三,小人,而初九、九二,君子也。君子之说于小人,将以有所济,非以为利也。初九以远之而无嫌,至九二则初九疑之矣,故必有以自信于初九者而后悔亡。文予而实不予,所以信于初九也。

六三,来兑,凶。

王注:以阴柔之质,履非其位,来求说者也。非正而求说,邪佞者也。

《象》曰:来兑之凶,位不当也。

九四,商兑未宁,介疾有喜。

王注:商,商量裁制之谓也。介,隔也。三为佞说,将近至尊。故四以刚德,裁而隔之,匡内制外,是以未宁也。处于几近,闲邪介疾,宜其有喜也。

《象》曰:九四之喜,有庆也。

苏传:九五,兑之主也。上有上六,下有六三,皆其疾也。《传》曰:"美疢不如恶石。"九四介于其间,以刚辅五而议二阴者也,故曰"商兑未宁"。"介疾有喜",言疾去而后有喜也。疾去而后有喜,则《易》之所谓"庆"也。

九五,孚于剥,有厉。

王注:比于上六,而与相得,处尊正之位,不说信乎阳,而说信乎阴,"孚于剥"之义也。"剥"之为义,小人道长之谓。

《象》曰:"孚于剥",位正当也。

王注:以正当之位,信于小人而疏君子,故曰"位正当"也。

上六,引兑。

王注:以夫阴质,最处说后,静退者也。故必见引,然后乃说也。

《象》曰:"上六引兑",未光也。

苏传:六三、上六,皆兑之小人,以阴为质,以说为事者均也。六三履非其位,而处于二阳之间,以求说为兑者,故曰"来兑",言初与二不招而自来也。其心易知,其为害浅,故二阳皆吉而六三凶。上六超然于外,不累于物,此小人之托于无求以为兑者也,故曰"引兑",言九五引之而后至也。其心难知,其为害深,故"九五孚于剥"。"剥"者五阴而消一阳也。上六之害,何至于此?曰:九五以正当之位,而孚于难知之小人,其至于剥,岂足怪哉?虽然,其心盖不知而贤之,非说其小人之实也。使知其实,则去之矣,故有厉而不凶。然则上六之所以不光何也?曰难进者君子之事也。使上六引而不兑,则其道光矣。

☰坎下巽上　涣,亨。王假有庙,利涉大川,利贞。

《彖》曰:"涣,亨",刚来而不穷,柔得位乎外而上同。

王注:二以刚来居内,而不穷于险。四以柔得位乎外,而与上同。内刚而无险困之难,外顺而无违逆之乖,是以亨,利涉大川,利贞也。凡刚得阳而无忌回之累,柔履正而同志乎刚,则皆亨,利涉大川,利贞也。

"王假有庙",王乃在中也。

王注:王乃在乎涣然之中,故至有庙也。

"利涉大川",乘木有功也。

王注:乘木即涉难也。木者专所以涉川也。涉难而常用涣道,必有功也。

苏传:世之方治也,如大川安流而就下,及其乱也,溃溢四出而不可止。水非乐为此,盖必有逆其性者,泛溢而不已。逆之者必衰,其性必复。水将自择其所安而归焉。古之善治者,未尝与民争,而听其自择,然后从而导之。涣之为言,天下流离涣散而不安其居,此宜经营四方之不暇,而其《象》曰"王假有庙",其《象》曰"先王以享于帝立庙",何也? 曰:犯难而争民者,民之所疾也;处危而不输者,众之所恃也。先王居涣散之中,安然不争,而自为长久之计。宗庙既立,享帝之位定,而天下之心始有所系矣。"刚来而不穷"者,九二也。"柔得位乎外而上同"者,六四也。涣之得民,惟是二者,此所以亨也。然犹未免乎涣。"王假有庙",谓五也。王至于有庙,而后可以涉大川,于是涣始有所归矣。有所归而后有川,有川而后可涉。乘木,乘舟也。舟之所行,川之所在也。

《象》曰:风行水上,涣。先王以享于帝立庙。

初六,用拯马壮,吉。

王注:涣,散也。处散之初,乖散未甚,故可以游行,得其志而违于难也,不在危剧而后乃逃窜,故曰"用拯马壮,吉"。

《象》曰:初六之吉,顺也。

王注:观难而行,不与险争,故曰"顺也"。

苏传:九二在险中,得初六而安,故曰"用拯马壮,吉"。《明夷》之六二,有马不以自乘,而以拯上六之伤;《涣》之初六,有马不以自乘,而以拯九二之险,故《象》皆以为顺,言其忠顺之至也。

九二,涣奔其机,悔亡。

王注:机,承物者也,谓初也。二俱无应,与初相得,而初得散道,离散而奔,得其所安,故"悔亡"也。

《象》曰："涣奔其机"，得愿也。
苏传：得初六而安，是谓机也。
六三，涣其躬，无悔。
王注：涣之为义，内险而外安者也。散躬志外，不固所守，与刚合志，故得无悔也。
《象》曰："涣其躬"，志在外也。
苏传：涣之世，民无常主。六三有应于上，志在外者也，而近于九二，二者必争焉，故"涣其躬"，无所适从，惟有道者是予而后安。
六四，涣其群，元吉。涣有丘，匪夷所思。
王注：逾乎险难，得位体巽，与五合志，内掌机密，外宣化命者也，故能散群之险，以光其道。然处于卑顺，不可自专，而为散之任，犹有丘墟匪夷之虑，虽得元吉，所思不可忘也。
《象》曰："涣其群，元吉"，光大也。
苏传：上六之有六三者，以应也；九五之有六四，九二之有初六者，以近也①，皆有以群之。涣而至于群，天下始有可收之渐。其德大者，其所群也大；其德小者，共所群也小。小者合于大，大者合于一，是谓"涣其群"也。近五而得位，则四之所群者最大也。因君以得民，有民以自封殖，是谓"丘"也。夷，平也，民之荡荡焉，未有所适从者也。彼方不知其所从，而我则为丘以聚之，岂夷者之所思哉？民之所思，思夫有德而争民者也。
九五，涣汗其大号，涣王居，无咎。
王注：处尊履正，居巽之中，散汗大号，以荡险阨者也。为涣之主，唯王居之，乃得无咎也。
《象》曰："王居无咎"，正位也。
王注：正位不可以假人。
苏传：汗，取其周浃而不反也。宗庙既立，享帝之位定，而大号令出焉。其曰"涣王居"，何也？《彖》曰："王假有庙，王乃在中也。"涣然之中，不知其孰为主，孰为臣②，至于有庙而天下始知王之所在矣，故曰"涣王居"，言涣之中有王居矣。
上九，涣其血，去逖出，无咎。
王注：逖，远也。最远于害，不近侵克，散其忧伤，远出者也。散患于远害之地，谁将咎之哉！

---

① 也：原本作"者"，陈本、《经解》本、青本同，涉前讹，据闵本、《四库》本改。
② 孰为臣：陈本、《经解》本、青本无，闵本、《四库》本在"孰为主"前。

《象》曰："涣其血",远害也。

苏传：上九求六三,必与九二争而伤焉。"涣其血",不争也。九二刚来而不穷,不可与争者也。虽不争而处争之地,犹未免也。故去而远出,然后无咎。

☱兑下坎上　节,亨。苦节不可贞。

《彖》曰："节亨",刚柔分而刚得中。

王注：坎阳而兑阴也。阳上而阴下,刚柔分也。刚柔分而不乱,刚得中而为制主,节之义也。节之大者,莫若刚柔分,男女别也。

苏传："刚柔分"者,兑下而坎上也。"刚得中"者,谓二、五也。此所以为"节亨"也。

"苦节不可贞",其道穷也。

王注：为节过苦,则物不能堪也。物不能堪,则不可复正也。

苏传：谓六三也。

说以行险,当位以节,中正以通。

王注：然后乃亨也。无说而行险,遇中而为节,则道穷也。

苏传：谓九二也。兑施节于坎,故曰"说以行险"。

天地节而四时成,节以制度,不伤财,不害民。

《象》曰：泽上有水,节。君子以制数度,议德行。

苏传："数度"者,其政事也。"德行"者,其教化也。皆所以为民物之节也。

初九,不出户庭,无咎。

王注：为节之初,将整离散而立制度者也,故明于通塞,虑于险伪,不出户庭,慎密不失,然后事济而无咎也。

《象》曰："不出户庭",知通塞也。

九二,不出门庭,凶。

王注：初已造之,至二宜宣其制矣,而故匿之,失时之极,则遂废矣。故不出门庭,则凶也。

《象》曰："不出门庭凶",失时极也。

苏传：节者事之会也。君子见吉凶之几,发而中其会,谓之节。《诗·东方未明》,刺无节也。其诗曰"不能晨夜,不夙则莫",言无节者不识事之会,或失则早,或失则莫也。"泽上有水,节",以泽节水者也。虚则纳之,满则流之,其权在泽。初九、九二、六三,泽也,节人者也。六四、九五、上六,水也,节于人者也。节之于初九则太早,节之于六三则太莫,故九二者施节之时,当发之会也。水之始至,泽当塞而不当通;既至,当通而不当塞。故初九以不出户庭为无咎,言当塞也;九二以不出门庭为凶,言当通也。至是而不通,则失时而至于极,六三是也。是祸福之交,成败之决也。故孔子曰:"君不密则失臣,臣不密则失身,几事不密则害成。"

六三,不节若,则嗟若,无咎。

王注:若,辞也。以阴处阳,以柔乘刚,违节之道,以至哀嗟。自己所致,无所怨咎,故曰"无咎"也。

《象》曰:不节之嗟,又谁咎也?

苏传:咨嗟而节之,以为不可不节也。九二之节,节于未满。节之者乐,见节者甘焉。六三之节,节于既溢。节之者嗟,见节者苦焉。苦节,人之所不能堪,而人终莫之咎者,知六三之不得已也。嗟者,不得已之见于外者也。

六四,安节,亨。

王注:得位而顺,不改其节,而能亨者也。承上以斯,得其道也。

《象》曰:安节之亨,承上道也。

苏传:九二施节于九五①,在其上,不在其身,故六四安焉。

九五,甘节,吉,往有尚。

王注:当位居中,为节之主不失其中,不伤财,不害民之谓也。为节而不苦,非甘而何?术斯以往,往有尚也。

《象》曰:甘节之吉,居位中也。

苏传:畜而至于极,然后节之,其节也必争。九二施节于不争之中,此九五之所乐也,故曰"甘节"。乐则流,甘则坏,故以往适上六,阴阳相配,甘苦相济为吉也。

上六,苦节,贞凶,悔亡。

王注:过节之中,以至亢极,苦节者也。以斯施正,物所不堪,正之凶也。以斯修身,行在无妄,故得悔亡。

《象》曰:"苦节贞凶",其道穷也。

苏传:《易》有凶而无咎者,《大过》之上六,《困》之九二是也。则未有凶而能悔亡者,亦如人之未有既死而病愈者也。上六"贞凶,悔亡"者何也?"凶"者六三,"悔亡"者上六也。是以知节者在坎,而见节者之在兑也。六三施苦节于我,出于不得已则无咎,以是为正则凶矣,而我悔亡。

---

① 九二施:陈本、《经解》本、闵本、青本同,《四库》本作"六四承"。

☱兌下巽上　中孚，豚鱼吉。利涉大川，利贞。

《彖》曰：中孚，柔在内而刚得中，说而巽，孚

王注：有上四德，然后乃孚。

乃化邦也。

王注：信立而后邦乃化也。柔在内而刚得中，各当其所也。刚得中，则直而正；柔在内，则静而顺；说而以巽，则乖争不作。如此，则物无巧竞，敦实之行著，而笃信发乎其中矣。

苏传：中孚，信也。而谓之中孚者，如羽虫之孚，有诸中而后能化也。羽虫之孚也，必柔内而刚外。然则颐曷为不中孚也？曰：内无阳不生，故必柔内而刚外。且刚得中然后为中孚也。刚得中则正，而一柔在内则静而久。此羽虫之所以孚天之道也。君子法之，行之以说，辅之以巽，而民化矣。

"豚鱼吉"，信及豚鱼也。

王注：鱼者，虫之隐者也。豚者，兽之微贱者也。争竞之道不兴，中信之德淳著，则虽微隐之物，信皆及之。

苏传：信之及民，容有伪。其及豚鱼，不容有伪也。至于豚鱼皆吉，则其信也至矣。

"利涉大川"，乘木舟虚也。

王注：乘木于用舟之虚，则终已无溺也。用中孚以涉难，若乘木舟虚也。

苏传：《易》至于巽在上而云"涉川"者，其言必及木。《益》之《象》曰"木道乃行"，《涣》之《象》曰"乘木有功"，《中孚》之《象》曰"乘木舟虚"，以明此巽之功也。以巽行兑，乘天下之至顺，而行于人之所说，必无心者也。"舟虚"者，无心之谓也。

中孚以利贞，乃应乎天也。

王注：盛之至也。

苏传：天道不容伪。

《象》曰：泽上有风，中孚。君子以议狱缓死。

王注：信发于中，虽过可亮也。

苏传：化邦之时，不可以用刑。

初九，虞吉。有它不燕。

王注：虞犹专也。为信之始，而应在四，得乎专吉者也，志未能变，系心于一，故"有它不燕"也。

《象》曰："初九虞吉"，志未变也。

苏传：虞，戒也。燕，安也。六四，初九之应也，而近于五，为五所挛，所谓"它"也。

六四不专于应,而有心于五,其色不安,此必变者也。初九及其未变而戒之,不轻往应,则远于争矣,故吉。

九二,鸣鹤在阴,其子和之。我有好爵,吾与尔靡之。

王注:处内而居重阴之下,而履不失中,不徇于外,任其真者也。立诚笃至,虽在闇昧,物亦应焉,故曰"鸣鹤在阴,其子和之"也。不私权利,唯德是与,诚之至也,故曰我有好爵,与物散之。

《象》曰:"其子和之",中心愿也。

苏传:此中孚也,而爻未有能中孚者也。中孚者,必正而一,静而久。而初九、六四、六三、上九有应而相求,九五无应而求人者也,皆非所谓正而一,静而久者也。惟九二以刚履柔,伏于二阴之下,端悫无求,而物自应焉,故曰"鸣鹤在阴,其子和之"。鹤鸣而子和者天也,未有能使之者也。"我有好爵,吾与尔靡之","有爵"者求我之辞也,彼求我而我不求之之谓也。

六三,得敌,或鼓或罢,或泣或歌。

王注:三居少阴之上,四居长阴之下,对而不相比,敌之谓也。以阴居阳,欲进者也。欲进而阂敌,故或鼓也。四履正而承五,非己所克,故或罢也。不胜而退,惧见侵凌,故或泣也。四履乎顺。不与物校,退而不见害,故或歌也。不量其力,进退无恒,愈可知也。

《象》曰:"或鼓或罢",位不当也。

苏传:六三履非其位,虽应在上九,而上九非下我者也。上不求三而三求之,求之必过五,五无应而寇我,故曰"得敌"也。得敌而躁,躁而失常,故"或鼓或罢,或泣或歌"也。

六四,月几望,马匹亡,无咎。

王注:居中孚之时,处巽之始,应说之初,居正履顺,以承于五,内毗元首,外宣德化者也。充乎阴德之盛,故曰:"月几望"。"马匹亡"者,弃群类也。若夫居盛德之位,而与物校其竞争,则失其所盛矣,故曰绝类而上,履正承尊,不与三争,乃得无咎也。

《象》曰:"马匹亡",绝类上也。

王注:类谓三,俱阴爻,故曰"类"也。

苏传:初九以应而从我,九五以近而孪我。一阴而当二阳之求,盛之至也,故曰"月几望"。月几望者,非四之所任也,故必舍五而从初,如有二马而亡其一,然后无咎。类,五也。四与五皆巽也,故得称类。

九五,有孚挛如,无咎。

王注:"挛如"者,系其信之辞也。处中诚以相交之时,居尊位以为群物之主,信何可舍?故"有孚挛如",乃得"无咎"也。

《象》曰："有孚挛如"，位正当也。

苏传："有孚"者六四也。自五言之，则以得四为无咎。非应而求从，必挛而后固，特以其位当，是以无咎也。

上九，翰音登于天，贞凶。

王注：翰，高飞也。飞音者，音飞而实不从之谓也。居卦之上，处信之终，信终则衰，忠笃内丧，华美外扬，故曰"翰音登于天"也。翰音登天，正亦灭矣。

《象》曰："翰音登于天"，何可长也？

苏传：翰音，飞且鸣者也。凡羽虫之飞且鸣者，其飞不长，雉鸡之类是也。处外而居上，非中孚之道，飞而求显，鸣而求信者也，故曰"翰音登于天"。九二在阴而子和，上九飞鸣而登天，其道盖相反也。惟不下从阴，得阳之正，故曰"贞凶"。

艮下震上　小过，亨，利贞。可小事，不可大事。飞鸟遗之音，不宜上，宜下，大吉。

王注：飞鸟遗其音声，哀以求处，上愈无所适，下则得安。愈上则愈穷，莫若飞鸟也。

《彖》曰：小过，小者过而亨也。

王注：小者谓凡诸小事也，过于小事而通者也。

苏传：阴自外入，据用事之地，而囚阳于内，谓之"小过"。小过者，君弱而臣强之世也。"小者过而亨"，则大者失位而否矣。

过以利贞，与时行也。

王注：过而得以利贞，应时宜也。施过于恭俭，利贞者也。

苏传：《彖》之所谓"利贞"，则《象》之所谓"过乎恭""俭"与"哀"者，时当然也。

柔得中，是以小事吉也。刚失位而不中，是以不可大事也。

王注：成大事者，必在刚也。柔而浸大，剥之道也。

苏传：小过者，臣强而专。小事，虽专之可也。

有飞鸟之象焉。

王注：不宜上，宜下，即飞鸟之象。

"飞鸟遗之音，不宜上，宜下，大吉"，上逆而下顺也。

王注：上则乘刚，逆也；下则承阳，顺也。施过于不顺，凶莫大焉；施过于顺，过更变而为吉也。

苏传：小过有鸟之象：四阴据用事之地，其翼也；二阳囚于内，其腹背也。翼欲往,腹背不能止;翼欲止,腹背不能作也,故飞鸟之制在翼。鸟之飞也,上穷而忘返,其身远矣,而独遗其音。臣之僭也,必孤其君,远其民,使其君如飞鸟之上穷,使其民闻君之声不见其形也,而后得志,故曰"飞鸟遗之音,不宜上,宜下,大吉,上逆而下顺也"。小过之世,其臣则逆,而其民顺,故"不宜上宜下"。上则无民而主孤,下则近民而君强也。

《象》曰:山上有雷,小过。君子以行过乎恭,丧过乎哀,用过乎俭。

苏传:小过之君弱,是以臣子痛自贬以张君父也。

初六,飞鸟以凶。

王注:小过,上逆下顺,而应在上卦,进而之逆,无所错足,飞鸟之凶也。

《象》曰:"飞鸟以凶",不可如何也。

苏传:大过之"栋",小过之"飞鸟",皆以为一卦之象。而其于爻也,皆寄之于初上者,本末之地也。《春秋传》曰:"凡师能左右之曰以。"飞鸟见"以"于翼,欲左而左,欲右而右,莫如之何也,故"凶"。

六二,过其祖,遇其妣,不及其君,遇其臣,无咎。

王注:过而得之谓之遇,在小过而当位,过而得之之谓也。祖,始也,谓初也。妣者,居内履中而正者也。过初而履二位,故曰"过其祖"而"遇其妣",过而不至于僭,尽于臣位而已,故曰"不及其君,遇其臣,无咎"。

《象》曰:"不及其君",臣不可过也。

苏传:卦合而言之,小过者臣强之世也。爻别而观之,六五当强臣。六二以阴居阴,臣强而不僭者也。大过以夫妻为君臣,而小过寄之祖与妣者,大过君骄,故自君父言之,而小过臣强,故为臣子之辞,其义一也。曰不幸而过其祖矣,而犹遇其妣,妣未有不助祖者也;不幸而不及其君矣,而犹遇其臣,臣未有不忠于其君者也。故小过之世,君弱而不能为政,臣得专之者,惟六二也。然而于祖曰"过",于君曰"不及"者,以见臣之不可过其君也。

九三,弗过防之,从或戕之,凶。

王注:小过之世,大者不立,故令小者得过也。居下体之上,以阳当位,而不能先过防之,至令小者咸过,而复应而从焉。其从之也,则戕之凶至矣。故曰"弗过防之,从或戕之,凶"也。

《象》曰:"从或戕之",凶如何也?

九四,无咎,弗过遇之,往厉必戒,勿用永贞。

王注:虽体阳爻,而不居其位,不为责主,故得无咎也。失位在下不能过者也。以其不能过,故得合于免咎之宜,故曰"弗过遇之"。夫宴安酖毒,不可怀也,处于小过不宁之时,而以阳居阴,不能有所为者也。以此自守,免咎可也;以斯攸往,危之道也。不交于物,物亦弗与,无援之助,故危则必戒而已,无所告救也。沉没怯弱,自守而已,以斯而处于群小之中,未足任者也,故曰"勿用永贞",言不足用之于永贞。

《象》曰:"弗过遇之",位不当也。"往厉必戒",终不可长也。

苏传:小过阳失位而不中,故其君在三、四。三之所臣者,初与二也。四之所臣者,五与上也。《春秋》臣弑其君,或曰弑,或曰戕。弑者其所从来有渐,而戕者一朝一夕之故也。六二,强臣也,而未之过;九三刚而不中,莫能容也,故曰"弗过防之,从或戕之,凶"。言六二弗过,而九三疑之,故或从而戕其君。谓之"戕"者,以明二本无意于逆,咎在三也①。九四以阳居阴,可谓无咎矣,然而失位自卑。臣虽弗过,我则开之。遇,逢也,臣未僭而逢其恶,故曰"遇"。"弗过遇之,往厉必戒,勿用永贞",言九四失位而往从五,危而非正,不可长也。

六五,密云不雨,自我西郊。公弋取彼在穴。

王注:小过者,小者过于大也。六得五位,阴之盛也。故密云不雨,至于西郊也。夫雨者,阴布于上②,而阳薄之而不得通,则烝而为雨。今艮止于下而不交焉,故不雨也。是故小畜尚往而亨,则不雨也;小过阳不上交,亦不雨也。虽阴盛于上,未能行其施也。公者,臣之极也,五极阴盛,故称公也。弋,射也。在穴者,隐伏之物也。"小过"者,过小而难未大作,犹在隐伏者也。以阴质治小过,能获小过者也,故曰"公弋取彼在穴"也。除过之道,不在取之,足及③密云未能雨也。

《象》曰:"密云不雨",已上也。

王注:阳已上,故止也。

苏传:"已上"者,其势不可复下之辞也。六五之权,足以为密云,而终不为雨,次于西郊而不行,岂真不能哉? 其谋深也。强臣之欲为变也,忧在内,是故见利而不为,见益而不取,蕴畜以自厚,持满而不发者,凡皆以遂其深谋也。当是时也,必有穴其间而为之用者,故戒之曰"公弋取彼在穴"。君子之居此,苟无意于为盗,莫若取其在穴者以自明于天下,而天下信之矣。

上六,弗遇过之,飞鸟离之,凶,是谓灾眚。

王注:小人之过,遂至上极,过而不知限,至于亢也。过至于亢,将何所遇? 飞而不已,将何所托? 灾自己致,复何言哉!

《象》曰:"弗遇过之",已亢也。

---

① 咎:陈本、《经解》本、青本同,闵本、《四库》本作"咎"。
② 布:阮元十三经注疏本作"在"。
③ 阮元十三经注疏本作"是乃"。

苏传：至于是则亢而不可复返也，故曰"弗遇过之"，言君虽不逢其恶，而臣自僭也。"离"，遭也。君失其正而臣得之①，其所从来远矣。而忧患集于我，非我失政而遭其凶者，天祸也。故曰："飞鸟离之，凶，是谓灾眚。"

䷾离下坎上　既济，亨，小利贞。初吉终乱。

《彖》曰："既济，亨"，小者亨也。

王注：既济者，以皆济为义者也。小者不遗，乃为皆济，故举小者，以明既济也。

苏传：凡阴阳各安其所，则静而不用。将发其用，必有以蕴之者。水在火上②，火欲炎而不达，此火之所以致其怒也；阴皆乘阳，阳欲进而不遂，此阳之所以奋其力也。火致其怒，虽险必达；阳奋其力，虽难必遂，此所以为既济也。故曰"既济亨，小者亨也"，言小者皆在上而亨，大者皆在下而否也。

利贞，刚柔正而位当也。

王注：刚柔正而位当，则邪不可以行矣，故唯正乃利贞也。

苏传：坎上而离下，刚柔正也。阴皆居阴，阳皆居阳，位当也。"刚柔正而位当"，则小者不可复进，以贞为利也。

"初吉"，柔得中也。终止则乱，其道穷也。

王注：柔得中，则小者亨也。柔不得中，则小者未亨。小者未亨，虽刚得正，则为未既济也。故既济之要，在柔得中也。以既济为家者③，道极无进，终唯有乱，故曰："初吉终乱。"终乱不为自乱，由止故乱，故曰"终止则乱"也。

苏传：柔皆乘刚，非正也。以济则可，既济则当变而反其正，以此终焉。止而不变，则乱矣。

《象》曰：水在火上，既济。君子以思患而豫防之。

王注：存不忘亡，既济不忘未济也。

苏传：既济者，难平而安乐之世也，忧患常生于此。

初九，曳其轮，濡其尾，无咎。

王注：最处既济之初，始济者也。始济未涉于燥，故轮曳而尾濡也。虽未造易，心无顾恋，志弃难者也。其于义也④，无所咎矣。

《象》曰："曳其轮"，义无咎也。

---

① 正：陈本、《经解》本、青本同，闵本、《四库》本作"政"。
② 水：原本作"木"，《经解》本同，形近而讹，据陈本、闵本、《四库》本、青本改。
③ 家：阮元十三经注疏本作"安"，阮校：案"家"即"象"之误。
④ 于：阮元十三经注疏本作"为"。

苏传：济者皆自内适外，故既济、未济，皆以初为尾，以上为首。曳者欲行而未进之象也。初九方行于险，未毕济者也，故无咎。

六二，妇丧其茀，勿逐，七日得。

王注：居中履正，处文明之盛，而应乎五，阴之光盛者也。然居初、三之间，而近不相得，上不承三，下不比初。夫以光盛之阴，处于二阳之间，近而不相得，能无见侵乎？故曰"丧其茀"也。称"妇"者，以明自有夫，而它人侵之也。茀，首饰也。夫以中道执乎贞正，而见侵者，众之所助也。处既济之时，不容邪道者也。时既明峻，众又助之，窃之者逃窜而莫之归矣。量斯势也，不过七日，不须已逐，而自得也。

《象》曰："七日得"，以中道也。

苏传：安乐之世，人不思乱，而小人开之。开之有端，必始于争。争则动，动则无所不至。君子居之以至静，授之以广大。虽有好乱乐祸之人，欲开其端，而人莫之予，盖未尝不旋踵而败也。既济爻爻皆有应，六二、六四居二阳之间，在可疑之地，寇之所谋。而六二居中，九五之配也。或者欲间之，故窃其茀。茀者妇之蔽也。妇丧其茀，其夫必怒而求之。求未必得，而妇先见疑，近其妇者先见诘。怨怒并生，而忧患之至，不可以胜防矣。故凡窃吾茀者，利在于吾之逐之也。吾恬而不逐，上下晏然，非盗者各安其位，而盗者败矣，故曰"勿逐，七日得"。

九三，高宗伐鬼方，三年克之，小人勿用。

王注：处既济之时，居文明之终，履得其位，是居衰末而能济者也，故"伐鬼方，三年乃克"也①。君子处之，故能兴也，小人居之，遂丧邦也。

《象》曰："三年克之"，惫也。

苏传：未济方其未出于难也，上下一心，譬如胡、越，同舟而遇风，虽厉民以犯难可也。及其既济，已出于难，则上之用其民也，易以致怨；而下之为其上用也，易以致惫。故《未济》之九四"震用伐鬼方，三年有赏于大国"，而《既济》之九三以是为惫也。未济之主在六五，而九四为之臣，有震主之威者也。其威不用之于主，而用之于伐鬼方。虽三年之久，未见其克。不克也而犹赏之以大国者，以难未平也。若出于难，则臣必用其威于主，而主亦疑其臣矣。《既济》之九三，以九五为主，臣主皆强，故曰"高宗伐鬼方"，以见三之为五用也。虽以高宗之贤，三年而后克之者，《既济》之世，民安于无事而不可用也。未济之赏以大国也，岂尝问其君子小人哉？有功斯国之矣。而既济则"小人勿用"，盖已疑其臣矣。

---

① 故：阮元十三经注疏本作"高宗"。

六四,繻有衣袽,终日戒。

王注:繻宜曰濡,衣袽,所以塞舟漏也。履得其正,而近不与三、五相得。夫有隙之弃舟,而得济者,有衣袽也。邻于不亲,而得全者,终日戒也。

《象》曰:"终日戒",有所疑也。

苏传:"繻"当作"濡"。衣袽,所以备舟隙也。四居二阳之间,而不相得,故备且戒如是也。卦以济为事,故取于舟。

九五,东邻杀牛,不如西邻之禴祭,实受其福。

王注:牛,祭之盛者也。禴,祭之薄者也。居既济之时,而处尊位,物皆济矣,将何为焉?其所务者,祭祀而已。祭祀之盛,莫盛修德,故沼沚之毛,蘋蘩之菜,可羞于鬼神,故"黍稷非馨,明德惟馨",是以"东邻杀牛,不如西邻之禴祭,实受其福"也。

《象》曰:"东邻杀牛",不如西邻之时也。

王注:在于合时,不在于丰也。

"实受其福",吉大来也。

苏传:东西者,彼我之辞也。祭未有不杀牛者,而云杀牛不如禴祭,何也?曰"禴祭",时祭也,国之常事,而杀牛者非时,特杀而祭以求福者也。小人以为禴祭常事,不足以致福,故以非时杀牛而求之,而不知时祭之福不求而大来也。人之情,在难则厌事,而无难之世,常不能安有其福。故圣人以为既济之主,在于守常安法而已。求功名于法度之外,则《易》之所谓杀牛也。

上六,濡其首,厉。

王注:处既济之极,既济道穷,则之于未济,之于未济,则首先犯焉。过进不已①,则遇于难,故濡其首也。将没不久,危莫先焉。

《象》曰:"濡其首,厉",何可久也?

苏传:《既济》之上六,毕济之时也,而以阴居上,未免于危也。

坎下离上　未济,亨。小狐汔济,濡其尾,无攸利。

《彖》曰:"未济亨",柔得中也。

王注:以柔处中,不违刚也。能纳刚健,故得亨也。

苏传:谓六五也。

"小狐汔济",未出中也。

王注:小狐不能涉大川,须汔然后乃能济。处未济之时,必刚健拔难,然后乃能济,汔乃能济,未能出险之中。

---

① 进:阮元十三经注疏本作"惟"。

"濡其尾,无攸利",不续终也。

王注:小狐虽能渡而无余力。将济而濡其尾,力竭于斯,不能续终。险难犹未足以济也。济未济者,必有余力也。

苏传:未济阳皆乘阴,上下之分定,未可以有为也。"汔",涸也。坎在离上,则水溢而火怒于下,必进之象也,是以虽溢而可以济。坎在离下,则水涸而火安于上,不进之象也,是以虽涸而不可以济。君子见其远者大者,小人见其小者近者。初六、六三,小人也,见水之涸,以为可济也,是为"小狐汔济"。而九二,君子也,以为不可曳其轮而不进,则小狐安能独济哉!是谓"未出中"也。二阴轻进而九不予,是以六三"征凶"。初六"濡其尾",虽九二亦病矣,故"无攸利"。见易而轻犯之,遇难而退,虽有知者,不能善其后,故曰"不续终也"。

虽不当位,刚柔应也。

王注:位不当,故未济。刚柔应,故可济。

苏传:《易》二、三、四、五皆失位,惟《未济》与《归妹》也,故皆"无攸利"。而《归妹》之"征凶"者,刚柔不应也。

《象》曰:火在水上,未济。君子以慎辨物居方。

王注:辨物居方,令物各当其所也。

苏传:上下方安其位,而不乐于进取,则君子慎静其身,而辨物居方,以待其会。

初六,濡其尾,吝。

王注:处未济之初,最居险下,不可以济者也。而欲之其应,进则溺身。未济之始,始于既济之上六也。濡其首犹不反,至于濡其尾,不知纪极者也。然以阴处下,非为进亢,遂其志者也。困则能反,故不曰凶。事在已量,而必困乃反,顽亦甚矣,故曰"吝"者也。

《象》曰:"濡其尾",亦不知极也。

苏传:水火相射,极乃致用,故济必待其极。汔济,非其极也。

九二,曳其轮,贞吉。

王注:体刚履中,而应于五,五体阴柔,应与而不自任者也。居未济之时,处险难之中,体刚中之质,而见任与,拯救危难,经纶屯蹇者也。用健施难,循难在正①,而不违中,故"曳其轮,贞吉"也。

《象》曰:九二贞吉,中以行正也。

王注:位虽不正,中以行正也。

---

① 循:阮元十三经注疏本作"靖",是。

苏传：外若不行，中以行正也。

六三，未济，征凶。利涉大川。

王注：以阴之质，失位居险，不能自济者也。以不正之身，力不能自济，而求进焉，丧其身也。故曰"征凶"也。二能拯难，而已比之，弃已委二，载二而行，溺可得乎？何忧未济，故曰"利涉大川"。

《象》曰："未济征凶"，位不当也。

苏传：未济非不济也，有所待之辞也。盖将畜其全力，一用之于大难。大难既平，而小者随之矣，故曰"利涉大川"。六三见水之涸，幸其易济而骤用之，后有大川，则其用废矣，故曰"征凶"。见涸而济者，初与三均也。初吝而已，三至于凶，位不当也。

九四，贞吉，悔亡。震用伐鬼方，三年有赏于大国。

王注：处未济之时，而出险难之上，居文明之初，体乎刚质，以近至尊。虽履非其位，志在乎正，则吉而悔亡矣。其志得行，靡禁其威，故曰"震用伐鬼方"也。"伐鬼方"者，兴衰之征也。故每至兴衰而取义焉。处文明之初，始出于难，其德未盛，故曰"三年"也。五居尊以柔，体乎文明之盛，不夺物功者也，故以大国赏之也。

《象》曰："贞吉悔亡"，志行也。

苏传：九四有震主之威，苟不用于鬼方，则无所行其志矣。震主者悔也。贞于主而用于敌，所以"悔亡"也。

六五，贞吉无悔，君子之光，有孚，吉。

王注：以柔居尊，处文明之盛，为未济之主，故必正然后乃吉，吉乃得无悔也。夫以柔顺文明之质，居于尊位，付与于能，而不自役，使武以文，御刚以柔，斯诚君子之光也。付物以能，而不疑也，物则竭力，功斯克矣，故曰："有孚，吉。"

《象》曰："君子之光"，其晖吉也。

苏传：光出于形之表，而不以力用，君子之广大者也。下有九二，其应也。旁有九四、上九，其邻也。险难未平，三者皆刚，莫能相用，将求用于我之不暇，非谋我者也。故六五信是三者，则三者为之尽力，而我无为。此"贞吉无悔，君子之光"也。

上九，有孚于饮酒，无咎。濡其首，有孚失是。

王注：未济之极，则反于既济。既济之道，所任者当也。所任者当，则可信之无疑，而已逸焉。故曰"有孚于饮酒，无咎"也。以其能信于物，故得逸豫而不忧于事之废。苟不忧于事之废，而耽乐之甚，则至于失节矣。由于有孚，失于是矣，故曰"濡其首，有孚，失是"也。

《象》曰：饮酒濡首，亦不知节也。

苏传：节，事之会也。是，是时也。至于是而不济，终不济也，故未济之可以济者，惟是也。险难未平，六五信我，将以用我也。我则饮酒而已，何也？将安以待其会也，故"无咎"。上九之谓"首"。"濡其首"者，可济之时也。若不赴其节，饮酒于可济之时，则信我者失是时矣。

《周易》卷七

系 辞 上 传

天尊地卑,乾坤定矣。

韩康伯注(以下称"韩注"):乾坤其易之门户,先明天尊地卑,以定乾坤之体。

卑高以陈,贵贱位矣。

韩注:天尊地卑之义既列,则涉乎万物,贵贱之位明矣。

动静有常,刚柔断矣。

韩注:刚动而柔止也。动止得其常体,则刚柔之分著矣。

苏传:苟非其常,则刚而静、柔而动者有之矣。

方以类聚,物以群分,吉凶生矣。

韩注:方有类,物有群,则有同有异,有聚有分也。顺其所同,则吉;乖其所趣,则凶,故吉凶生矣。

苏传:方本异也,而以类故聚,此同之生于异也。物群则其势不得不分,此异之生于同也。有成而后有毁,有废而后有兴,是以知吉凶之生于相形也。

在天成象,在地成形,变化见矣。

韩注:象况日月星辰,形况山川草木也。县象运转以成昏明,山泽通气而云行雨施,故变化见矣。

苏传:天地一物也,阴阳一气也。或为象,或为形,所在之不同,故在云者明其一也。象者形之精华发于上者也,形者象之体质留于下者也。人见其上下,直以为两矣,岂知其未尝不一邪。由是观之,世之所谓变化者,未尝不出于一,而两于所在也。自两以往,有不可胜计者矣。故"在天成象,在地成形",变化之始也。

是故刚柔相摩,

韩注:相切摩也,言阴阳之交感也。

八卦相荡。

韩注:相推荡也,言运化之推移。

鼓之以雷霆,润之以风雨。日月运行,一寒一暑。乾道成男,坤道成女。

苏传:天地之间,或贵或贱,未有位之者也,卑高陈而贵贱自位矣;或刚或柔,未有断之者也,动静常而刚柔自断矣;或吉或凶,未有生之者也,类聚群分而吉凶自生矣;或变或化,未有见之者也,形象成而变化自见矣。是故"刚柔相摩,八卦相荡",雷霆风雨,日月寒暑,更用迭作于其间,杂然施之而未尝有择也,忽然成之而未尝有意也。及其用息而功显,体分而名立,则得乾道者自成男,得坤道者自成女。夫男者岂乾以其刚强之德为之,女者岂坤以其柔顺之道造之哉?我有是道,物各得之,如是而已矣。圣人者亦然。有恻隐之心,而未尝以为仁也;有分别之心,而未尝以为义也。所遇而为之,是心著于物也。人则从后而观之,其恻隐之心成仁,分别之心成义。

乾知大始,坤作成物。乾以易知,坤以简能。

韩注:天地之道,不为而善始,不劳而善成,故曰易简。

苏传:上而为阳,其渐必虚;下而为阴,其渐必实。至虚极于无,至实极于有。无为太始,有为成物。夫大始岂复有作哉?故乾特知之而已,作者坤也。乾无心于知之,故"易"。坤无心于作之,故"简"。易故无所不知,简故无所不能。

易则易知,简则易从。

苏传:"易""简"者一之谓也。凡有心者,虽欲一不可得也。不一则无信矣。夫无信者,岂不难知难从哉?乾、坤惟无心故一,一故有信,信故物知之也易,而从之也不难。

易知则有亲,易从则有功。

韩注:顺万物之情,故曰有亲。通天下之志,故曰有功。

有亲则可久,有功则可大。

韩注:有易简之德,则能成可久可大之功。

可久则贤人之德,可大则贤人之业。

韩注:天地易简,万物各载其形。圣人不为,群方各遂其业。德业既成,则入于形器,故以贤人目其德业。

苏传:"知"之与"作","易"之与"简","易知"之与"易从","有亲"之与"有功","可久"之与"可大","德"之与"业",皆有隐显之别矣。此乾、坤之辨也，不可以不知也。古之言贤人者，贤于人之人也，犹曰君子云尔。夫贤于人者，岂有极哉？圣人与焉，而世乃曰："圣人无德业，德业贤人也。"夫德业之名，圣人之所不能免也，其所以异于人者，特以其无心尔。见其谓之圣人则隆之，见其谓之贤人则降之，此近世之俗学，古无是论也。

易简而天下之理得矣。

韩注：天下之理，莫不由于易简而各得顺其分位也。

天下之理得，而成位乎其中矣。

韩注：成位况立象也①。极易简则通天下之理，通天下之理，故能成象，并乎天地言其中，则明并天地也。

苏传：夫无心而一，一而信，则物莫不得尽其天理以生以死。故生者不德，死者不怨。无怨无德，则圣人者岂不备位于其中哉！吾一有心于其间，则物有侥幸夭枉，不尽其理者矣。侥幸者德之，夭枉者怨之，德怨交至，则吾任重矣。虽欲备位，可得乎？

圣人设卦观象，

韩注：此总言也。

系辞焉而明吉凶，

苏传：由此观之，"系辞"则《象》《象》是也。以上下《系》为"系辞"，失之矣。虽然，世俗之所安也，而无害于《易》，故因而不改也。

刚柔相推而生变化。

韩注：系辞所以明吉凶，刚柔相推所以明变化也。吉凶者，存乎人事也。变化者，存乎运行也。

苏传：得之则吉，失之则凶，此理之常者。以为未足以尽吉凶之变也，故又曰"刚柔相推而生变化"。变化一生，则吉凶之至，亦多故矣。是以有宜若吉而凶，宜若凶而吉者。

是故吉凶者，失得之象也②。

韩注：由有失得，故吉凶生。

悔吝者，忧虞之象也。

韩注：失得之微者，足以致忧虞而已，故曰悔吝。

苏传：失得未决，则为忧虞。及其已决，则为吉凶。

变化者，进退之象也。

韩注：往复相推，迭进退也。

---

① 况：阮元十三经注疏本作"至"。
② 失得：原本作"得失"，陈本、青本同，据《经解》本、闵本、《四库》本改。下同。

刚柔者,昼夜之象也。

韩注:昼则阳刚,夜则阴柔,始总言吉凶变化,而下别明悔吝、昼夜者,悔吝则吉凶之类,昼夜亦变化之道,吉凶之类,则同因系辞而明;变化之道,则俱由刚柔而著,故始总言之,下则明失得之轻重,辨变化之小大,故别序其义也。

苏传:夫刚柔相推而变化生,变化生而吉凶之理无定。不知变化而一之,以为无定而两之,此二者皆过也。天下之理未尝不一①,而一不可执。知其未尝不一而莫之执,则几矣。是以圣人既明吉凶悔吝之象,又明刚柔变化本出于一,而相摩相荡,至于无穷之理。曰"变化者,进退之象也。刚柔者,昼夜之象也",象者以是观之之谓也。夫出于一而至于无穷,人之观之,以为有无穷之异也。圣人观之,则以为进退、昼夜之间耳。见其今之进也,而以为非向之退者,可乎?见其今之明也,而以为非向之晦者,可乎?圣人以进退观变化,以昼夜观刚柔。二观立,无往而不一者也。

六爻之动,三极之道也。

韩注:三极,三材也。兼三材之道,故能见吉凶,成变化也。

苏传:未极则为三,既极则动,动则为六。三、六无异道也。

是故君子所居而安者,易之序也。

韩注:序,易象之次序。

所乐而玩者,爻之辞也。是故君子居则观其象而玩其辞,动则观其变而玩其占。是以自天祐之,吉无不利。

苏传:至于占,则君子之虑周矣,故祐且吉、无不利者也。

彖者,言乎象者也。

韩注:彖总一卦之义者。

爻者,言乎变者也。

韩注:爻各言其变也。

吉凶者,言乎其失得也。悔吝者,言乎其小疵也。无咎者,善补过也。是故列贵贱者存乎位,

韩注:爻之所处曰位,六位有贵贱也。

齐小大者存乎卦,

韩注:卦有小大也,齐由言辩也,即彖者言乎象也。

苏传:阴阳各有所统御谓之"齐"。夫卦岂可以爻别而观之?彼小大有所齐矣。得其所齐,则六爻之义,未有不贯者。吾论六十四卦,皆先求其所

---

① 尝:原本作"常",据陈本、《经解》本、闵本、《四库》本、青本改。

齐之端。得其端,则其余脉分理解无不顺者,盖未尝凿而通也。

辩吉凶者存乎辞,

韩注:辞,爻辞也,即"爻者言乎变"也。言象所以明小大,言变所以明吉凶。故小大之义存乎卦,吉凶之状见乎爻。至于悔吝无咎,其例一也。吉凶悔吝小疵无咎,皆生乎变,事有小大,故下历言五者之差也。

忧悔吝者存乎介,

韩注:介,纤介也。王弼曰:忧悔吝之时,其介不可慢也。即"悔吝者言乎小疵也"。

苏传:介,小疵也。

震无咎者存乎悔。

韩注:无咎者,善补过也。震,动也。故动而无咎,存乎其悔过也。

是故卦有小大,辞有险易。

韩注:其道光明曰大,君子道消曰小;之泰则其辞易,之否则其辞险。

辞也者,各指其所之。

苏传:辞,爻辞也。卦有成体,小大不可易,而爻无常辞,随其所适之险易,故曰象者言乎象,爻者言乎变。夫爻亦未尝无小大,而独以险易言者,明不在乎爻而在乎所适也。同是人也,而贤于此,愚于彼,所适之不同也如此。

易与天地准,

韩注:作《易》以准天地。

故能弥纶天地之道。

苏传:准,符合也。弥,周浃也。纶,经纬也。所以与天地准者,以能知"幽明之故""死生之说""鬼神之情状"也。

仰以观于天文,俯以察于地理,是故知幽明之故。

苏传:此与形象变化一也①。

原始反终,故知死生之说。

韩注:幽明者,有形无形之象。死生者,始终之数也。

苏传:人所以不知死生之说者,骇之耳。故原始反终者,使之了然而不骇也。

精气为物,游魂为变,

韩注:精气烟煴,聚而成物。聚极则散,而游魂为变也。游魂,言其游散也。

是故知鬼神之情状。

---

① "此与"句,陈本无。

韩注：尽聚散之理，则能知变化之道，无幽而不通也。

苏传：必有所见而后知，则圣人之所知者寡矣。是故圣人之学也，以其所见者，推至其所不见者。天文地理、物之终始、精气游魂，可见者也，故圣人以是三者举之。物，鬼也。变，神也。鬼常与体魄俱，故谓之"物"。神无适而不可，故谓之"变"。精气为魄，魄为鬼；志气为魂，魂为神，故《礼》曰："体魄则降，志气在上。"郑子产曰："其用物也弘矣，其取精也多矣。"古之达者，已知此矣。一人而有二知，无是道也。然而有魄者、有魂者，何也？众人之志，不出于饮食男女之间，与凡养生之资，其资厚者其气强，其资约者其气微，故气胜志而为魄。圣贤则不然，以志一气，清明在躬。志气如神，虽禄之以天下，穷至于匹夫，无所损益也，故志胜气而为魂。众人之死为鬼，而圣贤为神。非有二知也，志之所在者异也。

与天地相似，故不违。

韩注：德合天地，故曰相似。

苏传：天地与人一理也，而人常不能与天地相似者，物有以蔽之也。变化乱之，祸福劫之，所不可知者惑之。变化莫大于幽明，祸福莫烈于死生，所不可知者莫深于鬼神。知此三者，则其他莫能蔽之矣。夫苟无蔽，则人固与天地相似也。

知周乎万物，而道济天下，故不过。

韩注：知周万物，则能以道济天下也。

苏传：知之未极，见之不全，是以有过。故箕子以极为中，明夫极则不过也。知周万物，可谓极矣。道济天下，可谓全矣。

旁行而不流，

韩注：应变旁通，而不流淫也。

乐天知命，故不忧。

韩注：顺天之化，故曰乐也。

苏传：避碍故旁行。

安土敦乎仁，故能爱。

韩注：安土敦仁者，万物之情也。物顺其情，则仁功赡矣。

苏传：使物各安其所，然后厚之以仁。不然，虽欲爱之，不能也。

范围天地之化而不过，

韩注：范围者，拟范天地，而周备其理也。

苏传：范围，规摹也。

曲成万物而不遗，

韩注：曲成者，乘变以应物，不系一方者也，则物宜得矣。

通乎昼夜之道而知,

韩注:通幽明之故,则无不知也。

苏传:昼夜相反而能通之,则不为变化之所乱,可以知矣。

故神无方而易无体。

韩注:自此以上,皆言神之所为也。方、体者,皆系于形器者也。神则阴阳不测,易则唯变所适,不可以一方、一体明。

一阴一阳之谓道,

韩注:道者何? 无之称也,无不通也,无不由也,况之曰道。寂然无体,不可为象。必有之用极,而无之功显,故至乎"神无方,而易无体",而道可见矣。故穷变以尽神,因神以明道,阴阳虽殊,无一以待之。在阴为无阴,阴以之生;在阳为无阳,阳以之成,故曰"一阴一阳"也。

继之者善也,成之者性也。

苏传:阴阳果何物哉? 虽有娄、旷之聪明,未有得其仿佛者也。阴阳交然后生物,物生然后有象,象立而阴阳隐矣。凡可见者皆物也,非阴阳也。然谓阴阳为无有可乎? 虽至愚知其不然也。物何自生哉? 是故指生物而谓之阴阳,与不见阴阳之仿佛而谓之无有者,皆惑也。圣人知道之难言也,故藉阴阳以言之,曰"一阴一阳之谓道"。一阴一阳者,阴阳未交而物未生之谓也。喻道之似,莫密于此者矣。阴阳一交而生物,其始为水。水者有无之际也,始离于无而入于有矣。老子识之,故其言曰:"上善若水。"又曰:"水几于道。"圣人之德,虽可以名言,而不囿于一物,若水之无常形。此善之上者,几于道矣,而非道也。若夫水之未生,阴阳之未交,廓然无一物而不可谓之无有,此真道之似也。阴阳交而生物,道与物接而生善,物生而阴阳隐,善立而道不见矣,故曰"继之者善也,成之者性也"。仁者见道而谓之仁,智者见道而谓之智。夫仁智,圣人之所谓善也。善者道之继,而指以为道则不可。今不识其人而识其子,因之以见其人则可,以为其人则不可,故曰"继之者善也"。学道而自其继者始,则道不全。昔者孟子以善为性,以为至矣,读《易》而后知其非也。孟子之于性,盖见其继者而已。夫善,性之效也。孟子不及见性,而见夫性之效,因以所见者为性。性之于善,犹火之能熟物也。吾未尝见火,而指天下之熟物以为火,可乎? 夫熟物则火之效也。敢问性与道之辨,曰:难言也,可言其似。道之似则声也,性之似则闻也。有声而后有闻邪? 有闻而后有声邪? 是二者,果一乎? 果二乎? 孔子曰:"人能弘道,非道弘人。"又曰:"神而明之,存乎其人。"性者其所以为人者也,非是无以成道矣。

仁者见之谓之仁,知者见之谓之知。

韩注：仁者资道以见其仁，知者资道以见其知，各尽其分。

百姓日用而不知，故君子之道鲜矣。

韩注：君子体道以为用也。仁知则滞于所见，百姓则日用而不知。体斯道者，不亦鲜矣？故"常无欲，以观其妙"，始可以语至而言极也。

苏传：夫属目于无形者，或见其意之所存。故仁者以道为仁，意存乎仁也。智者以道为智，意存乎智也。贤者存意而妄见，愚者日用而不知，是以知君子之道成之以性者鲜矣。

显诸仁，藏诸用，

韩注：衣被万物，故曰"显诸仁"。日用而不知，故曰"藏诸用"。

苏传：仁者其已然之迹也，用者其所以然也。

鼓万物而不与圣人同忧，

韩注：万物由之以化，故曰"鼓万物"也。圣人虽体道以为用，未能全无以为体，故顺通天下，则有经营之功也①。

苏传：人见圣人之忧也，岂知其中有不忧者，未尝与其所见者同哉？

盛德大业至矣哉！

韩注：夫物之所以通，事之所以理，莫不由乎道也。圣人功用之母，体同乎道，盛德大业，所以能至。

富有之谓大业，

韩注：广大悉备，故曰"富有"。

苏传：我未尝有，即物而有，故富。如使已有，则其富有畛矣。

日新之谓盛德，

韩注：体化合变，故曰"日新"。

苏传：富有者未尝有，日新者未尝新。吾心一也，新者物耳。

生生之谓易。

韩注：阴阳转易，以成化生。

成象之谓乾，

韩注：拟乾之象。

效法之谓坤。

韩注：效坤之法。

苏传：相因而有，谓之"生生"。夫苟不生，则无得无丧，无吉无凶。方是之时，易存乎其中而人莫见，故谓之道，而不谓之易。有生有物，物转相生，而吉凶得丧之变备矣。方是之时，道行乎其间而人不知，故谓之易，而不

---

① 功：阮元十三经注疏本作"迹"。

谓之道。圣人之作《易》也,不有所设,则无以交于事物之域,而尽得丧吉凶之变。是以因天下之至刚而设以为乾,因天下之至柔而设以为坤。乾坤交而得丧吉凶之变,纷然始起矣。故曰:"成象之谓乾,效法之谓坤。"效,见也。言易之道,至乾而始有成象,至坤而始有可见之法也。

极数知来之谓占,通变之谓事,

韩注:物穷则变,变而通之,事之所由生也。

阴阳不测之谓神。

韩注:神也者,变化之极,妙万物而为言,不可以形诘者也,故曰"阴阳不测"。尝试论之曰:原夫两仪之运,万物之动,岂有使之然哉!莫不独化于大虚,欻尔而自造矣。造之非我,理自玄应;化之无主,数自冥运,故不知所以然,而况之神。是以明两仪以大极为始①,言变化而称极乎神也。夫唯知天之所为者,穷理体化,坐忘遗照。至虚而善应,则以道为称。不思而玄览,则以神为名。盖资道而同乎道,由神而冥于神者也。

苏传:生生之极则易成矣,成则惟人之所用。以数用之谓之占,以道用之谓之事。夫岂惟是?将天下莫不用之。用极而不倦者,其惟神乎?故终之曰:"阴阳不测之谓神。"使阴阳而可测,则其用废矣。

夫易,广矣大矣!以言乎远则不御,

韩注:穷幽极深,无所止也。

以言乎迩则静而正,

韩注:则近而当。

苏传:"远""迩"犹深浅也。得其深者,虽为圣人有余,而其浅者,不失为君子。

以言乎天地之间,则备矣。夫乾,其静也专,其动也直,是以大生焉。

韩注:专,专一也。直,刚正也。

夫坤,其静也翕,其动也辟,是以广生焉。

韩注:翕,敛也。止则翕敛其气,动则辟开以生物也。乾统天首物,为变化之元,通乎形外者也。坤则顺以承阳,功尽于已,用止乎形者也。故乾以专直言乎其材,坤以翕辟言乎其形。

苏传:至刚之德果,至柔之德深。果则其静也,绝意于动,而其动也不可复回。深则其静也,敛之无余,而其动也发之必尽。绝意于动,专也。不可复回,直也。敛之无余,翕也。发之必尽,辟也。夫小生于杂,尴生于疑,故专直生大,翕辟生广。

---

① 大:阮元十三经注疏本作"太"。

广大配天地,变通配四时,阴阳之义配日月,易简之善配至德。

韩注:《易》之所载配此四义。

苏传:明乾坤非专以为天地也。天地得其广大,四时得其变通,日月得其阴阳之义,至德得其易简之善。

子曰:"易其至矣乎? 夫易,圣人所以崇德而广业也。

韩注:穷理入神,其德崇也。兼济万物,其业广也。

知崇礼卑,

韩注:知以崇为贵,礼以卑为用。

崇效天,卑法地。

韩注:极知之崇,象天高而统物;备礼之用,象地广而载物也。

苏传:《易》之言德业,有显隐之别。而德之微者莫若智,业之著者莫若礼,故又以其尤者明之。

天地设位,而易行乎其中矣。

韩注:天地者,易之门户,而易之为义,兼周万物,故曰"行乎其中矣"。

苏传:天地位则德业成,而易在其中矣,以明无别有易也。

成性存存,道义之门。"

韩注:物之存成,由乎道义也。

苏传:性所以成道而存存也,尧、舜不能加,桀、纣不能亡,此真存也。存是则道义所从出也。

圣人有以见天下之赜,而拟诸其形容,象其物宜,

韩注:乾刚坤柔,各有其体,故曰"拟诸形容"。

是故谓之象。圣人有以见天下之动,而观其会通,以行其典礼,

韩注:典礼,适时之所用。

系辞焉以断其吉凶,是故谓之爻。言天下之至赜而不可恶也,言天下之至动而不可乱也。

韩注:《易》之为书,不可远也。恶之则逆于顺,错之则乖于理。

苏传:赜,喧错也。古作啧,从口从臣,一也。《春秋传》曰:"啧有烦言。"象,卦也。物错之际难言也,圣人有以见之,拟诸其形容,象其物宜,而画以为卦。刚柔相交,上下相错,而六爻进退屈信于其间。其进退屈信不可必,其顺之则吉、逆之则凶者可必也。可必者,其会通之处也。见其会通之处,则典礼可行矣。故卦者至错也,爻者至变也。至错之中有循理焉,不可恶也。至变之中有常守焉,不可乱也。

拟之而后言,议之而后动,拟议以成其变化。

韩注:拟议以动,则尽变化之道。

苏传：变化之间，不容毫厘，然且拟之而后言，议之而后动，则虚以一物，雍容之至也。

"鸣鹤在阴，其子和之。我有好爵，吾与尔靡之。"

韩注：鹤鸣则子和，修诚则物应，我有好爵，与物散之，物亦以善应也。明拟议之道，继以斯义者，诚以吉凶失得存乎所动。同乎道者，道亦得之；同乎失者，失亦违之。莫不以同相顺，以类相应。动之斯来，缓之斯至。鹤鸣于阴，气同则和。出言户庭，千里或应。出言犹然，况其大者乎；千里或应，况其迩者乎。故夫忧悔吝者，存乎纤介；定失得者，慎于枢机。是以君子拟议以动，慎其微也。

子曰："君子居其室，出其言善，则千里之外应之，况其迩者乎？居其室，出其言不善，则千里之外违之，况其迩者乎？言出乎身，加乎民；行发乎迩，见乎远。言行，君子之枢机。

韩注：枢机，制动之主。

枢机之发，荣辱之主也。言行，君子之所以动天地也，可不慎乎？""同人，先号咷而后笑。"子曰："君子之道，或出或处，或默或语。二人同心，其利断金。

韩注：同人终获后笑者，以有同心之应也。夫所况同者，岂系乎一方哉！君子出处默语，不违其中，则其迹虽异，道同则应。

同心之言，其臭如兰。""初六，藉用白茅，无咎。"子曰："苟错诸地而可矣。藉之用茅，何咎之有？慎之至也。夫茅之为物薄，而用可重也。慎斯术也以往，其无所失矣。""劳谦，君子有终，吉。"子曰："劳而不伐，有功而不德，厚之至也，语以其功下人者也。德言盛，礼言恭。谦也者，致恭以存其位者也。""亢龙有悔。"子曰："贵而无位，高而无民，贤人在下位而无辅，是以动而有悔也。""不出户庭，无咎。"子曰："乱之所生也，则言语以为阶。君不密则失臣，臣不密则失身，几事不密则害成。是以君子慎密而不出也。"子曰："作《易》者其知盗乎？

韩注：言盗亦乘衅而至也。

《易》曰：'负且乘，致寇至。'负也者，小人之事也；乘也者，君子之器也。小人而乘君子之器，盗思夺之矣；上慢下暴，盗思伐之矣。慢藏诲盗，冶容诲淫。《易》曰'负且乘，致寇至。'盗之招也。"

苏传：夫论经者，当以意得之，非于句义之间也。于句义之间，则破碎牵蔓之说，反能害经之意。孔子之言《易》如此，学者可以求其端矣。

大衍之数五十，

苏传：五行盖交相成也。水火木金不得土，土不得是四者，皆不能成夫五行之数。始于一而至于五,足矣。自六以往者,相因之数也。水火木金,得土而后成。故一得五而成六,二得五而成七,三得五而成八,四得五而成九。土无定位,无成名,无专气。水火木金四者成而土成矣。故得水之一,得火之二,得木之三,得金之四,而成十。言十则一二三四在其中。而言六七八九,则五在其中矣。"大衍之数五十"者,五十特数,以为在六七八九之中也。一二三四在十之中,然而不特数者何也?水火木金特见于四时,而土不特见,言四时足以举土,而言土不足以举四时也。水曰润下,火曰炎上,木曰曲直,金曰从革,皆有以名之。而土爰稼穑,曰于是稼穑而已。五藏六府,无胃脉则死。而脾脉不可见,如雀之啄,如水之漏下,是脾之衰见也。故曰:土无定位,无成名,无专气。

其用四十有九。

韩注:王弼曰:演天地之数,所赖者五十也。其用四十有九,则其一不用也。不用而用以之通,非数而数以之成,斯易之太极也①。四十有九,数之极也。夫无不可以无明,必因于有,故常于有物之极,而必明其所由之宗也。

苏传:"易有太极,是生两仪","分而为二以象两",则其一不用,太极之象也。

分而为二以象两,挂一以象三,揲之以四以象四时,归奇于扐以象闰,五岁再闰,故再扐而后挂。

韩注:奇,况四揲之余,不足复揲者也。分而为二,既揲之余,合挂于一,故曰"再扐而后挂"。凡闰,十九年七闰为一章,五岁再闰者二,故略举其凡也。

苏传:分而为二,一也。挂一,二也。揲之以四,三也。归奇于扐,四也。

天数五,

韩注:五奇也。

地数五,

韩注:五耦也。

五位相得,而各有合。

韩注:天地之数各五,五数相配,以合成金木水火土。

苏传:合而相因,则为五十②。

天数二十有五,

韩注:五奇合为二十五。

---

① 大:阮元十三经注疏本作"太"。
② "合而"至"五十"句,陈本无。

地数三十。

韩注：五耦合为三十。

凡天地之数五十有五，

苏传：分而各数，则为五十有五。

此所以成变化而行鬼神也①。

韩注：变化以此成，鬼神以此行。

乾之策，二百一十有六；

韩注：阳爻六，一爻三十六策，六爻二百一十六策。

坤之策，百四十有四。

韩注：阴爻六，一爻二十四策，六爻一百四十四策②。

凡三百有六十，当期之日。二篇之策，万有一千五百二十，当万物之数也。

韩注：二篇三百八十四爻，阴阳各半，合万一千五百二十策。

是故四营而成易，

韩注：分而为二，以象两，一营也。挂一以象三，二营也。揲之以四，三营也。归奇于扐，四营也。

十有八变而成卦。八卦而小成。

苏传：四营而一变，三变而一爻，六爻为十八变也。三变之余，而四数之，得九为老阳，得六为老阴，得七为少阳，得八为少阴，故曰"乾之策二百一十有六，坤之策百四十有四"，取老而言也。九、六为老，七、八为少之说，未之闻也。或曰：阳极于九，其次则七也。极者为老，其次为少，则阴当老于十而少于八。曰：阴不可加于阳，故十不用。十不用，犹当老于八而少于六也。则又曰阳顺而上，其成数极于九；阴逆而下，其成数极于六。自下而上，阴阳均也。稚于子、午，而壮于巳、亥；始于复、姤，而终于乾、坤者，阴犹阳也。曷尝有进阳而退阴与逆顺之别乎？且此自然而然者，天地且不能知，而圣人岂得与于其间而制其予夺哉？惟唐一行之学则不然，以为《易》固已言之矣，曰"十有八变而成卦，八卦而小成"，则十八变之间有八卦焉，人莫之思也。变之扐有多少：其一变也，不五则九；其二与三也，不四则八。八与九

---

① 自"大衍之数五十"至"此所以成变化而行鬼神也"，《苏传》作："天一、地二，天三、地四，天五、地六，天七、地八，天九、地十。天数五，地数五。五位相得而各有合。天数二十有五，地数三十，凡天地之数五十有五，此所以成变化而行鬼神也。大衍之数五十，其用四十有九。分而为二以象两，挂一以象三，揲之以四以象四时，归奇于扐以象闰。五岁再闰，故再扐而后挂。"与《四部丛刊》本《周易》文字顺序有异。

② 阮元十三经注疏本无"一"字。

为多,五与四为少。多少者,奇偶之象也。三变皆少,则乾之象也,乾所以为老阳。而四数其余,得九,故以九名之。三变皆多,则坤之象也,坤所以为老阴。而四数其余,得六,故以六名之。三变而少者一,则震、坎、艮之象也,震、坎、艮所以为少阳。而四数其余,得七,故以七名之。三变而多者一,则巽、离、兑之象也,巽、离、兑所以为少阴。而四数其余,得八,故以八名之。故七八九六者,因余数以名阴阳。而阴阳之所以为老少者不在是,而在乎三变之间,八卦之象也。此唐一行之学也。

引而伸之,

韩注:伸之六十四卦。

触类而长之,天下之能事毕矣。

苏传:此生生之极也。

显道

韩注:显,明也。

神德行,

韩注:由神以成其用。

苏传:道,神而不显;德行,显而不神,故易以"显道神德行"。

是故可与酬酢,

苏传:应对万物之求。

可与佑神矣。

韩注:可与应对万物之求助,成神化之功也。酬酢,犹应对也。

苏传:助成神化之功。

子曰:"知变化之道者,其知神之所为乎?"

韩注:夫变化之道,不为而自然。故知变化者,则知神之所为。

苏传:神之所为,不可知也,观变化而知之尔。天下之至精至变,与圣人之所以极深研几者,每以神终之,是以知变化之间,神无不在。因而知之可也,指以为神则不可。

易有圣人之道四焉:以言者尚其辞,以动者尚其变,以制器者尚其象,以卜筮者尚其占。

韩注:此四者存乎器象,可得而用也。

苏传:圣人之道,求之而莫不皆有,取之而莫不皆获者也。以四人者之各有获于易也,故曰"易有圣人之道四焉"。而昧者乃指此以为道,则过矣。

是以君子将有为也,将有行也,问焉而以言,其受命也如响①。无有远

---

① 响:原本作"向",《四库全书》本同,据陈本改。

近幽深,遂知来物。非天下之至精,其孰能与于此?

苏传:此筮占之类。

参伍以变,错综其数。

苏传:世之通于数者,论三五错综,则以九宫言之。九宫不经见,见于《乾凿度》。曰:太一行九宫。九宫之数,以九、一、三、七为四方,以二、四、六、八为四隅,而五为中宫。经纬四隅,交络相值,无不得十五者。阴阳老少,皆分取于十五。老阳取九,余六以为老阴。少阳取七,余八以为少阴。此与一行之学不同。然吾以为相表里者。二者虽不经见,而其说皆不可废也。

通其变,遂成天地之文;极其数,遂定天下之象。非天下之至变,其孰能与于此?

苏传:此历术之类。

易无思也,无为也。寂然不动,感而遂通天下之故。非天下之至神,其孰能与于此?

韩注:夫非忘象者,则无以制象。非遗数者,无以极数。至精者,无筹策而不可乱。至变者,体一而无不周。至神者,寂然而无不应。斯盖功用之母,象数所由立,故曰非至精至变至神,则不得与于斯也。

夫《易》,圣人之所以极深而研几也。唯深也,故能通天下之志;唯几也,故能成天下之务。

韩注:极未形之理则曰深,适动微之会则曰几。

苏传:深者其理也,几者其用也。

唯神也,故不疾而速,不行而至。子曰"《易》有圣人之道四焉"者,此之谓也。

韩注:四者由圣道以成,故曰"圣人之道"。

苏传:至精至变者,以数用之也;极深研几者,以道用之也。止于精与变也,则数有时而差;止于几与深也,则道有时而穷。使数不差、道不穷者,其唯神乎? 故曰:"极数知来之谓占,通变之谓事,阴阳不测之谓神。"而此二者,亦各以神终之。既以神终之,又曰"易有圣人之道四焉",明彼四者之所以得为圣人之道者以此也。

子曰:"夫易,何为者也? 夫易,开物成务,冒天下之道,如斯而已者也。"

韩注:冒,覆也。言易通万物之志,成天下之务,其道可以覆冒天下也。

苏传:所谓"斯"者,指此十者,而学者不以此十者求之,则过矣。水至阴也,必待天一加之而后生者,阴不得阳,则终不得烝而成也。火至阳也,必待地二加之而后生者,阳不得阴,则无所傅而见也。五行皆然,莫不生于阴阳之象。

阳加阴则为水,为木,为土;阴加阳则为火,为金。苟不相加,则虽有阴阳之资,而无五行之用。夫易亦然。人固有是材也,而浑沌朴鄙,不入于器;易则开而成之,然后可得而用也。天下各治其道术,自以为至矣,而支离专固,不适于中;易以其道被之,然后可得而行也。是故乾刚而不折,坤柔而不屈,八卦皆有成德而不窳。不然,则天下之物,皆弃材也;天下之道,皆弃术也。

是故圣人以通天下之志,以定天下之业,以断天下之疑。是故蓍之德圆而神,卦之德方以知①,

韩注:圆者运而不穷,方者止而有分。言蓍以圆象神,卦以方象知也。唯变所适,无数不周,故曰圆。卦列爻分,各有其体,故曰方也。

六爻之义易以贡。

韩注:贡,告也。六爻变易,以告吉凶。

苏传:蓍有无穷之变,故其德圆,而象知来之神。卦著已然之迹,故其德方,而配藏往之智。以圆适方,以神行智,故六爻之义易以告也。

圣人以此洗心

韩注:洗濯万物之心。

退藏于密,

韩注:言其道深微,万物日用而不能知其原,故曰"退藏于密",犹藏诸用也。

苏传:以神行智,则心不为事物之所尘垢。使物自运而已不与,斯所以为"洗心退藏于密"也。

吉凶与民同患。

韩注:表吉凶之象,以同民所忧患之事,故曰"吉凶与民同患也"。

神以知来,知以藏往,

韩注:明蓍卦之用,同神知也。蓍定数于始,于卦为来。卦成象于终,于蓍为往。往来之用相成,犹神知也。

苏传:其迹不出于吉凶之域,故"与民同患"。"神以知来,智以藏往",故其实无患。来者应之,谓之"知来"。已行者莫见其迹,谓之"藏往"。

其孰能与此哉?古之聪明睿知,神武而不杀者夫?

韩注:服万物而不以威刑也。

苏传:庄子曰:"贼莫大于德有心,而心有眼。"夫能洗心退藏,则心虽用武而未尝杀②,况施德乎?不然,则虽施德,有杀人者矣,况用武乎?

---

① 知:原本作"智",据陈本、《经解》本、闵本、《四库》本、青本改。
② 心虽用武:陈本、《经解》本、青本作"心用",闵本、《四库》本作"虽用武"。

是以明于天之道,而察于民之故。是兴神物,以前民用。

韩注:定吉凶于始也。

苏传:天者死生祸福之制,而民之所最畏也。是故明天之道,察民之故,而作蓍龟。蓍龟之于民用也,其实何能益?亦前之而已。以虚器前之,而实用者得完,是礼义廉耻以前赏罚,则赏罚设而不用矣。

圣人以此齐戒,

韩注:洗心曰齐,防患曰戒。

以神明其德夫。

苏传:斋戒所以前祭祀也。

是故阖户谓之坤,

韩注:坤道包物。

辟户谓之乾,

韩注:乾道施生。

一阖一辟谓之变,往来不穷谓之通。

苏传:同是户也,阖则谓之坤,辟则谓之乾,辟阖之间而二物出焉。故变者两之,通者一之。不能一,则往者穷于伸,来者穷于屈矣。

见乃谓之象,

韩注:兆见曰象。

形乃谓之器,

韩注:成形曰器。

制而用之谓之法,利用出入,民咸用之谓之神。

苏传:象而后器,器而后用,此德业之叙也,而神常终之。

是故易有大极,是生两仪,

韩注:夫有必始于无,故大极生两仪也①。大极者,无称之称,不可得而名,取其有之所极,况之大极者也。

两仪生四象,四象生八卦,

韩注:卦以象之。

苏传:"太极"者有物之先也。夫有物必有上下,有上下必有四方,有四方必有四方之间②。四方之间立,而八卦成矣。此必然之势,无使之然者。

八卦定吉凶,

韩注:八卦既立,则吉凶可定。

---

① 大极:阮元十三经注疏本作"太极",下同。
② 有四方必有四方之间:闵本、《四库》本同,陈本、《经解》本、青本无。

吉凶生大业。

韩注：既定吉凶，则广大悉备。

苏传：入于吉凶之域，然后大业可得而见。

是故法象莫大乎天地，变通莫大乎四时，县象著明莫大乎日月，崇高莫大乎富贵，

韩注：位所以一天下之动，而济万物。

备物致用，立成器以为天下利，莫大乎圣人。探赜索隐，钩深致远，以定天下之吉凶，成天下之亹亹者，莫大乎蓍龟。

苏传：天地、四时、日月，天事也。天事所不及，富贵者制之。富贵者所不制，圣人通之。圣人所不通，蓍龟决之。

是故天生神物，圣人则之。天地变化，圣人效之。天垂象，见吉凶，圣人象之。河出图，洛出书，圣人则之。易有四象，所以示也。系辞焉，所以告也。定之以吉凶，所以断也。

苏传："天生神物，圣人则之"。则之者，则其无心而知吉凶也。"天地变化，圣人效之"。效之者，效其体一而周万物也。"天垂象，见吉凶，圣人象之"。象之者，象其不言而以象告也。河图、洛书，其详不可得而闻矣，然著于《易》，见于《论语》，不可诬也，而今学者或疑焉。山川之出图书，有时而然也。魏晋之间，张掖出石图，文字粲然。时无圣人，莫识其义尔。河图、洛书，岂足怪哉？且此四者，圣人之所取象以作《易》也。当是之时，有其象而无其辞，示人以其意而已，故曰"易有四象，所以示也"。圣人以后世之不足以知也，故系辞以告之，定吉凶以断之。圣人之忧世也深矣。

《易》曰："自天祐之，吉无不利。"子曰："祐者助也。天之所助者顺也，人之所助者信也。履信思乎顺，又以尚贤也，是以'自天祐之，吉无不利也。'"子曰："书不尽言，言不尽意，然则圣人之意，其不可见乎？"子曰："圣人立象以尽意，

苏传：圣人非不欲正言也，以为有不可胜言者，惟象为能尽之。故孟轲之譬喻，立象之小者也。

设卦以尽情伪，

苏传：情伪临吉凶而后见。吉凶至，则情者自如，而伪者败矣。卦者起吉凶之端也。

系辞焉以尽其言，

苏传：辞约而义广①，故能尽其言。

---

① 义：原本作"文"，据陈本、《经解》本、闵本、《四库》本、青本改。

变而通之以尽利,

韩注:极变通之数,则尽利也。故曰"易穷则变,变则通,通则久"。

苏传:既变之,复通之,则反覆于万物之间,无遗利矣。

鼓之舞之以尽神。"

苏传:孰鼓之欤? 孰舞之欤? 莫适为之,则谓之神。

《乾》《坤》其易之缊邪?

韩注:缊,渊奥也。

《乾》《坤》成列,而易立乎其中矣。《乾》《坤》毁,则无以见易。易不可见,则《乾》《坤》或几乎息矣。

苏传:缊,蓄也,阴阳相缊而物生。《乾》《坤》者,生生之祖也,是故为易之缊。《乾》《坤》之于易,犹日之于岁也。除日而求岁,岂可得哉? 故《乾》《坤》毁则易不可见矣。易不可见,则《乾》为独阳,《坤》为独阴,生生之功息矣。

是故形而上者谓之道,形而下者谓之器,化而裁之谓之变,

韩注:因而制其会通,适变之道也。

推而行之谓之通。

韩注:乘变而往者,无不通也。

苏传:"道"者器之上达者也,"器"者道之下见者也,其本一也。"化"之者道也,"裁"之者器也,"推而行之"者一之也。

举而错之天下之民,谓之事业。

韩注:事业所以济物,故举而错之于民。

是故夫象,圣人有以见天下之赜,而拟诸其形容,象其物宜,是故谓之象。圣人有以见天下之动,而观其会通,以行其典礼,系辞焉以断其吉凶,是故谓之爻。极天下之赜者存乎卦,鼓天下之动者存乎辞,

韩注:辞,爻辞也。爻以鼓动,效天下之动也。

化而裁之存乎变,推而行之存乎通,神而明之存乎其人。

韩注:体神而明之,不假于象,故存乎其人。

默而成之,不言而信,存乎德行。

韩注:德行,贤人之德行也。顺足于内,故默而成之也。体与理会,故不言而信也。

苏传:有其具而无其人,则形存而神亡。有其人而修诚无素,则我不能默成,而民亦不能默喻也。

《周易》卷八

系辞下传

八卦成列,象在其中矣。

韩注:备天下之象也。

因而重之,爻在其中矣。

韩注:夫八卦备天下之理,而未极其变,故因而重之以象其动用,拟诸形容以明治乱之宜,观其所应以著适时之功,则爻卦之义,所存各异,故爻在其中矣。

刚柔相推,变在其中矣。系辞焉而命之,动在其中矣。

韩注:刚柔相推,况八卦相荡,或否或泰,系辞焉而断其吉凶,况之六爻,动以适时者也。立卦之义,则见于《彖》《象》,适时之功,则存之爻辞。王氏之例详矣。

吉凶悔吝者,生乎动者也。

韩注:有变动而后有吉凶。

苏传:有辞可系,未有非动者,故虽"括囊""介石",皆有为于世者也。如必运行而后为动,则吉凶悔吝,未有不生于动者也。

刚柔者,立本者也。变通者,趣时者也。

韩注:立本况卦,趣时况爻。

吉凶者,贞胜者也。

韩注:贞者,正也,一也。夫有动则未免乎累,殉吉则未离乎凶。尽会通之变,而不累于吉凶者,其唯贞者乎?《老子》曰:"王侯得一,以为天下贞。"万变虽殊,可以执一御也。

苏传:贞,正也,一也。《老子》曰:"王侯得一,以为天下贞。"夫贞之于天下也,岂求胜之哉？故胜者贞之衰也。有胜必有负,而吉凶生矣。

天地之道,贞观者也。

韩注：明夫天地万物,莫不保其贞,以全其用也。

日月之道,贞明者也。天下之动,贞夫一者也。

苏传：不以贞为观者,自大观之则以为小,自高观之则以为下。不以贞为明者,意之所及则明,所不及则不明。故天地无异观,日月无异明者,以其正且一也。

夫乾,确然示人易矣。夫坤,隤然示人简矣。

韩注：确,刚貌也。隤,柔貌也。乾坤皆恒一其德,物由以成,故简易也。

爻也者,效此者也。象也者,像此者也。

苏传：刚而无心者,其德易,其形确然。柔而无心者,其德简,其形隤然。论此者,明八卦皆以德发于中,而形著于外也。故爻效其德,而象像其形,非独乾、坤也。

爻象动乎内,

韩注：兆数见于卦也。

吉凶见乎外,

韩注：失得验于事也。

苏传：动者我也,而吉凶自外应之。

功业见乎变,

韩注：功业由变以兴,故见乎变也。

苏传：未尝无功业也,因变而见。

圣人之情见乎辞。

韩注：辞也者,各指其所之,故曰情也。

苏传：其性不可容言也。

天地之大德曰生①,

韩注：施生而不为,故能常生,故曰大德也。

圣人之大宝曰位,

韩注：夫无用则无所宝,有用则有所宝也。无用而常足者,莫妙乎道,有用而弘道者,莫大乎位,故曰"圣人之大宝曰位"。

何以守位曰仁,何以聚人曰财。

韩注：财所以资物生也。

---

① 地：原本作"下",据陈本、《经解》本、闵本、《四库》本、青本改。

理财正辞,禁民为非曰义。

苏传:位之存亡寄乎民,民之死生寄乎财。故夺民财者,害其生者也。害其生者,贼其位者也。甚矣,斯言之可畏也。以是亡国者多矣。夫理财者,疏理其出入之道,使不壅尔,非取之也。正辞者,正名也。孔子曰:"名不正则言不顺言,言不顺则事不成,事不成则刑罚不中,刑罚不中则民无所措手足。故君子名之必可言也,言之必可行也。"无道之世,唯不正名,故上有愧于民,而民不直其上。令之不行,诛之不止,其祸皆出于财。故圣人之言理财,必与正名俱,曰"理财正辞"。以此二者为一言,犹医之用毒,必与其畏者俱也。名一正,上之所行,皆可以名言。则财之出入有道,而民之为非者可得而禁也。民不为非,则上之用财也约矣,又安以多取为哉?

古者包牺氏之王天下也,仰则观象于天,俯则观法于地。观鸟兽之文,与地之宜,

韩注:圣人之作《易》,无大不极,无微不究。大则取象天地,细则观鸟兽之文,与地之宜也。

近取诸身,远取诸物。于是始作八卦,以通神明之德,以类万物之情。作结绳而为罔罟,以佃以渔,盖取诸《离》。

韩注:离,丽也。罔罟之用,必审物之所丽也。鱼丽于水,兽丽于山也。

包牺氏没,神农氏作。斫木为耜,揉木为耒,耒耨之利①,以教天下,盖取诸《益》。

韩注:制器致丰,以益万物。

日中为市,致天下之民,聚天下之货,交易而退,各得其所,盖取诸《噬嗑》。

韩注:噬嗑,合也。市人之所聚,异方之所合,设法以合物,噬嗑之义也。

神农氏没,黄帝、尧、舜氏作。通其变,使民不倦,

韩注:通物之变,故乐其器用,不懈倦也。

神而化之,使民宜之。易穷则变,变则通,通则久。

韩注:通变则无穷,故可久。

是以自天祐之,吉无不利。黄帝、尧、舜垂衣裳而天下治,盖取诸《乾》《坤》。

韩注:垂衣裳以辨贵贱,乾尊坤卑之义也。

刳木为舟,剡木为楫。舟楫之利,以济不通,致远以利天下,盖取诸《涣》。

韩注:涣者,乘理以散动也。

服牛乘马,引重致远,以利天下,盖取诸《随》。

---

① 耨:原本作"耜",涉前误,据陈本、《经解》本、闵本、《四库》本、青本改。

韩注：随，随宜也。服牛乘马，随物所之，各得其宜也。

重门击柝，以待暴客，盖取诸《豫》。

韩注：取其备豫。

断木为杵，掘地为臼。臼杵之利，万民以济，盖取诸《小过》。

韩注：以小用而济物也。

弦木为弧，剡木为矢。弧矢之利，以威天下，盖取诸《睽》。

韩注：睽，乖也。物乖则争兴，弧矢之用，所以威乖争也。

上古穴居而野处，后世圣人易之以宫室。上栋下宇，以待风雨，盖取诸《大壮》。

韩注：宫室壮大于穴居，故制为宫室，取诸大壮也。

古之葬者，厚衣之以薪，葬之中野，不封不树，丧期无数。后世圣人易之以棺椁，盖取诸《大过》。

韩注：取其过厚。

上古结绳而治，后世圣人易之以书契。百官以治，万民以察，盖取诸《夬》。

韩注：夬，决也。书契所以决断万事也。

苏传："易有圣人之道四焉"，"以制器者尚其象"，故凡此皆象也。以义求之则不合，以象求之则获。

是故易者，象也。象也者，像也。彖者，材也。

韩注：材，才德也。彖言成卦之材，以统卦义也。

爻也者，效天下之动者也。是故吉凶生而悔吝著也。

苏传：孔子之述《彖》《象》也，盖自为一篇，而题其首曰"彖"、曰"象"也欤①？其初无"彖曰""象曰"之文，而后之学者，散之卦爻之下，故以"彖曰""象曰"别之。然孔子所谓"彖"者，盖谓卦辞，如"乾，元、亨、利、贞"之类是也。其所谓"象"，有大小。其"大象"，指八卦，震为雷，巽为风之类是也。其"小象"，指一爻，"潜龙勿用"之类是也。初不谓己所述者为《彖》《象》也。而近世学者失之，乃指孔子之言为《彖》《象》，不可以不辨也。象者像也，像之言似也。其实有不容言者，故以其似者告也。达者因似以识真，不达则又见其似似者，而日以远矣。"彖"者，豕也。"爻"者，折俎也。古者谓折俎为爻，其文盖象折俎之形。后世以易有六爻也，故加肉为希以别之。彖则何为取于豕也？曰："彖者材也。"八卦相值，材全而体备，是以为豕也。爻则何为取于折俎也？"爻者效天下之动"，分卦之材，裂卦之体②，而适险易

---

① 也欤：闵本、《四库》本同，陈本、《经解》本、青本无。

② 卦：闵本、《四库》本同，陈本、《经解》本、青本作"彖"。

之变也。

阳卦多阴,阴卦多阳,其故何也? 阳卦奇,阴卦耦。

韩注:夫少者,多之所宗;一者,众之所归。阳卦二阴,故奇为之君;阴卦二阳,故耦为之主。

其德行何也?

韩注:辨阴阳二卦之德行也。

阳一君而二民,君子之道也。阴二君而一民,小人之道也。

韩注:阳,君道也。阴,臣道也。君以无为统众,无为则一也。臣以有事则代终,有事则二也。故阳爻画奇,以明君道必一;阴爻画两,以明臣体必二,斯则阴阳之数,君臣之辨也。以一为君,君之德也。二居君位,非其道也。故阳卦曰"君子之道"也,阴卦曰"小人之道"也。

苏传:阳卦以阳为君,阴卦以阴为君。其曰"阴二君而一民",何也? 曰:阳宜为君者也,阴宜为民者也。以民道而任君事,此所以为小人也。

《易》曰:"憧憧往来,朋从尔思。"

韩注:天下之动,必归乎一,思以求朋,未能一也。一以感物,不思而至。

子曰:"天下何思何虑? 天下同归而殊途,一致而百虑。天下何思何虑?"

韩注:夫少则得,多则惑。途虽殊,其归则同;虑虽百,其致不二。苟识其要,不在博求;一以贯之,不虑而尽矣。

苏传:致,极也。极则一矣,其不一者,盖未极也。四海之水,同一平也;胡、越之绳墨,同一直也。故致一而百虑皆得也,夫何思何虑!

日往则月来,月往则日来,日月相推而明生焉。寒往则暑来,暑往则寒来,寒暑相推而岁成焉。往者屈也,来者信也,屈信相感而利生焉。尺蠖之屈,以求信也;龙蛇之蛰,以存身也。

苏传:易将明乎一,未有不用变化、晦明、寒暑、往来、屈信者也。此皆二也,而以明一者,惟通二为一,然后其一可必。故曰"在天成象,在地成形"。又曰:"变化者进退之象,刚柔者昼夜之象。"又曰:"阖户谓之坤,辟户谓之乾。"皆所以明一也。

精义入神,以致用也。

韩注:精义,物理之微者也。神寂然不动,感而遂通,故能乘天下之微,会而通其用也。

利用安身,以崇德也。

韩注:利用之道,皆安其身而后动也。精义由于入神,以致其用;利用由于安身,以崇其德。理必由乎其宗,事各本乎其根。归根则宁,天下之理得也。若役其思虑，以求动用，忘其安身，以殉功美，则伪弥多而理愈失，名弥美而累愈彰矣。

苏传："精义"者，穷理也。"入神"者，尽性以至于命也。穷理尽性，以至于命，岂徒然哉，将以致用也。譬之于水，知其所以浮，知其所以沉，尽水之变，而皆有以应之，精义者也。知其所以浮沉而与之为一，不知其为水，入神者也。与水为一，不知其为水，未有不善游者也，而况以操舟乎？此之谓致用也。故善游者之操舟也，其心闲，其体舒。是何故？则用利而身安也。事至于身安，则物莫吾测而德崇矣。

过此以往，未之或知也。穷神知化，德之盛也。

苏传：恐天下沿其末流，而不知反其宗，故寄之不知以为无穷[1]。恐天下相追于无穷而不已，故指其盛德以为蓺极。

《易》曰："困于石，据于蒺藜，入于其宫，不见其妻，凶。"子曰："非所困而困焉，名必辱。非所据而据焉，身必危。既辱且危，死期将至，妻其可得而见邪？"《易》曰："公用射隼于高墉之上，获之，无不利。"子曰："隼者禽也，弓矢者器也，射之者人也。君子藏器于身，待时而动，何不利之有？动而不括，是以出而有获。语成器而动者也。"

韩注：括，结也。君子待时而动，则无结阂之患者也。

子曰："小人不耻不仁，不畏不义，不见利不劝，不威不惩。小惩而大诫，此小人之福也。《易》曰：'履校灭趾，无咎。'此之谓也。善不积不足以成名，恶不积不足以灭身。小人以小善为无益而弗为也，以小恶为无伤而弗去也，故恶积而不可掩，罪大而不可解。《易》曰：'何校灭耳，凶。'"子曰："危者安其位者也，亡者保其存者也，乱者有其治者也。是故君子安而不忘危，存而不忘亡，治而不忘乱。是以身安而国家可保也。《易》曰：'其亡！其亡！系于苞桑。'"子曰："德薄而位尊，知小而谋大，力小而任重，鲜不及矣。《易》曰：'鼎折足，覆公𫗧，其形渥，凶。'言不胜其任也。"子曰："知几其神乎？君子上交不谄，下交不渎，其知几乎！

韩注：形而上者况之道。形而下者况之器。于道不宜而有求焉[2]，未离乎谄也。于器不绝而有交焉，未免乎渎也。能无谄、渎，穷理者也？

几者，动之微，吉之先见者也。

韩注：几者去无入有，理而未形[3]，不可以名寻，不可以形睹者也。唯神

---

[1] 无：闵本、《四库》本同，陈本、《经解》本、青本无。
[2] 宜：阮元十三经注疏本作"冥"。
[3] 未：阮元十三经注疏本作"无"。

也不疾而速,感而遂通,故能朗然玄照,鉴于未形也。合抱之木,起于毫末。吉凶之彰,始于微兆,故为吉之先见也。

君子见几而作,不俟终日。《易》曰:'介于石,不终日,贞吉。'介如石焉,宁用终日! 断可识矣。

韩注:定之于始,故不待终日也。

苏传:夫无守于中者,不有所畏则有所忽也。忽者常失于大早,畏者常失于太后。既失之,又惩而矫之,则终身未尝及事之会矣。知几者不然。其介也如石之坚,上交不谄,无所畏也;下交不渎,无所忽也。上无畏,下无忽,事至则发而已矣。

君子知微知彰,知柔知刚,万夫之望。"

韩注:此知几其神乎?

苏传:知几者,众之所望,以为进退之候也。

子曰:"颜氏之子,其殆庶几乎! 有不善未尝不知,知之未尝复行也。

韩注:在理则昧,造形而悟,颜子之分也。失之于几,故有不善。得之于二,不远而复,故知之未尝复行也。

苏传:其心至静而清明,故不善触之未尝不知,知之故未尝复行。知之而复行者,非真知也。世所以不食乌喙者,徒以知之审也。如使知不善如知乌喙,则世皆颜子矣。所以不及圣人者,犹待知尔。《诗》曰:"不识不知,顺帝之则。"

《易》曰:'不远复,无祗悔,元吉。'

韩注:吉凶者,失得之象也。得二者于理不尽①,未至成形,故得不远而复,舍凶之吉,免夫祗悔,而终获元吉。祗,大也。

天地绸缊,万物化醇。男女构精,万物化生。《易》曰:'三人行,则损一人;一人行,则得其友。'言致一也。"

韩注:致一而后化成也。

子曰:"君子安其身而后动,易其心而后语,定其交而后求。君子修此三者,故全也。危以动,则民不与也;惧以语,则民不应也;无交而求,则民不与也;莫之与,则伤之者至矣。《易》曰:'莫益之,或击之。立心勿恒,凶。'"

韩注:夫虚己存诚,则众之所不迕也。躁以有求,则物之所不与也。

子曰:"乾、坤,其《易》之门邪②?

苏传:辟阖以生变化,易之所自出也。

---

① 二:阮元十三经注疏本作"一"。
② 邪:原本作"耶",青本同,据陈本、《经解》本、闵本、《四库》本改。

乾,阳物也。坤,阴物也。阴阳合德而刚柔有体,以体天地之撰,

韩注:撰,数也。

以通神明之德。其称名也,杂而不越。

韩注:备物极变,故其名杂也。各得其序,不相踰越,况爻彖之辞也。

苏传:阴阳二物也。其合也,未尝不杂;其分也,"乾道成男,坤道成女",未尝杂也,故曰"阴阳合德而刚柔有体"。"阴阳合德"故杂,"刚柔有体"故不越。

于稽其类,其衰世之意邪?

韩注:有忧患而后作《易》,世衰则失得弥彰,爻彖之辞,所以辨失得,故知衰世之意邪,稽,犹考也。

夫《易》,彰往而察来,

苏传:至静而明,故物之往来屈信者无遁形也。

而微显阐幽。

韩注:易无往不彰,无来不察,而微以之显,幽以之阐。阐,明也。

苏传:显道神德行。

开而当名辨物,正言断辞,则备矣。

韩注:开释爻卦,使各当其名也。理类辨明,故曰"断辞"也。

苏传:此解剖至道自玄适著之叙也。夫道之大全也,未始有名,而易实开之。赋之以名,以名为不足而取诸物以寓其意,以物为不足而正名言之,以言为不足而断之以辞,则备矣。名者言之约者也,辞者言之悉者也。

其称名也小,其取类也大,

韩注:托象以明义,因小以喻大。

苏传:夫名者,取众人之所知,以况其所不知。

其旨远,

苏传:不得不远。

其辞文,

苏传:不得不文。

其言曲而中,

韩注:变化无恒,不可为典要,故其言曲而中也。

其事肆而隐。

韩注:事显而理微也。

因贰以济民行,以明失得之报。"

韩注:贰则失得也,因失得以通济民行,故明失得之报也。"失得之报"者,得其会则吉,乖其理则凶。

苏传:"兼三材而两之",所谓"贰"也。夫道一而已,然《易》之作必因其贰者,贰而后有内外,有内外而后有好恶,有好恶而后有失得。故孔子以《易》为衰世之意,而兴于中古者,以其因贰也。一以自用,贰以济民。

《易》之兴也,其于中古乎? 作《易》者其有忧患乎?

韩注:无忧患则不为而足也。

是故《履》,德之基也;

韩注:基,所蹈也。

苏传:"基"者厚下以自全也。《履》之九五待六三而不疚,六三待九二而能履,故和则至,乖则废矣。

《谦》,德之柄也;

苏传:旁出而起物者柄也。《谦》之为道偏矣①,而德非谦莫能起者。

《复》,德之本也;

韩注:夫动本于静,语始于默,复者,各反其所始,故为德之本也。

《恒》,德之固也;

韩注:固,不倾移也。

《损》,德之修也。

苏传:"修"之为言长也远也。民见其损之患,而未见其终以为益之效,故先难而后易,此德之远者也。

《益》,德之裕也;

韩注:能益物者,其德宽大也。

《困》,德之辩也;

韩注:困而益明。

苏传:困则真伪别。

《井》,德之地也;

韩注:所处不移,象居得其所也。

苏传:"地"者所在之谓也。《老子》曰:"埏埴以为器,当其无,有器之用。"夫《井》亦然。以其无有,故德在焉。

《巽》,德之制也。

韩注:巽,所以申命明制也。

苏传:无忤于物而能胜物者风也,故德之制在《巽》而可以行权。

《履》,和而至;

韩注:和而不至,从物者也。和而能至,故可履也。

---

① 偏:青本作"遍"。

《谦》,尊而光;《复》,小而辨于物;

韩注:微而辨之,不远复也。

苏传:虽微也,而其为阳物也审矣①。

《恒》,杂而不厌;

韩注:杂而不厌,是以能恒。

苏传:雷风相与故杂,杂故不厌。如使专一,则厌而迁矣②。

《损》,先难而后易;

韩注:刻损以修身,故先难也。身修而无患,故后易也。

《益》,长裕而不设;

韩注:有所兴为,以益于物,故曰长裕。因物兴务,不虚设也。

苏传:"有孚惠心",何设之有③?

《困》,穷而通;

韩注:处穷而不屈其道也。

《井》,居其所而迁;

韩注:改邑不改井,井所居不移,而能迁其施也。

苏传:内足者不求于物而物求之④。

《巽》,称而隐。

韩注:称扬命令,而百姓不知其由也。

苏传:"称",举也。举而人莫见者风也⑤。

《履》以和行,《谦》以制礼,《复》以自知,

韩注:求诸己也。

《恒》以一德,

韩注:以一为德也。

《损》以远害,

韩注:止于修身,故可以远害而已。

苏传:居忧患之世而有得民之形,则害之者众矣,故"《损》以远害"⑥。

《益》以兴利,《困》以寡怨,

韩注:困而不滥,无怨于物。

---

① "虽微也"至"审矣",闽本、《四库》本同,陈本、《经解》本、青本无。
② "雷风"至"迁矣",闽本、《四库》本同,《经解》本、青本无。
③ "有孚"至"之有",闽本、《四库》本同,陈本、《经解》本、青本无。
④ "内足者"句,闽本、《四库》本同,陈本、《经解》本、青本无。
⑤ "称举也"至"风也",闽本、《四库》本同,陈本、《经解》本、青本无。
⑥ "居忧患"至"远害",闽本、《四库》本同,陈本、《经解》本、青本无。

苏传：致命遂志，故不怨天，不尤人。尤人者人亦尤之，则多怨矣①。

《井》以辩义，

韩注：施而无私，义之方也。

苏传：居有常所，则分义明矣②。

《巽》以行权。

韩注：权反经而合道，必合乎巽顺，而后可以行权也。

苏传：此九卦者，为忧患者言也，其意以属文王与？孔子之于文王也，见其礼乐，读其《易》，考其行事，而得其为人③。其必有以合此九卦者，而世莫足以知之也④。

《易》之为书也不可远，

韩注：拟议而动，不可远也。

苏传：凡言"为书"者，皆论其已造于形器者也。其书可以指见口授，不当远索于文辞之外也。其道则远矣。

为道也屡迁，变动不居，周流六虚，

韩注：六虚，六位也。

苏传：六位也⑤，此六者虚器尔，吉凶悔吝存乎其人。

上下无常，刚柔相易，不可为典要，

韩注：不可立定准也。

唯变所适。

韩注：变动贵于适时，趣舍存乎会也。

苏传：此所谓"屡迁"。"屡迁"者其道也，非其书也。

其出入以度，外内使知惧。

韩注：明出入之度，使物知外内之戒也⑥。出入犹行藏，外内犹隐显。遯以远时为吉，丰以幽隐致凶，渐以高显为美，明夷以处昧利贞，此内外之戒者也。

苏传：卦所以有内外，爻所以有出入者，为之立敌而造忧患之端，使知惧也。有敌而后惧，惧而后用法，此物之情也。

又明于忧患与故，

---

① "致命"至"怨矣"，闵本、《四库》本同，陈本、《经解》本、青本无。
② "居有"句，闵本、《四库》本同，陈本、《经解》本、青本无。
③ "此九卦"至"而得其为"，闵本、《四库》本同，陈本、《经解》本、青本无。
④ "人其必有"至"知之也"，陈本在上文"巽称而隐"之后。
⑤ "六位也"前，《四库》本有"六虚"二字，陈本、《经解》本、闵本、青本无。
⑥ 知：阮元十三经注疏本作"之"。

韩注：故，事故也。

苏传：忧患之来，苟不明其故，则人有苟免之志，而怠于避祸矣。故易明忧患，又明其所以致之之故。

无有师保，如临父母。

韩注：安而不忘危，存而不忘亡。终日乾乾，不可以怠也。

苏传：去父母，远师保，而不敢忘畏者，知内外之惧，明忧患之故也。

初率其辞而揆其方，既有典常。

韩注：能循其辞以度其义，原其初以要其终，则唯变所适，是其常典也。明其变者，存其要也，故曰"苟非其人，道不虚行"。

苏传：此所谓"不可远"。"不可远"者其书也，非其道也。不可以远索，故循其辞，度其所向而已。"初"者，为未达者言也。未达者治其书，用其出入之度，审其"内外之惧"，明其"忧患之故"，而蹈其"典常"，可以寡过。达者行其道，无出无入，无内无外，周流六位，无往不适，虽为圣人可也。故曰："以言乎远则不御，以言乎迩则静而正。"

苟非其人，道不虚行。

苏传：戒非其人而学其道者。非其人而学其道，则无所不至矣。

《易》之为书也，原始要终，以为质也。

韩注：质，体也。卦兼终始之义也。

苏传：吉凶成败，非"要终"不得其实。"质"，实也。

六爻相杂，唯其时物也。

韩注：爻各存乎其时。物，事也。

苏传：各以其时物之。

其初难知，其上易知，本末也。

苏传：非固欲为难易，本末之势然也。

初辞拟之，卒成之终。

韩注：夫事始于微而后至于著。初者，数之始，拟议其端，故难知也。上者，卦之终，事皆成著，故易知也。

若夫杂物撰德，辩是与非，则非其中爻不备。

苏传：物杂而德可撰者，以其中爻也。

噫！亦要存亡吉凶，则居可知矣。

苏传：不必在中爻，故又以存亡吉凶要之。

知者观其彖辞，则思过半矣。

韩注：夫彖者，举立象之统，论中爻之义，约以存博，简以兼众，杂物撰德，而一以贯之。形之所宗者道，众之所归者一。其事弥繁，则愈滞乎形；其理弥约,则转近乎道。象之为义,存乎一也。一之为用,同乎道矣。形而上者,可以观道,过半之益,不亦宜乎。

苏传:象者常论其用事之爻,故观其象①,则其余皆象爻之所用者也。

二与四,同功

韩注:同阴功也。

而异位,

韩注:有内外也。

其善不同。二多誉,

韩注:二处中和,故多誉也。

四多惧,近也。

韩注:位逼于君,故多惧也。

苏传:近于五也②。有善之名而近于君,则惧矣。故二之善宜著,四之善宜隐。

柔之为道,不利远者,其要无咎,其用柔中也。

韩注:四之多惧,以近君也,柔之为道,须援而济,故有不利远者。二之能无咎,柔而处中也。

苏传:柔者有依而后能立,二远无依,而免于咎者,中也。

三与五同功

韩注:同阳功也。

而异位,

韩注:有贵贱也。

三多凶,五多功,贵贱之等也。

苏传:三与五者,厚事之地也,故大者先享其利,而小者先受其害。

其柔危,其刚胜邪?

韩注:三、五阳位,柔非其位,处之则危,居以刚健,胜其任也。夫所贵刚者,闲邪存诚,动而不违其节者也。所贵柔者,含弘居中,顺而不失其贞者也。若刚以犯物,则非刚之道;柔以卑侫,则非柔之义也。

苏传:以刚居之则胜,柔则危。自此以上,皆"典要"之粗也,皆非必然者也。从其多者言之尔。

《易》之为书也,广大悉备。有天道焉,有人道焉,有地道焉。兼三才而两之,故六。六者非它也,三材之道也。

---

① 象:原本作"象",陈本、《经解》本、青本同,据闵本、《四库》本改。
② "近于"前,《四库》本有"四"字,陈本、《经解》本、闵本、青本无。

韩注：《说卦》备矣。

道有变动，故曰爻。爻有等，故曰物。

韩注：等，类也。乾，阳物也。坤，阴物也。爻有阴阳之类，而后有刚柔之用，故曰"爻有等，故曰物"。

苏传：等，类也。凡乾之类皆阳物，坤之类皆阴物。

物相杂，故曰文。

韩注：刚柔交错，玄黄相杂。

文不当，故吉凶生焉。

苏传：物之不齐，物之情也，故吉凶者，势之所不免也。

《易》之兴也，其当殷之末世，周之盛德邪？当文王与纣之事邪？

韩注：文王以盛德蒙难而能亨其道，故称文王之德，以明易之道也。

是故其辞危，

韩注：文王与纣之事，危其辞也。

危者使平，易者使倾。

韩注：易，慢易也。

其道甚大，百物不废。惧以终始，其要无咎，此之谓《易》之道也。

韩注：夫文不当而吉凶生，则保其存者亡，不忘亡者存，有其治者乱，不忘危者安，惧以终始，归于无咎，安危之所由，爻象之大体也①。

苏传：得其大者，纵横逆顺，无施不可，而天下无废物矣。得其小者，惧以终始，犹可以无咎。

夫乾，天下之至健也，德行恒易以知险。夫坤，天下之至顺也，德行恒简以知阻。

苏传：己险而能知险，己阻而能知阻者，天下未尝有也。夫险阻在躬，则天下莫不备之。天下莫不备之，则其所备者众矣，又何暇知人哉？是故处下以倾高，则高者毕赴；用晦以求明，则明者必见。易简以观险阻，则险阻无隐情矣。

能说诸心，能研诸侯之虑，

韩注：诸侯，物主有为者也。能说万物之心，能精为者之务。

苏传："侯之"，衍文也。吾心和易，则可以究尽万物之虑也。

定天下之吉凶，成天下之亹亹者。

苏传：此向以言蓍龟者，重见于此，误也。

是故变化云为，吉事有祥，象事知器，占事知来。

---

① 大：阮元十三经注疏本作"本"。

韩注:"夫变化云为"者,行其吉事,则获嘉祥之应;观其象事,则知制器之方;玩其占事,则睹方来之验也。

苏传:言易简者无不知也。《礼》曰:"至诚之道,可以前知。国家将兴,必有祯祥。国家将亡,必有妖孽。见乎蓍龟,动乎四体。"祸福将至,必先知之,故至诚如神。

天地设位,圣人成能。

韩注:圣人乘天地之正,万物各成其能。

人谋鬼谋,百姓与能。

韩注:人谋,况议于众以定失得也;鬼谋,况寄卜筮以考吉凶也。不役思虑,而失得自明;不劳探射,而吉凶自著。类万物之情,通幽深之故,故百姓与能,乐推而不厌也。

苏传:言易简者取诸物而足也。万物自生自成,故天地设位而已。圣人无能,因天下之已能而遂成之,故人为我谋之明,鬼为我谋之幽。百姓之愚,可使与知焉。《书》云①:"谋及卿士,谋及庶人,谋及卜筮。"

八卦以象告,

韩注:以象告人。

爻彖以情言,

韩注:辞有险易,而各得其情也。

刚柔杂居而吉凶可见矣。变动以利言,

韩注:变而通之,以尽利也。

苏传:以利言之,则有变动,而道固自如也。

吉凶以情迁,

韩注:吉凶无定,唯人所动。情顺乘理以之吉,情逆违道以蹈凶,故曰"吉凶以情迁"也。

苏传:顺其所爱,则谓之"吉";犯其所恶,则谓之"凶"。夫我之所爱,彼有所甚恶,则我之所谓吉者,彼或以为凶矣,故曰"吉凶以情迁"。

是故爱恶相攻而吉凶生,

韩注:泯然同顺,何吉何凶?爱恶相攻,然后逆顺者殊,故吉凶生。

苏传:在我为吉,则是天下未尝有凶;在彼为凶,则是天下未尝有吉。然而吉凶如此其纷纷者,是生于爱恶之相攻也。

远近相取而悔吝生,

韩注:相取,犹相资也。远近之爻,互相资取,而后有悔吝也。

---

① 云:陈本、青本同,《经解》本、冈本、《四库》本作"曰"。

苏传："悔吝"者生于不弘通者也。天下孰为真远？自其近者观之，则远矣。孰为真近？自其远者观之，则近矣。远近相资以为别也。因其别也，而各挟其有以自异，则"或害之"矣。"或害之"者，"悔吝"之所从出也。

情伪相感而利害生。

韩注：情以感物则得利，伪以感物则致害也。

苏传：信其人则举以为利己，不信则举以为害己，此情伪之蔽也。

凡《易》之情，近而不相得则凶，

韩注：近，况比爻也。易之情，刚柔相摩，变动相适者也。近而不相得，必有乖违之患。或有相违而无患者，得其应也；相顺而皆凶者，乘于时也。存事以考之，则义可见矣。

或害之，悔且吝。

韩注：夫无对于物而后尽全顺之道，岂可有欲害之者乎？虽能免济，必有悔吝也。或，欲害之辞也。

苏传：此明凶与悔吝轻重之差也。近而不相得则相害，故凶。"或害之"者，非我之罪也，然亦有以致之矣。

将叛者其辞惭，中心疑者其辞枝。吉人之辞寡，躁人之辞多，诬善之人其辞游，失其守者其辞屈。

苏传：微之显，诚之不可掩也如此，故或害之者，我必有以见于外也。

《周易》卷九

说 卦 传

昔者圣人之作《易》也，幽赞于神明而生蓍，

韩注：幽，深也。赞，明也。蓍受命如响，不知所以然而然也。

苏传：介绍以传命谓之"赞"。天地鬼神，不能与人接也，故以蓍龟为之介绍。

参天两地而倚数，

韩注：参，奇也。两，耦也。七、九阳数，六、八阴数。

苏传：天数五，地数五，其曰三两何也？自一至五，天数三，地数二，明数之止于五也。自五以往，非数也，皆相因而成者也，故曰"倚数"。以是知大衍之数五十，孔子论之已悉，岂容有异说哉？

观变于阴阳而立卦，

韩注：卦，象也。蓍，数也。卦则雷风相薄，山泽通气，拟象阴阳变化之体；蓍则错综天地参两之数，蓍极数以定象，卦备象以尽数，故蓍曰"参天两地而倚数"，卦曰"观变于阴阳"也。

发挥于刚柔而生爻，

韩注：刚柔发散，变动相生。

和顺于道德而理于义，穷理尽性，以至于命。

韩注：命者，生之极，穷理则尽其极也。

昔者圣人之作《易》也，将以顺性命之理，是以立天之道曰阴与阳，立地之道曰柔与刚，

韩注：在天成象，在地成形。阴阳者，言其气；刚柔者，言其形，变化始于气象而后成形。万物资始乎天，成形乎地，故天曰阴阳，地曰柔刚也。或

有在形而言阴阳者,本其始也;在气而言柔刚者,要其终也。

立人之道曰仁与义。兼三才而两之,故易六画而成卦。分阴分阳,迭用柔刚,故易六位而成章。

韩注:设六爻以效三才之动,故六画而成卦也。六位,爻所处之位也。二、四为阴,三、五为阳,故曰"分阴分阳";六爻升降,或柔或刚,故曰"迭用柔刚"也。

天地定位,山泽通气,雷风相薄,水火不相射,八卦相错,数往者顺,知来者逆,

韩注:易八卦相错变化,理备于往则顺而知之,于来则逆而数之。

是故易逆数也。

韩注:作《易》以逆睹来事,以前民用。

苏传:何为顺?何为逆?曰:道德之变,如江河之日趋于下也。沿其末流,至于生蓍倚数,立卦生爻,而万物之情备矣。圣人以为立于其末,则不能识其全而尽其变,是以泝而上之,反从其初。道者其所行也,德者其行而有成者也,理者道德之所以然,而义者所以然之说也。君子欲行道德,而不知其所以然之说,则役于其名而为之尔。夫苟役于其名而不安其实,则小大相害,前后相陵,而道德不和顺矣。譬如以机发木偶,手举而足发,口动而鼻随也。此岂若人之自用其身,动者自动,止者自止,曷尝调之而后和,理之而后顺哉?是以君子贵性与命也。欲至于性命,必自其所以然者泝而上之。夫所以食者,为饥也;所以饥者,为渴也,岂自外入哉?人之于饮食,不待学而能者,其所以然者明也,盍徐而察之?饥渴之所从出,岂不有未尝饥渴者存乎?于是性可得而见也。有性者,有见者,孰能一是二者,则至于命矣。此之谓逆。圣人既得性命之理,则顺而下之,以极其变。率一物而两之,以开生生之门,所谓因贰以齐民行者也。故兼三才,设六位,以行于八卦之中。天地山泽,雷风水火,纷然相错。尽八物之变,而邪正吉凶、悔吝忧虞、进退得失之情,不可胜穷也。此之谓顺。断竹为篪,窍而吹之,唱和往来之变,清浊缓急之节,师旷不能尽也。反而求之,有五音十二律而已。五音十二律之初,有哔然者而已。哔然者之初,有寂然者而已。古之作乐者,其必立于寂然者之中乎?是以自性命而言之,则以顺为往,以逆为来,故曰"数往者顺,知来者逆"。六十四卦三百八十四爻,皆据其末而反求其本者也,故"《易》逆数也"。

雷以动之,风以散之,雨以润之,日以烜之,艮以止之,兑以说之,乾以君之,坤以藏之。

苏传:于是方以四时言也。八卦之用于四时也,震、巽、坎、离各以其物,故曰雷、曰风、曰雨、曰日,而不言其德也。天地山泽各以其德,故曰乾、

曰坤、曰艮、曰兑,而不言其物也。

帝出乎震,齐乎巽,相见乎离,致役乎坤,说言乎兑,战乎乾,劳乎坎,成言乎艮。

苏传:古有是说也。

万物出乎震,震,东方也。齐乎巽,巽,东南也。齐也者,言万物之洁齐也。离也者,明也。万物皆相见,南方之卦也。圣人南面而听天下,向明而治,盖取诸此也。坤也者,地也,万物皆致养焉,故曰致役乎坤。兑,正秋也,万物之所说也,故曰说言乎兑。战乎乾。乾,西北之卦也,言阴阳相薄也。坎者,水也,正北方之卦也,劳卦也,万物之所归也,故曰劳乎坎。艮,东北之卦也,万物之所成终而所成始也,故曰成言乎艮。神也者,妙万物而为言者也。

韩注:于此言神者,明八卦运动、变化、推移,莫有使之然者,神则无物妙万物而为言也。则雷疾风行,火炎水润,莫不自然相与为变化,故能万物既成也。

苏传:此孔子从而释之也。曰是万物之盛衰于四时之间者也,皆其自然,莫或使之。而谓之帝者,万物之中有妙于物者焉。此其神也,而谓之帝云尔。震,木也;兑,金也;离,火也;坎,水也,故各位于其方。巽亦木也,故从震而位于东南。乾亦金也,故从兑而位于西北。坤与艮皆土也。坤位于西南,季夏之位也。艮位于东北,盖从坎也。艮则曷为从坎?季夏土,十一月水,其律皆黄钟。《传》曰:"夫水,土衍而民用也。"古之达者,其有以知此矣。坤不言其方何也?所谓致养者取于地,非独取于季夏也。二"言",衍文也。当云"说乎兑","成乎艮"。古者"兑""说"通,无从"言"者。或从而加之,故遂以为"说言",而离"诚"以为二也①。《记》曰:"诚者物之终始,不诚无物。"内躁而外静,内柔而外刚,盖有之矣。至于死生终始之际,其情必得。艮,终始万物者也,亦不容伪也。

动万物者,莫疾乎风。燥万物者,莫熯乎火。说万物者,莫说乎泽。润万物者,莫润乎水。终万物始万物者,莫盛乎艮。故水火相逮,雷风不相悖,山泽通气,然后能变化,既成万物也。

苏传:此各以其物言也,而不及乾、坤者,乾、坤不可物。六子之功显,而乾、坤之德存乎其中。艮亦不言其物,何也?艮之物,山。山之用,坤兼之矣,故艮亦不得以物言也。

乾,健也。坤,顺也。震,动也。巽,入也。坎,陷也。离,丽也。艮,止也。兑,说也。

----

① 诚:闵本、《四库》本同,陈本、《经解》本、青本作"兑"。

苏传：循万物之理，无往而不自得，谓之"顺"。执柔而不争，无往而不见纳，谓之"入"①。

乾为马，坤为牛，震为龙，巽为鸡，坎为豕，离为雉，艮为狗，兑为羊。乾为首，坤为腹，震为足，巽为股，坎为耳，离为目，艮为手，兑为口。乾，天也，故称乎父。坤，地也，故称乎母。震一索而得男，故谓之长男②。巽一索而得女，故谓之长女。坎再索而得男，故谓之中男③。离再索而得女，故谓之中女。艮三索而得男，故谓之少男。兑三索而得女，故谓之少女。乾为天，为圜，为君，为父，为玉，为金，为寒，为冰，为大赤，为良马，为老马，为瘠马，为驳马，为木果。坤为地，为母，为布，为釜，为吝啬，为均，为子母牛，为大舆，为文，为众，为柄，其于地也为黑。震为雷，为龙，为玄黄，为旉，为大途，为长子，为决躁，为苍筤竹，为萑苇；其于马也为善鸣，为馵足，为作足，为的颡；其于稼也为反生，其究为健，为蕃鲜④。巽为木，为风，为长女，为绳直，为工，为白，为长，为高，为进退，为不果，为臭；其于人也，为寡发，为广颡，为多白眼，为近利市三倍，其究为躁卦。坎为水，为沟渎，为隐伏，为矫𫐓，为弓轮；其于人也，为加忧，为心病，为耳痛，为血卦，为赤；其于马也为美脊，为亟心，为下首，为薄蹄，为曳；其于舆也，为多眚，为通，为月，为盗；其于木也，为坚多心。离为火，为日，为电，为中女，为甲胄⑤，为戈兵；其于人也，为大腹；为乾卦，为鳖，为蟹，为蠃，为蚌，为龟；其于木也，为科上槁⑥。艮为山，为径路，为小石，为门阙，为果蓏，为阍寺，为指，为狗，为鼠，为黔喙之属；其于木也，为坚多节。兑为泽，为少女，为巫，为口舌，为毁折，为附决；其于地也为刚卤，为妾，为羊。

苏传：凡八卦之所为，至于俚俗杂乱，无所不有其说，固不可尽知，盖用于占筮者而已。意不止于此，将使人以类求之欤！不然，则有亡逸不全者矣。"易有圣人之道四焉"，"以卜筮者尚其占"，是以得见于此也。

序　卦　传

有天地然后万物生焉，盈天地之间者唯万物，故受之以《屯》。屯者，盈

---

① 入：原本作"人"，据陈本、《经解》本、闵本、《四库》本改。
② 谓：原本作"为"，据陈本、《四库》本改。
③ 谓：原本作"为"，据陈本、《四库》本改。
④ 鲜：原本作"藓"，据陈本、《经解》本、闵本、《四库》本、青本改。
⑤ 胄：原本作"胃"，陈本、《经解》本同，据阮校《十三经注疏》改。
⑥ 槁：原本作"稿"，陈本、青本同，《经解》本、闵本、《四库》本作"槁"，据改。

也。屯者,物之始生也。

韩注:屯刚柔始交,故为物之始生也。

物生必蒙,故受之以《蒙》。蒙者,蒙也,

苏传:义有不尽于名者,履为礼、盅为事、临为大、解为缓之类是也。故曰"蒙者蒙也",屯者屯也,"比者比也","剥者剥也",皆义尽于名者也①。

物之稚也。物稚不可不养也,故受之以《需》。需者,饮食之道也。饮食必有讼,故受之以《讼》。

韩注:夫有生则有资,有资则争兴也。

讼必有众起,故受之以《师》。师者,众也。众必有所比,故受之以《比》。

韩注:众起而不比,则争无由息;必相亲比,而后得宁也。

比者,比也。比必有所畜,故受之以《小畜》。

韩注:比非大通之道,则各有所畜以相济也。由比而畜,故曰"小畜"而不能大也。

苏传:《大畜》《小畜》,皆取于畜而已,《大过》《小过》,皆取于过而已,不复论其大小也。故《序卦》之论易,或直取其名,而不本其卦者多矣,若赋诗断章然,不可以一理求也②。

物畜然后有礼,故受之以《履》。

韩注:履者,礼也。礼所以适用也。故既畜则宜用,有用则须礼也。

履而泰,然后安,故受之以《泰》。泰者③,通也。物不可以终通,故受之以《否》。物不可以终否,故受之以《同人》。

韩注:否则思通,人人同志,故可出门同人,不谋而合。

与人同者,物必归焉,故受之以《大有》。有大者不可以盈,故受之以《谦》。有大而能谦必豫,故受之以《豫》。豫必有随,

韩注:顺以动者,众之所随。

故受之以《随》。以喜随人者必有事,故受之以《蛊》。

苏传:以喜随人者,溺于燕安者也,故至于蛊,蛊则有事矣④。

蛊者,事也。有事而后可大,

韩注:可大之业,由事而生。

故受之以《临》。临者,大也。物大然后可观,故受之以《观》。可观而后有所合,故受之以《噬嗑》。

---

① "义有不"至"名者也",青本无。
② "大畜小畜"至"一理求也",青本无。
③ "泰者"前,青本窜入"晁氏曰郑本无而泰二字"。
④ "以喜"至"有事矣",青本无。

韩注：可观则异方合会也。

嗑者，合也。物不可以苟合而已，故受之以《贲》。贲者，饰也。

韩注：物相合则须饰，以修外也。

苏传：君臣、父子、夫妇、朋友之际，所谓"合"也。直情而行谓之"苟"，礼以饰情谓之"贲"。苟则易合，易则相渎，相渎则易以离。贲则难合，难合则相敬，相敬则能久。

致饰然后亨则尽矣，故受之以《剥》。

韩注：极饰则实丧也。

苏传：饰极则文胜而实衰，故剥。

剥者，剥也。物不可以终尽，剥穷上反下，故受之以《复》。复则不妄矣，故受之以《无妄》。有无妄然后可畜，

苏传："有无妄"者，不能必之以皆无妄之辞也。

故受之以《大畜》。物畜然后可养，故受之以《颐》。颐者，养也。不养则不可动，故受之以《大过》。

韩注：不养则不可动，养过则厚。

苏传：养而不用，其极必动；动而不已，其极必过。

物不可以终过，故受之以《坎》。坎者，陷也。

韩注：过而不已，则陷没也。

陷必有所丽，故受之以《离》。离者，丽也。

韩注：物穷则变，极陷则反所丽也。

有天地然后有万物，有万物然后有男女，有男女然后有夫妇，有夫妇然后有父子，有父子然后有君臣，有君臣然后有上下，有上下然后礼义有所错。

韩注：言《咸》卦之义也。凡《序卦》所明，非《易》之缊也，盖因卦之次，托以明义。咸柔上而刚下，感应以相与。夫妇之象，莫美乎斯。人伦之道，莫大乎夫妇。故夫子殷勤深述其义，以崇人伦之始，而不系之于离也。先儒以《乾》至《离》为上《经》，天道也。《咸》至《未济》为下《经》，人事也。夫《易》六画成卦，三材必备，错综天人以效变化，岂有天道人事偏于上下哉？斯盖守文而不求义，失之远矣。

夫妇之道，不可以不久也，故受之以《恒》。

苏传：夫妇者《咸》与《恒》也，则男女者《坎》与《离》也。"有男女然后有夫妇"，明《咸》《恒》之所以次《坎》《离》也。六子皆男女，而独取于《坎》《离》，何也？《艮》《兑》为少，非少无以相感。《震》《巽》为长，非长无以能久。是故少者为《咸》，长者为《恒》，而以其中者为男女之正。

恒者，久也。物不可以久居其所，故受之以《遁》。遁者，退也。

韩注：夫妇之道，以恒为贵。而物之所居，不可以恒，宜与世升降，有时而遯也。

物不可以终遯，

韩注：遯，君子以远小人。遯而后亨，何可终邪？则小人遂陵，君子日消也。

故受之以《大壮》。

韩注：阳盛阴消，君子道胜。

物不可以终壮，故受之以《晋》。

韩注：《晋》以柔而进也。

苏传：晋以柔进也。

晋者，进也。

韩注：虽以柔而进，要是进也。

进必有所伤，故受之以《明夷》。

韩注：日中则昃，月盈则食。

夷者，伤也。伤于外者，必反于家，故受之以《家人》。

韩注：伤于外，必反修诸内。

苏传：人穷则反本，疾痛则呼父母，故伤则反于家。

家道穷必乖，

韩注：室家至亲，过在失节。故《家人》之义，唯严与敬。乐胜则流，礼胜则离。家人尚严其蔽，必乖也。

故受之以《睽》。睽者，乖也。乖必有难，故受之以《蹇》。蹇者，难也。物不可以终难，故受之以《解》。解者，缓也。缓必有所失，故受之以《损》。损而不已必益，故受之以《益》。益而不已必决，

韩注：益而不已，则盈，故必决也。

故受之以《夬》。夬者，决也。决必有遇，

韩注：以正决邪，必有嘉遇也①。

故受之以《姤》。

苏传：施决于壅己者②，故有所遇也。

姤者，遇也。物相遇而后聚，故受之以《萃》。萃者，聚也。聚而上者谓之升，故受之以《升》。

苏传：聚而无主则乱，故必有相推而上之者。

---

① 嘉：阮元十三经注疏本作"喜"。
② 己：闵本、《四库》本同，陈本、《经解》本、青本作"也"。

升而不已必困,故受之以《困》。困乎上者必反下,故受之以《井》。井道不可不革,

韩注:井久则浊秽,宜革易其故。

故受之以《革》。

苏传:不革则秽。

革物者莫若鼎,故受之以《鼎》。

韩注:革去故,鼎取新。既以去故,则宜制器立法以治新也。鼎所以和齐生物,成新之器也,故取象焉。

主器者莫若长子,故受之以《震》。震者,动也。物不可以终动,止之,故受之以《艮》。艮者,止也。物不可以终止,故受之以《渐》。渐者,进也。进必有所归,故受之以《归妹》。

苏传:"渐",女归吉也。

得其所归者必大,故受之以《丰》。丰者,大也。穷大者必失其居,故受之以《旅》。旅而无所容,故受之以《巽》。

韩注:旅而无所容,以巽则得所入也。

巽者,入也。入而后说之,故受之以《兑》。兑者,说也。说而后散之,故受之以《涣》。

韩注:说不可偏孙,故宜散也。

涣者,离也。

韩注:涣者发畅而无所壅滞则殊趣,各肆而不反则遂乖离也。

物不可以终离,故受之以《节》。

韩注:夫事有其节,则物之所同守而不散越也。

节而信之,故受之以《中孚》。

韩注:孚,信也,既已有节,则宜信以守之。

有其信者必行之,故受之以《小过》。

韩注:守其信者,则失贞而不谅之道,而以信为过,故曰小过也。

苏传:君子之信也,物信之而已不有,故时行时止,未尝必也。有其信而必行之,则过矣。

有过物者必济,

韩注:行过乎恭,礼过乎俭,可以矫世厉俗,有所济也。

故受之以《既济》。

苏传:权以济物,有时而过也。

物不可穷也,故受之以《未济》终焉。

韩注:有为而能济者,以已穷物者也。物穷则乖,功极则乱,其可济乎?

故受之以《未济》也。

苏传：《未济》所以为无穷也。以《杂卦》观之，六十四卦皆两两相从①，非覆则变也。变者八：《乾》《坤》也，《颐》《大过》也，《坎》《离》也，《中孚》《小过》也。覆变具者八②：《泰》《否》也，《随》《蛊》也，《渐》《归妹》也，《既济》《未济》也。其余四十八皆覆也。卦本以覆相从，不得已而从变也。何为其不得已也？变者八，皆不可覆者也。《杂卦》皆相反，《序卦》皆相因，此理也而有二。变者八，覆变具者八③，覆者四十八，此数也而有三。然则六十四卦之叙果何义也？曰理二，曰数三，五者无不可，此其所以为易也。步历而历协，吹律而律应，考之人事而人事契，循乎天理而行，无往而不相值也。且非独此五者而已，将世之所有，莫不咸在。是故从孔子之言，则既有二说矣。曰："物不可终过，故受之以《坎》"。坎者，陷也。陷必有所丽，故受之以《离》"。又曰："有男女然后有夫妇。"方其为男女，则所谓"陷"与"丽"者不取也。自是以往，吾岂敢一之哉？

杂 卦 传

韩注：《杂卦》者，杂糅众卦，错综其义，或以同相类，或以异相明也。

《乾》刚《坤》柔，《比》乐《师》忧；

韩注：亲比则乐，动众则忧。

苏传：有亲则"乐"，动众则"忧"。

《临》《观》之义，或与或求。

韩注：以我临物，故曰"与"；物来观我，故曰"求"。

苏传：以我临物，故曰"与"；物来观我，故曰"求"。

《屯》见而不失其居，

韩注：屯利建侯，君子经纶之时。虽见而磐桓，利贞不失其居也。

苏传："君子以经纶"，故曰"见"。"盘桓利居贞"，故曰"不失其居"。

《蒙》杂而著。

韩注：杂者未知所定也。求发其蒙，则终得所定。著，定也。

苏传："蒙以养正"，蒙正未分，故曰"杂"。童蒙求我，我求人以自明④，

---

① 两两：原本作"两不"，闵本、《四库》本同，据陈本改。
② 具：闵本、《四库》本同，陈本、《经解》本、青本无。
③ 具：闵本、《四库》本同，陈本、《经解》本、青本无。
④ 蒙求我我求人以自明：闵本、《四库》本少一"我"字，陈本、青本无此九字。

故曰"著"。杂则不见,著则不居①。

《震》起也,《艮》止也;《损》《益》盛衰之始也。

韩注:极损则益,极益则损。

苏传:以艮畜乾而可者,时也,以乾行。

《大畜》时也,

韩注:因时而畜,故能大也。

《无妄》灾也。

韩注:无妄之世,妄则灾也。

苏传:以艮畜乾而可者,时也。以乾行震而不可者,灾也②。六三"行人得牛,邑人之灾"。又曰:"无妄之药,不可试也。"

《萃》聚而《升》不来也,

韩注:来,还也。方在上升,故不还也。

苏传:易以上为"往",下为"来"。"泽上于地,萃",聚于下也。"地中生木,升",升于上也。

《谦》轻而《豫》怠也。

韩注:谦者不自重也③。

苏传:轻者锐于有为,怠者安于无事。折节以下人,必锐于有为者也。知乐而不忧,必安于无事者也。

《噬嗑》食也,《贲》无色也。

韩注:饰贵合众,无定色也。

苏传:《噬嗑》自二至五,皆以相噬为事,躁于食者也。《贲》自初至四,皆贲而不受污,安于无色者也。

《兑》见而《巽》伏也。

韩注:兑贵显说,巽贵卑退。

苏传:柔在外则见,在内则伏。

《随》无故也,《蛊》则饰也。

韩注:随时之宜,不系于故也。随则有事,受之以蛊。饬,整治也。蛊所以整治其事也。

苏传:《随》以随时为安,故其《象》曰"君子以向晦入宴息"。《蛊》以谕安为危,故其《象》曰"君子以振民育德"。故,事也。饰,修也。

---

① 居:《四库》本同,青本作"杂",陈本无。
② "以艮"至"灾也",陈本、《经解》本、青本"以艮"至"以乾行"十二字在"盛衰之始也"后,又"震而不可者灾也"闵本、《四库》本同,陈本、《经解》本无。
③ 也:阮元十三经注疏本作"大"。

《剥》烂也,

韩注:物熟则剥落也。

《复》反也。

苏传:"烂"者非一日之故,而不可反者也。

《晋》昼也,《明夷》诛也。

韩注:诛,伤也。

苏传:"昼日三接",故曰"昼";"得其大首",故曰"诛"。

《井》通而《困》相遇也。

韩注:井,物所通用而不吝也。困,安于所遇而不滥也。

苏传:《井》居其所而人即之,《困》欲行而遇刚掩也。

《咸》速也,

韩注:物之相应,莫速乎咸。

《恒》久也。《涣》离也,《节》止也。《解》缓也,《蹇》难也。《睽》外也,

韩注:相疏外也。

《家人》内也。《否》《泰》反其类也。《大壮》则止,《遯》则退也。

韩注:大正则小人止。小人亨则君子退。

苏传:《大壮》小人止,而《遯》则君子退。

《大有》众也,《同人》亲也。

苏传:"亲"则于众有所择也。

《革》去故也,《鼎》取新也;《小过》过也,《中孚》信也。

苏传:阴在外,据用事之地,故为《小过》;阴在内,不据用事之地,故为《中孚》。

《丰》多故也,

韩注:高者惧危①,满者戒盈。丰大者多忧故也。

亲寡《旅》也。

韩注:亲寡故寄旅也。

苏传:《丰》以盛大而多忧。《旅》以寡弱而相亲。

《离》上而《坎》下也。

韩注:火炎上,水润下。

《小畜》寡也,

韩注:不足以兼济也。

《履》不处也。

---

① 高:阮元十三经注疏本作"虚"。

韩注：王弼云：《履》卦阳爻,皆以不处其位为吉也。

苏传：《小畜》之卦不雨,其爻雨。《履》之卦不咥人,其爻咥人。皆以一阴而遇五阳,故曰"寡"。六四居阴①,而六三居阳②,有为君之志,故曰"不处"。

《需》不进也,

韩注：畏险而止也。

《讼》不亲也。

苏传：天水相迫,故"不进"。相违,故"不亲"。

《大过》颠也,

韩注：本末弱也。

《姤》遇也,柔遇刚也。《渐》女归待男行也。

韩注：女从男也。

《颐》养正也,《既济》定也。《归妹》女之终也,

韩注：女终于出嫁也。

《未济》男之穷也。

韩注：刚柔失位,其道未济,故曰穷也。

《夬》决也,刚决柔也；君子道长,小人道忧也。

韩注：君子以决,小人长其道,小人见决,去为深忧也③。

苏传：《杂卦》自《乾》《坤》以至《需》《讼》,皆以两两相从,而明相反之义。自《大过》以下,则非相从之次,盖传者失之也。凡八卦,今改正之曰："《颐》养正也,《大过》颠也。《姤》遇也,柔遇刚也；《夬》决也,刚决柔也,君子道长,小人道忧也。《渐》女归待男行也,《归妹》女之终也。《既济》定也,《未济》男之穷也。"其说曰：初上者,本末之地也,以阳居之则正,以阴居之则颠,故曰"《颐》养正也,《大过》颠也"。艮下巽上为《渐》,男下女,非其正也,故曰"《渐》女归待男行也"。兑下震上为《归妹》,男女之正也,当以是终,故曰"《归妹》女之终也"。离下坎上为《既济》,男女之正也,故曰"《既济》定也"。坎下离上为《未济》,男失其位,穷之道也,故曰"《未济》男之穷也"。如此而相从之次,相反之义,焕然若合符节矣。

---

① "六四"前,《四库》本有"小畜"二字。
② "而"字前,《四库》本有"履"字。
③ 阮元十三经注疏本无此句。

后　　记

四川大学国际儒学研究院系2009年10月由国际儒学联合会、中国孔子基金会与四川大学联合成立的学术研究和人才培养机构。研究院成立以来，在从事中国孔子基金会重大项目《儒藏》编纂的同时，也十分重视儒学学科建设问题，2010年，曾推动国家社科规划办公室，将"儒学学科建设研究"列为重大招标项目。嗣后，舒大刚、彭华、吴龙灿等学人曾就此撰文讨论，逐渐引起学人关注。

2016年，研究院接受国际儒学联合会委托，从事"中国儒学试用教材"的编撰研究。同年4月15日，由四川大学舒大刚主持，邀约多位专家学者在贵阳孔学堂举行学术座谈会，围绕"儒学学科建设与体系重构"话题展开讲会。贵州大学教授、中国文化书院荣誉院长张新民，北京大学教授、对外汉语教育学院原院长张英，贵州民族大学文学院教授汪文学，以及贵州省社会科学院（周之翔）、贵州大学（张明）、贵州民族大学（杨锋兵）、贵阳学院（陆永胜）、北京外国语大学（褚丽娟）等单位的学者出席讲会。大家认为，儒学没有体制性的资源保障，也缺乏平台发挥其教化功能；要实现中华传统文化伟大复兴，重建儒学学科至关重要。

本年6月13日，四川大学复性书院又举办了"中国儒学学科建设暨儒学教材编纂"座谈会，湖南大学岳麓书院教授、国学研究院院长朱汉民，陕西师范大学教授、陕西省中国哲学史学会会长刘学智，山东师范大学教授、《孔子研究》主编王钧林，山东大学教授、儒学高等研究院副院长颜炳罡，台湾元智大学教授、四川大学特聘教授詹海云，以及四川大学国际儒学研究院全体师生和来自成都、重庆等地高校、科研院所的学者共50余人参加了座谈会。座谈会审议了舒大刚教授提交的"中国儒学学科建设方案暨儒学教材编纂计划"，达成重建儒学学科、编纂儒学教材的共识，并发布了《设置和建设儒学学科倡议书》。此后，我们还开过多次座谈会，并把儒学学科建设纳入国际儒学联合会在四川大学设立的纳通国际儒学奖的"儒学征文"活动,广泛征集意见建议和教材书稿。

2017年9月16日,中国儒学教材编纂座谈会在北京中国国学中心举行。国际儒联副会长赵毅武,国际儒联副理事长、中国国学中心副主任李文亮,教材编纂发起人刘学智、朱汉民、舒大刚,以及教材编纂部分承担者吉林大学教授陈恩林,清华大学教授、国际易学研究会副会长廖名春,北京大学教授、中华孔子学会常务副会长干春松,西北大学教授张茂泽,山东师范大学教授程奇立,四川大学教授、国际儒学研究院副院长杨世文,特邀顾问浙江社科院研究员吴光,中国政法大学教授单纯,四川大学古籍所副所长尹波等参加座谈会。正式形成"中国儒学试用教材"儒学通论("八通")、经典研读、专题研究三类体系。确定儒学通论即儒学知识的八种通论,经典研读是儒家经典及"出土文献"读本,专题研究重在展现儒学专题(如政治、军事、经济、哲学等思想)、专人、专书、学术流派(或及地方学术)的发展概貌。

嗣后,分别邀请了干春松(承担《儒学概论》),廖名春(承担《荀子研读》《清华简选读》),李景林(北京师范大学教授、中华孔子学会副会长,承担《孟子研读》),陈恩林[承担《周易研究》(因陈讲授《周易研究》录音整理稿已入《周易文献学》,《周易研读》改由舒大纲完成)、《春秋三传研读》],俞荣根(西南政法大学教授,承担《儒家法哲学》),程奇立(承担《礼记研读》),杨朝明(中国孔子研究院原院长、现山东大学教授,承担《孔子家语研读》),颜炳罡(山东大学教授、中华孔子学会副会长,承担《儒学与现代》),刘学智(承担《关学概论》),张茂泽(承担《儒学思想》),朱汉民(承担《湘学概论》),肖永明(湖南大学岳麓书院教授、院长,承担《论语研读》),蔡方鹿(四川师范大学首席教授、四川省中国哲学史研究会名誉会长,承担《宋明理学专题研究》),舒大刚(承担《周易研读》《尚书研读》《孝经研读》《蜀学概论》),杨世文(承担《儒史文献》),郭沂(韩国首尔大学终身教授,承担《孔子集语研读》《子曰辑校研读》),彭华(四川大学教授,承担《出土儒学文献研读》)等先生承担编撰任务,由舒大刚、朱汉民总其成。

收到"儒学通论""经典研读"和"专题研究"三个系列的书稿后,我们于2019年在全国总工会"中国职工之家"举行审稿会议,中国社会科学院研究员、国际儒学联合会副会长兼学术委员会主任李存山,中国人民大学教授、国际儒学联合会副会长张践,中国政法大学教授、国际儒学联合会副会长单纯,中国社会科学院研究员、中华孔子学会蜀学研究会副会长陈静,国家教育行政学院教授、国际儒学联合会副会长于建福等审读并提供了修改意见。现经几易其稿,差可满足人们对儒学基本知识、基本经典和基本问题的了解和探研。

2021年,教育部在尼山世界儒学中心成立"联合研究生院",专门培养"中华优秀传统文化(包括儒学)"硕士、博士人才,迫切需要教材和读物。职是之故,谨以成书交稿先后,陆续出版,以飨读者。其有未备,识者教焉。

"中国儒学试用教材"编委会
2023年5月1日

之文
也

周易注疏卷第一

亢之為言也知進而不知退知存而不知亡知得而不知喪其唯聖人乎知進退存亡而不失其正者其唯聖人乎

正義曰此明上九之義也知進而不知退知存而不知亡知得而不知喪者言此上九所以亢極有悔者正由有此三事若能三事備知雖居上位不至於亢也此設誡辭莊氏云進退存亡據心存亡據身得喪據位其唯聖人乎知進退存亡者言唯聖人乃能知進退存亡而不失其正者得喪輕於存亡舉重略輕也而不失其正者其唯聖人乎此經再稱其唯聖人乎者上稱聖道其唯聖人乎者上稱聖人為知進退存亡又能不失其正故再發文下稱其唯聖人乎者為不失其正發文聖人非但知進退存亡又能不失其正

地合其德與日月合其明與四時合其序與鬼神
合其吉凶先天而天弗違後天而奉天時天且弗
違而況於人乎況於鬼神乎

正義曰此明九
五爻辭但上節
明大人與萬物相感此論大人之德无所不合廣
言所合之事與天地合其德者莊氏云謂覆載也
與日月合其明者謂照臨也與四時合其序者若
賞以春夏刑以秋冬之類也與鬼神合其吉凶者
若福善禍淫也先天而天弗違者謂天在大人之先
行事天乃在後行事能奉順上天是大人合
天也天且弗違而況於人乎況於鬼神乎夫子
時者若在天時之後行事則在天而奉天時
以天且不違遂明大人之德言尊而遠者尚不違
況小而近者可有違乎況於人乎況於鬼神乎

故乾乾因其時而惕雖危无咎矣者居危之地以乾乾夕惕戒懼不息得无咎也

九四 重剛而不中上不在天下不在田中不在人故或之或之者疑之也故无咎

辭也其重剛不中上下不在天不在田中不在人者三四同也中不在人者三四俱為人道但人道之中人下近於地上近於天九三是下近於地正是人道故九三不云下不在地非人所處故特云中不在人也或之者疑之也夫子釋經或字經稱或是疑惑之辭欲進欲退猶豫不定故疑惑其上下也

九三中雖在人但位卑近下向上為難故危惕九四則陽德漸盛去五彌近則進稍易故但疑惑憂則淺也

夫大人者與天

正義曰此明九四爻辭也

乾因其時而惕雖危无咎矣○疏正義曰此明九三爻辭上之初

君位未是九三重剛而不中上不在天下不在田故

九二皆豫陳其德於上不發首云初九二此全不引九三九四則發首先言九三九四其九五九上下不爲例者夫子意在釋經義便則言以潛見須言其始故豫張本於上三四俱言重剛不中恐其義同故並先易文位并重剛也云大人也上九亦前章備顯故此直言云夫但云重剛而不中者以乾九五前章已備故不復引易言者褚氏以初九居无位之地故稱言之爲言也案初九云潛之爲言上爻云亢之爲言引易文云言者是有位故不云言義或然也獨二爻云言故重剛也其餘四爻是有位故不也上下俱陽故重剛也不在中也上不在天謂非五位下不在田謂非二位故

君子於時不用以逢眾陰未可用也周氏云德出於已在身內之物故云德被於人在外之事故云為行下又即云行亦稱成周氏之說恐義非也即云德為行者言君子成就道德以為行而未成行被於人未必文相對其行其成就道德以德未必文相對處下體資納於物者也

利見大人君德也

君子學以聚之問以辯之寬以居之仁以行之易曰見龍在田

正義曰此復明九二之德君子學以聚之者九二從微而進未在君位故且習學以畜其德問以辯決於疑也寬以居之者學有未了更詳問其事以辯決於疑也寬以居之者當用寬裕之道居處其位也仁以行之者恩惠之心行之被物易曰見龍在田利見大人君德者既陳其德寬以居之上然後引易本文以結之是也但有君德所云是君德寬以居之仁以行之

大畧其義具於繫
辭於此略言之君子以成德爲行日可見之行
也潛之爲言也隱而未見行而未成是以君子弗
用也

疏

正義曰此一節是文言第六節更復明
六爻之義此節明初九爻辭周氏云上
第六節乾元者始而亨者也是廣明乾與四德之
義此君子以成德爲行亦是第六節明六爻之
成德爲行者明初九潛龍之義故先開此語也言
惣屬第六節不更爲第七節義或當然也君子以
君子之人當以成就道德爲行令其德行彰顯使
人日可見其德行之事也夫子解潛龍之義故以
所以今日潛之爲言是潛之爲言潛之爲言
也隱而未見行而未成是以君子弗用者德旣幽隱
中潛龍之言是德之幽隱而未宣見所行之行未
可成就是以君子弗用者德旣幽隱行又未成是

能徧通諸物之始若餘卦元德雖能始生萬物
不周普故云不爲乾元也何能通物之始其實坤元德
亦能通諸物之始以此文言論乾元之德故注連
言乾元也不能以此文言論之者性者天生
之質正而不邪情者性之欲也若不能以性制
情使其情如性久行其正者其唯六爻發揮之
情者言乎變者也故合散屈伸與體違是
義案略例云爻者言乎變者也故合散屈伸與體違是
相乘形躁好靜質柔愛剛體與情反質與願違
爻者所以明情故六爻發散旁通萬物之情
之意以初爲无用之地上爲盡末之境其居位者
統而論之爻亦始故繫辭唯論此四爻初上雖无正
唯二三四五故繫辭唯論此四爻初上雖无正位
四爲陰位陰居爲得位陽居爲失位三五爲陽位
陽居爲得位陰居爲失位略例云陽之所求者
陰也陰之所求者陽也若一與四二與五三與上若
一陽一陰之爲有應若俱陰俱陽爲无應此其六爻之

能以生長美善之道利益天下也不復說亨貞者
前文亨既連始貞又連利舉利則通包亨貞
也不言所利大矣哉若坤卦云利牝馬之貞及
利建侯利涉大川皆言所利之事此利直云利貞不
言所利之事欲見无所不利也非唯止一事而已故
云不言所利大矣哉乾為无所不利此不同故
亦无所不貞此不貞大哉乾乎剛健中正純
粹精者此不雜也正謂純陽剛健其性剛強勁健
乎剛健中正也正謂五也中正謂二與五也二與
謂二與五也正謂發揮剛健純粹精靈故云純粹精
陽是純粹也發越精靈時乘六龍以御
六爻發揮旁通情也發揮謂揮散越也言
六爻發揮旁通萬物之情也發揮謂揮散
天者重取乾彖之文以贊美此乾之義雲行雨施
不為至性情也正義曰乾之元氣其德廣大故
天下平者言天下普得其利而均平不偏陂

不性其情何能久行其正是故始而亨者必乾元也利而正者必性情也乾始能以美
利利天下不言所利大矣哉大哉乾乎剛健中正
純粹精也六爻發揮旁通情也時乘六龍以御天
也雲行雨施天下平也㊟

乾四德之義也乾元者始而亨者也以乾非是當
分有德以元亨利貞為德元之首故夫子
恒以元配乾而言之欲見乾元相將於物而得正
乾之元德故能為物之始而亨通也此解元亨二
德也由性制於情性者所以能美利利天下不言所
者德也性也乾始能美利利天下之義乾始謂
能利大矣哉始生萬物解元也能以美利利也謂

正義曰此一節是第
五節復明上初章及

乃見天則　注云此一章全說天氣以明之也九剛
　　　　直之物唯乾體能用之純剛以觀天
　　　　　　　　乾體能用純剛以觀天
天則可　正義曰此一節是文言第四節
見矣　　爻天氣之義天下文明者陽氣
　　　　此以天道釋爻象也所以九三乾
　　　　始生萬物故天下有文明也與
　　　　諸儒同於天時生物與時偕行者
　　　　戒者以同於天時生物不息終日自
　　　　而俱行若以乾道不息言與時偕
　　　　當生物之初生物不息是建寅之月三
　　　　與時偕也乃革者去下體入上體故云三
　　　　革也乃位乎天德者乃革者乃居陽
　　　　天照臨廣大故云天德也乃位當天位言九
　　　　亢之物能用此純剛唯天乃然故云乾
元者始而亨者也利貞者性情也
　　　　　　　　　　　何能通
　　　　　　注云不為乾元能通物之始

此之理皆可知也。龍之為德不為妄者，言龍靈異於他獸，不妄舉動，可潛則潛，可見則見，是不虛妄也。云必以時之通舍者，經唯云時舍也。注云必以時之通舍者，輔嗣以通解舍是通義也。

也初九潛藏不見，云必以時之通舍者，則以時之通舍以為人以位猶若人則知矣。

之義也。故文王明夷則王可知矣。時也謂當遇其時，故明傷也。仲尼旅人則國君无道令其時無道，故明傷也。仲尼旅於人則國可知矣。國亦時潛也。若見仲尼羇旅者明龍潛見之義潛羇旅出外引文王仲尼者龍

勿用陽氣潛藏。見龍在田，天下文明。終日乾乾與時偕行。或躍在淵，乾道乃革。飛龍在天乃位乎天德。亢龍有悔，與時偕極。乾元用九

與天時
俱不息
與時運
俱終極

禍災也乾元用九天下治者易經上稱用九
之文惣是乾德又乾字不可獨言故舉元德以配
乾也言此乾元用九德而天下治九五止是一爻
觀見事狹但乾元惣包六爻觀見事闊故
正義曰此一章全以人事明之者也但云
云天乃位乎天德又云乃見天則此一章
下治是皆以人事說之也夫能全用剛直放遠
又云天下治也注此一章全以人事至可知也
陽是全用剛直放遠善柔謂放遠善柔之人善
柔非天下之能也乾元用九六爻皆
用九純陽者是全用剛直更无餘陰柔之
諂貌恭心恨很當作使人不知其惡識之難此
尚病其所故云非天下之至理皆可知者此
動則其所故云非天下之至理皆可知者此
以見之義故張氏云識物之動謂龍之所以潛
然之理皆可知者謂識龍之所以動所以則見然

天下治也　陽剛直之物也夫能全用剛直故遠善柔非天下至理未之能也故乾元用九則天下之治也

注云此一章全以人事明之也九陽也

為德不為妄動矣則時之通舍也以何乎必窮處於位為時

見而在田必以時之通舍也以何乎必窮處於位為時

人不可知矣仲尼旅人知則國可知矣　此一節正義曰

則主者言聖人於此潛而勿用

是文言第三節說六爻之時所治之義潛龍勿用

下也者言聖人於此潛而勿用

田時舍也終日乾乾行事者言

舍也者謂通舍九二以見龍之時之事也

或躍在淵自試意欲前進遲疑不定故云自試

進唯漸漸自試欲前進遲疑不定故云自試

飛龍在天上治者言聖人居下位而致災災則悔也非為亢龍

有悔窮之災者言位窮而致災災則悔也非為亢龍

九爻辭也子曰貴而无位者以上九非位而上九
居之是无位也高而无民者六爻皆无陰是无民
也賢人在下位而无輔者聖人雖在下位不爲之
輔助也是以動而有悔者設誠居此之時不
可動作也○注處上至其義○正義曰夫乾者統
行四事者也君子以自強不息行此四者故注意
乾爲四德之主文言之首應先說乾而先說四德
者故自發問而釋之以乾體當分无功唯統行此
四德之事行此四德乃是乾之功故文言先說君
子以自強不息行此四德者故先言之發首不論
乾也但能四德備乾旣功自
成故下始云乾元亨利貞
在田時舍也終日乾乾行事也或躍在淵自試也
飛龍在天上治也亢龍有悔窮之災也乾元用九

上九曰亢龍有悔何謂也子曰貴而无位高而无民賢人在下位而无輔

注云賢人雖在下而當位不爲之助

注云下无陰也

是以動而有悔也

注云處上卦之極而不當位

悉意今在釋理故略舉大綱而已

而當位故盡陳其闕也獨立而動物莫之與矣乾文言首不論乾而先說元下乃曰乾元亨利貞餘文皆說此四者故首不論乾而先說元下夫乾者統行乾之所生生於四事者也夫易者象也象之所生生於九三獨以君子爲目何也夫易者象也象之所生生於馬故以龍敘乾以馬敘坤隨其事義然後明之以其物馬故可論龍以明之以其至於初九九二乾德皆應非其義故可論龍以取象焉是故至於九三乾德其義故可論龍以取象焉是故至於九三乾夕惕非龍德也明以君子當其象矣統而舉之乾體皆龍別而叙之各隨其義

正義曰此明上

上雖陳感應唯明數事而已此則廣解天地之間共相感應之義莊氏云天地絪縕和合二氣共生萬物然萬物之體有感於天產地產地氣偏多者故周禮大宗伯有天產地產大司徒云地產地氣偏多者故有感於地氣萬物之體有感於天體者故動物本受氣於天者是動物舍靈之屬天體運動舍靈之物亦運動是也植物本受氣於地者是植物舍靈之屬地體凝滯植物亦不移動故也此言天地之間共相感應之意也地者是植物之物無識亦從其類也是親附於下也則各從其類者言天地之間共相感應各從其氣類此以同類言之其造化之性陶甄之器非唯以同類相感亦有異類相感者若磁石引針琥珀拾芥蠶吐絲而商弦絕銅山崩而洛鐘應其類煩多難一一言也皆冥理自然不知其所以然也感者多以同類相感者若周時獲麟乃為漢高之應漢時黃星後為曹公之兆感應之事應非片言可
者言報也皆先者為感後者為應非唯近事則相感亦有遠事遙相感者若

因大人之作而萬物瞻觀以結之也同聲相應者若彈琴宮而宮應彈角而角動是也同氣相求者若天欲雨而礎柱潤是也此二者聲氣相感也水流濕火就燥者此二者以形象相感也水流於地先就濕處火焚其薪先就燥處此言二物以氣性相感也雲從龍風從虎龍是水畜故龍吟則景雲出是雲從龍也虎是威猛之獸故虎嘯則谷風生是風從虎也此二句亦明有識無識相感也故聖人作而萬物觀者此言之物感无識者此以次言之漸就有識而言也聖人作之義也陳上數事之名本明於此是萬物觀感則有識有識亦同相感也本乎天者親上本乎地者親下者在

云言上下者據位也進退者據交也所謂非離羣
者言雖進退无恒猶依羣衆而行和光俯仰並同
於衆非是卓絕獨離羣也君子進德修業欲及時
者進德則欲上欲進也修業則欲下欲退也進者
棄位欲躍是進德之謂也退者仍退在淵是修業
之謂也其意與九三同但九四於前進多於九三
故云欲及時也可與言幾而已
云及時但可與言幾而已**九三則不**
九五曰飛龍在天利見
大人何謂也子曰同聲相應同氣相求水流濕火
就燥雲從龍風從虎聖人作而萬物覩本乎天者
親上本乎地者親下則各從其類也
流 正義曰
此明九
爻之義同聲相應已下至各從其類也飛龍在
天者言天能廣感衆物衆物應之所以利見大人
五

至故不憂者解知至也前經知終在後此經先解知終後解知至者隨文便而言之也注處三在下卦之上體正義曰處事之極至也若失時而廢者謂三在下卦之上體是處事之極失時而廢者進則幾務廢關所以乾須進也懈怠則曠者既處事極極則終也當保守已終之業若懈怠驕逸則功業空曠所以乾乾也失時則廢解知至也懈息則曠解知終也

九四曰或躍在淵无咎何謂也子曰上下无常非為邪也進退无恒非離羣也君子進德修業欲及時也故无咎

○正義曰此明九四爻辭也子曰上下无常也意在於公非是爲邪也進退无恒者時使之然非苟欲離羣者也何氏云又所以進退无恒者時使之然非苟欲離羣也何氏云

在下位而不憂注知夫至至故不憂此以人事
言之既云知在上卦之下欲至上卦故不
言之既云將至上卦若莊氏之說直云
憂懼无上卦之體何可至也
至極據上卦爲文莊氏之說非也
是知至者謂三近上卦事之將至而不犯咎
者務觸犯上卦之將至能以禮知屈是
不謂事既識事之先幾可與以成其事務
猶許也言可許之事則隨人共也
之速者言不若利者利則行利則
義者依分而動故不妄求物之終者保
由義靜而有終動者見利則進不及義不
全已成之物故利不妄興動故不如利
不能克成其業是鮮克有終在後是靡不有初
初鮮克有終者解知終也
正義曰明夫終欲故不驕者解知終也

可與共營幾也知終終之可與存義者居一體之盡而全其終竟是知終終也既能知此終竟是終盡可與保存其義者能知其自故可存義然九

義也唯是一爻或使之欲進或使之欲退存之時若居上位之時而不喪於事得宜九三既能知其宜也故可與保全其位不有失

三唯是一爻或使之欲進或使之欲退其意不同以九三處居上位之時若居下位而不驕行是以其知終故不

可進則進可退則退兩意並行故居下體之上位而不驕居上體之下位而不憂

驕者謂居下體之上務欲進故不憂也

可以懷驕慢知事將至而惕雖危無咎者以此之故恆乾乾

敢以其知事將至之時而心懷惕懼雖危不寧以

位因其已終之時而惕雖危无咎者

也因其已終之時而惕雖危无咎是

其知終終已至故无咎也注處一體之極是知終者莊氏云極即至者

正義曰處一體之極是至也

也至者

三在下卦之上至極將至是上卦之下謂至上卦之極也下云

是下卦已極將至是上卦之下至

謂也處事之極失時則廢懈怠則曠故因其時而惕雖危无咎

疏

正義曰此釋九三爻辭也

子曰君子進德脩業者欲進益道德脩營功業故終日乾乾匪懈也忠信所以進德者復解進德之事推忠於人人所以親而尊之其德日進是進德也脩辭立其誠所以居業者辭謂文教誠謂誠實也外則脩立文教內則立其誠實內外相成則有功業也知至至之可與幾也者既居德脩業之下云知至至之知終終之者不復云居業上云進德下云居業此其立文互相避也可與幾者上言脩辭立誠是脩德之事今云可與幾也幾者去无入有有理而未形之時此九三旣知時節將至知理

則脩理文敎故云居業也可居故云居業且功業者以其成就於物可以自居故云居業也九三處一體之極方至上卦之下不犯凶咎是知至也旣能知至是將至也故可與共論幾事幾者去无欲到

九三曰君子終日乾乾夕惕若厲无咎何謂也子曰君子進德修業忠信所以進德也修辭立其誠所以居業也知至至之可與幾也知終終之可與存義也是故居上位而不驕在下位而不憂故乾乾因其時而惕雖危无咎矣

是君位但云君德也

何謂也子曰君子進德修業忠信所以進德也修辭立其誠所以居業也知至至之可與幾也知終終之可與存義也

注云處一體之極是終也處一卦之盡是至也居終而能全其終故可與成務矣終而能全其終者不若利存物之速者義不及夫進物之速者其唯知終者乎

夫可與存義故靡不有初鮮克有終者乎

利不及義故

知終者也夫進物之速者

犯咎知至者也故可與成務矣

終之可與存義也

辭立其誠所以居業也知至至之可與幾也知終

是故居上位而

不驕在下位而不憂注云明夫終敝故不驕也知夫

至至故不憂也故乾乾因其時而惕雖危无咎矣注云惕之

龍在田利見大人何謂也子曰龍德而正中者也

庸言之信庸行之謹閑邪存其誠善世而不伐德

博而化易曰見龍在田利見大人君德也〇正義

曰此釋九二爻辭子曰龍德而正中者九二居中

不偏然不如九五居尊得位故但云龍德而正中

者也庸謂中庸常也從始至末常言之信常行之謹實常行實得無倦也善世而不伐者謂

為善於世而不自伐其功德能廣

言防閑邪惡當自存其誠實庸言之信庸行之謹中庸常謂自

者也庸言之信庸行之謹閑邪存其誠者言二既在無位之地

始至末常言之信常行之謹實常行實得

為善於世而不自伐其功德能廣

言防閑邪惡當自存其誠實

博而化易曰見龍在田利見大人君德

見德行以化於俗也若舜漁於雷澤陶於河濱以

不窮民漸化之是也易曰見龍在田利見大人

君德者以其異於諸文故特稱易曰見龍在田未

則行之憂則違之確乎其不可拔潛龍也

曰此第二節釋初九爻辭也初九曰潛龍勿用何謂也者此夫子疊經初九爻辭故言初九曰方釋

謂也者此夫子重疊經初九爻辭故言初九曰潛龍勿用何謂也子曰龍德而隱者也此夫子以人事釋潛龍之義聖人有龍德

其義假設問辭故言子曰龍德而隱者也此夫子以人事釋潛龍之義聖人有龍

德隱居者也不易乎世者不易本志也不易乎世不移易其心在於世俗

雖逢險難不成乎名者言自隱默不欲有所成

雖逢無道心無所悶者謂逃避世避世而無悶者

成就於令名使人知也不見是而無悶者言舉世皆

非不見是而無悶上云遯世無悶心處僻

陋不見是而無悶此因見世俗行惡是亦無悶故

再起无悶之文樂則行之憂則違之確乎其不可拔者

已則行之心以為樂已則違之心以為憂

身雖逐物推移而隱潛避世心志守道確

乎堅實其物不可拔此是潛龍之義也九二曰見

而无德者晉解之屬是也名於卦下詳之凡四德
者亨之與貞其德特行若元之與利則配他事
其意以元配貞雖配他事爲
大也始首也利是利益也合和也以當分言之各
他事故此卦也唯配亨貞亦配他事爲文元是
是其一德也唯配亨貞俱爲四德元
亦利貞永貞坤六五黃裳元吉是也配亨亦
侯利見大人利君子餘事若利涉大川利建
亦非獨利貞亦利君子如此之屬是利事所施處
故諸卦下有之亦於爻下但其事稍少故
唯卦下有之亦於爻下言之其利則諸爻皆有
黃裳元吉及何天之衢亨小貞吉大貞
凶此皆於爻下言之其利則諸爻皆有
龍勿用何謂也子曰龍德而隱者也不易乎世
不爲世俗 注 云
所移易也
不成乎名遯世无悶不見是而无悶樂

在事上言之或在事後者履卦云履虎尾不咥人
亨由有事乃得亨以前所論德者皆於經文挺然
特明德者乃言之也其有因事相連而言德者則
不數之也若需卦云需有孚光亨貞吉雖有亨貞
二德亦連事起故云需卦云需有孚光亨貞吉雖有亨貞
三德亦不數也比卦云比吉原筮元永貞无咎
二德亦連他事故不數也旅卦云旅小亨旅貞吉雖有亨貞
否卦之匪人不利君子貞此等雖有亨貞亦連他
文言卦之又非本卦德亦不數之也同人云同人于野
亨坎卦云有孚維心亨損卦云无咎可貞
有一德皆連事而言之故亦不可爲典要故也
舍萬象事義非一隨時曲變所以然者但其
與謙復之類雖善唯詳一德也亦有卦少德者若豫泰
有意義各於卦下亦有卦全無德者若
觀剝晉蹇解夬姤井艮歸妹凡十一卦也亦有
有凶卦無德者若剝井蹇夬姤之屬是也亦有大略唯善

之下則更有餘事以四德狹劣故以餘事繫之即
坤卦之類是也亦有四德之上即論餘事若革卦
云己日乃孚元亨利貞悔亡者即由乃孚之後有元
亨利貞乃得悔亡也有四德者即乾坤屯臨隨无
妄革七卦是也亦有四德非善而有四德隨无
卦凶故有其卦未必善也亦有三德者离咸恒
即离咎是也四德具者其卦有元亨利貞亨乃得其
屬是也摠稱三德之中上別陳餘事則云利貞亨
一或摠稱三德於上更別陳餘事於下若離則
利貞乃得亨也亦有先云亨更有餘事乃始
貞者以有餘事也後有事乃得利貞故也有蠱云利
在事後言之由後有事故或在事上言之大有云利
漸大畜升困中孚凡七卦此二德或亦有
一德者若蒙師小畜履泰謙噬嗑賁復大過震豐
節既濟未濟凡十五卦皆一德也並是亨也或多

宜足以和合於義法天之利也貞固足以幹
言君子能堅固貞正令物得成使事皆幹濟此法者
言也君子行此四者故曰乾元亨利貞行此四德則與天同功故略云君子不
知且乾鑒度云水土二行兼信與知也故略云君子不
言義也貞則信也不論智者行此仁也禮也資於
則施於五事言之元則須資
天之貞也貞行此四德者行此四德則信也四事並須資
之人當行此云德行此四德之德但是行此文王作易稱元亨利貞與天同
貞之德當行此使君子法之但行此文王作易稱元亨利貞與天同
若限聖人不可逮故摠云君子使諸侯垂法
非聖人恐皆不唯云君子下故摠云君子使諸侯垂法公
卿之等悉皆行此四德各之量力而為行此四德能盡其極但乾
君子行此四德各之量力而為行此四德能盡其極但乾
卦象天故以此四德皆為一卦是以陰陽合會二象
相成皆能有此四德非獨乾之為天德皆諸卦之中亦
有四德但餘卦非此四德劣於乾之四德有劣无
更無所言欲見乾之四德有劣无所不包其餘卦直云四德

元者善之長也亨者嘉之會者嘉美也言天能通
暢萬物使物嘉美之會聚故云嘉之會也
貞者事之幹者言天能利益庶物使物各得其宜而和同也
也貞者事之幹者言天能為幹事之主也
而配四時元是物始於春故下云
使物皆得幹濟莊氏之意以此四句明天之德也
體仁禮仁則春也
合禮仁則夏也利為和義暢萬物於時配夏故下云
合其宜貞為事幹於時配冬冬既收藏事皆幹了
也合於五行之氣唯少土土則分王四季四體皆
此以非土不載故不言土此既分配四德則仁
行以下明人法天之行也
此君子體仁足以長人者自
仁道沉愛施生足以尊長於人法此仁也
仁德法天之元德也嘉會足以合禮者言君子能
使萬物嘉美集會者言君子能
利物足以和義者言君子法天合利益於萬物使

稱文言從此至元亨利貞明乾之四德爲第一節
從初九曰潛龍勿用至動而有悔明六爻之義爲
第二節自潛龍勿用下至天下治也論六爻之人
事爲第三節自潛龍勿用至陽氣潛藏至乃見天則天下平也論君
也論此一節自復說乾元之四德之義爲第五節自乾元者至天下平
子以成德爲行至其唯聖人乎此一節更廣明乾
爻之義爲第六節今各依文解之此第一節論乾
之四德也元者善之長也此天地運化自然而爾因无
乾之爲體是天之用凡天地運化自然而爾因无
而生有也天本无名豈造元亨利貞之名也但聖
之德也天本无心豈造元亨利貞之名也但聖
以人事託之謂此自然之功故爲天之四德以垂教
下使後代聖人法天之所爲故立天之四德以設教
也莊氏云第一節元者善之長者謂天之體性生
養萬物善之大者莫善施生元爲施生之宗故言

一節釋經之用九故象辭經稱用九故象更豐云
用九云天德不可為首者此夫子釋辭也九是天
之德也天德剛健當以柔和接待於下不可為首
更懷尊剛為物之首故云天德不可為首也文言
曰元者善之長也亨者嘉之會也利者義之和也
貞者事之幹也君子體仁足以長人嘉會足以合
禮利物足以和義貞固足以幹事君子行此四德
者故曰乾元亨利貞○疏正義曰文言者是夫子
第七翼以贊明易道
故特作文言以開釋之莊氏云文言謂文飾以乾坤
德大故特文飾以為文言今謂夫子但贊明易道
申說義理非是文飾華彩當謂釋二卦之經文故
門戸耶其餘諸卦及爻皆從乾坤而出義理深奧

不息故反之與覆皆合其道反謂進反在上也處
下卦之上能不驕逸是反覆合道也覆謂從上倒
躍在淵進无咎者此亦人事言之進則跳躍在上
覆而下居上卦下龍不憂懼是覆能合道也或欲
退則潛處在淵猶聖人之在下也心所
欲進意在於公非是私故進无咎也
大人造者此亦人事言之唯大人能為之飛龍在天
王位造之今案象辭皆上下為韻陸績
之屬皆以造至之造也姚信
則姚信之義其讀非也元龍有悔盈不可久者此
人事言之九五是盈也盈而不已則至上九而
致元極有悔恨也故云盈不可久也但此六爻並論人事
亦有自然之象明其餘五爻
辭第一爻言陽在下舉初以見末五爻
皆有自然之象舉初爻
初爻亦有人事
互文相通也

用九天德不可為首也

○疏正義曰此

廟泰卦稱后以財成天地之道姤卦稱后以施
命誥四方稱后兼諸候也自外卦並稱君子
龍勿用陽在下也見龍在田德施普也終日乾乾
反復道也注云以上言之則不驕以下
言之則不憂反覆皆道也或躍在淵
進无咎也飛龍在天大人造也元龍有悔盈不可
久也疏 釋六爻之象辭謂之小象以初九陽潛
正義曰自此以下至盈不可久是夫子
地中故云陽在下也經言龍而象言陽者明經之
稱龍則陽氣也此一爻之象專明天之自然之氣
也見龍在田德施普者此以人事言之用龍德在
田似聖人已出在世道德恩施能普徧也此
勿用是其周普也若比九五則猶狹也終日乾乾
反復道者此亦以人事言之君子終日乾乾自彊

有假象實象者若地上有水比也地中生木升也皆非虛故言實也假象者若天在山中風自火出山上有火之類皆以義示人假而爲義故謂之假象也天行健者謂雖有實象皆以義示人揔謂之象也如此之類實無此象假而爲義故謂之假象也天行健此謂天之自然之象而復以人事法天所行言君子自彊不息此是法天之行晝夜不息周而復始無時虧退故云天行健也雖謂之行實卦象之謂也天體之行晝夜不息周而復始無時虧退故云天行健也行健此謂天之自然之象而復以人事法天所行言君子自彊不息人事法天所行言君子以自彊不息也不有止息言君子之象自彊不息也子諸侯兼公卿大夫有地位者凡言君子者皆總謂之也但位尊者象卦之義多也但卦體之義唯施於天子不兼包在下者則言先王也若卦體之義唯施於天子不兼包在下者則言先王也王也若比卦稱先王以建萬國豫卦稱先王以作樂崇德觀卦稱先王以省方觀民設教噬嗑稱先王以明罰勅法復卦稱先王以至日閉關先王以明罰勅法復卦稱先王以至日閉關無妄立稱先王以茂對時育萬物渙卦稱先王以享於帝

二八

木上有火鼎也山上有木漸也澤上有雷歸妹也
山上有山艮也澤上有水節也
山上有雷小過也凡此十二卦皆先舉下象而成卦也或先舉上象
上象亦意取上象共下象而成卦者山下出泉蒙也天下有風姤也
地中有水師也山下有火賁也天下有山遯也澤中
而出下象義取下象山下有雷頤也山下有風蠱也地中有山謙也澤中
下有雷行无妄也天下有風姤也
下有澤損也
有雷隨也地中生木升也
三卦皆先舉上體後明下體也其上體是天與
雖先舉下象稱下者若雷在地中復也山下有火革也也凡此十
山則稱下也若在上象是地之下若雷在地中
先舉下象而稱在上象之下亦義取无水困也
天在山中大畜也明入地中明夷也澤无水困也立
是先舉下象而稱在上象之下所論之例者皆大判而言之其間委曲各於
卦也
卦下別更詳之先儒所云此等象辭或有實象或

洊雷震也隨風巽也習坎坎也明兩作離也兼山艮也麗澤兌也凡此一十四卦皆揔舉兩體而結

義也取兩體俱成或有直舉兩體上下相對者天與火同人也天與澤履也天下有澤履也天與水違行訟也上天下澤履也上天下澤履也

火下澤睽也凡此四卦上下相承而爲兩體也故兩體相違或取兩體相對

而俱言也雖上下二卦或直指上體而小畜也火在

爲文者若雲上於天需也雷在天上大壯也明出地上晉也澤滅木大過也地中有水師也雷出地奮豫也風行地上觀也山附於地剝也澤上於天夬也火在天上大有也風自火出家人也水在火上旣濟也火在水上未濟也

於地上萃也風行地上觀也

於地上晉也風自火出家人也水在火上旣濟也

水上未濟也凡此十五卦皆先舉上象而連於下

亦意取上象以立卦名也亦有雖意在上象而先

也舉山下出泉蒙也山上有澤咸也山上有木漸也澤上有水井也澤上有地臨也

象釋為物之體自然各有形象聖人設卦以寫萬物之象今夫子釋此卦之所象故言象曰天有純剛故有健用今畫純陽之卦以比擬之謂之在象故有健之訓今行者運動之象在象後者夫子詳而象釋也是以過半之義思在象而不在象有由而然也天行健者此二者欲釋乾之名也稱健者強壯之名壯則健故云健者行也運行不息應乾之訓也今乾卦之象天地之健莫過於天故以健釋乾也言天行健者謂天體之行晝夜不息周而復始無時虧退故云天行健此謂天之自然之象猶若坤卦云地勢坤順者坤是順也欲取異於他卦各自為文故於健即云天行健於順則云地勢坤彖彖名乾是用卦是其訓三者並見最為詳悉所以尊乾異於他卦以其訓不同或摠舉象之所由不論象之實體又摠包六十四卦摠其名若云雷電噬嗑也雲雷屯也天地交泰也天地不交否也雷風恒也雷雨作解也風雷益也雷電皆至豐也

哉乾元坤卦彖云至哉坤元以乾坤德大故先歎
美之乃後詳說其義或有先歎文解義而後歎者
則豫卦彖云豫之時義大矣哉之類是也或有先
釋卦名之義後以卦名結之者則同人彖云柔得
位得中而應乎乾曰同人彖曰同人柔得
中而上下應之曰大有之例是也或有特疊卦名
而稱其卦者則同人彖云同人于野亨注云同人
云同人于野亨利涉大川非二之所能也是乾
之彖行故特曰同人曰此又別釋其餘諸卦或詳
所稱特故特曰同人曰此等之屬為文不同或難
之彖或先或後故上下參差體例不同唯其解
或置或先或後故上下參差體例不同唯其解
或易置解若一比並曲生節例非聖人之本趣
而不言必有其義於卦下而具說
恐學者之徒勞心不曉也今皆置

子以自強不息○疏　正義曰此大象也十翼之中第三翼總象一卦故謂之大
象曰天行健君

健哉若非至健何能使天形无累見其無累則知
至健也乘變化而御大器者乘變化則乘潛龍飛
龍之屬是也乘變化而御大器者乘此潛龍飛
龍而控御天體所以運動不息故云乘大器也
靜而動直不失大和者謂乾之為體其靜也專其動也直不傾邪之時正直是以大和之時
則專一動直不轉移也其運動之時則正直不
故韓康伯注云夫乾其靜也專其動也直豈非正性命
馬上繫辭云夫乾其靜也專其動也直豈非正
下文定保合大和是也豈非正性命之情者邪
能正定物之性命各有情非天之所稟生者謂之情
有而物之性命各有情何以
也夫子為彖之體斷明一卦之義體例不同莊氏
念慮謂之情無識无情今據有識而言故稱曰情
以為凡有一十二體今則畧舉大綱不可事事
說莊氏云彖者斷首則此乾彖云大

合會大和之道乃能利貞於萬物言萬物得利
貞正也首出庶物萬國咸寧者自上已來皆論乾
德自然養萬物之道此二句論聖人上法乾德生
養萬物言聖人為君之道在衆物之上最尊高於物似
頭首出於衆物君位之上各置君長以領萬國故萬國
皆得寧也以此言之聖人亦當法此以人事象乾於
用天德其事既詳故此文不具更云首出庶物者
也也以此言之聖人君位之實尊高故云無首也但前
罢也以此言之聖人亦當令兆庶物象乾於
位而雲行雨施恩澤使庶物資始流布於天
形又以大明終始之道使天地四時貴賤各高
下各以時而成又任用羣賢以奉行聖化使
正性命此聖人所以夫形者物之累也凡有形之物至
者邪正義曰正義曰夫形者物之累也凡有形之物至
以形為累是含生之屬各憂性命而天地雖復
形常能永保無虧為物之首豈非統用之者至極

位依時而成若其不明終始之道應潛而飛應飛而潛應生而殺應殺而生六位不以時而成也時乘乾六龍之為德以御天者此二句申明乾之元氣以統天之義言乾之為德以依時乘駕六龍之所居上文言之至健元始言乾六龍即六位也以所居上下言之故云乃統天也乃統天體之陽氣升降謂之六龍也天體六位陽氣故云乾道變化各正性命者此二句更明乾道變化各分其事故云乾道變化也各正性命者若一無所稟受者則不識亦總明乾元資始之道自然通無形自然通無形故云自然道使物開通變化無物體不使物故云物之性變者云無形使物漸變改忽然而政謂之為變改從前以漸移改謂之為化也謂後來改前以漸移改謂之為化也更申明乾元資始之義故云乾道變化各正性命者若人所稟受性各別命者人所稟受若貴賤天壽之屬也物卒化者能正定物之性命若賤者能正定物之性命是也保合大和乃利貞者此二句釋利貞也純陽剛暴若無和順則物不得利又失其正以能保安

為彖也但此彖釋乾與元亨利貞之德但諸儒所說此彖分解四德意各不同今案莊氏之說於理稍密依而用之大哉乾元萬物資始乃統天者此三句總釋乾與元也乾元者陽氣昊大乾元為萬物之始故曰大哉乾元是乾之元德萬物資始乃統天者釋元也以元配乾與元為施生之首故云萬物資始乃統天者以其至健而為物始以此而為形始乃能統領於天故曰統天雲行雨施品物流形者此二句釋亨之德也言乾能用天之德施氣流行雲雨布散故品物流布有形皆得亨通大明終始六位時成時乘六龍以御天者此二句總結乾卦之德也大明乾之終始六位時成者此二句總結乾卦蔽其義也以乾之為德能大明曉乎萬物終始之道始則潛伏終則飛躍可潛則潛可飛則飛是明達乎始終之道故六爻之

天雲行雨施品物流形大明終始六位時成時乘
六龍以御天乾道變化各正性命注云天也者形
　　　　　　　　　　　　　　之名也健也者
　用形者也夫形也者物之累也有天之形而能永
　保无虧爲物之首統之者豈非至健哉大明乎終
　始之道故六位不失其時而成升降无常隨時而
　用處則乘潛龍出則乘飛龍故曰時乘六龍也乘
　變化御大器靜專動直不失太和豈非正性命之情者邪　保合大和乃利貞
　而剛暴
　汪云不和
㋯　　　　首出庶物萬國咸寧注云萬國所以
　　其正義曰夫子所作彖辭統論一卦之義或說
　　略例云彖者何也統論一卦之體明其所由之主
　　案褚氏莊氏並云彖斷也斷定一卦之義所以名

悔巳亡也若恒卦九二悔亡是也其悔雖亡或是
更取他文結之若復卦初九不遠復无祗悔之類是
也但聖人至極終始无虧故文言云知進退存
亡而不失其正者其唯聖人乎是知大聖之人本
无此悔但九五天位有大聖而居者亦有非大聖
而居者不能不有驕元故聖人設法以戒之也

用九見羣龍无首吉 注云九天之德也夫以剛健
而居人之首則物之所不與也以柔順而不在永貞
正則邪佞之道也故乾吉在无首坤利在永貞

○疏 正義曰九用九見羣龍者此一句說乾元能用
天德也九天之德也若體乾元聖人能用天德
也則見羣龍之義羣龍以无首爲吉故曰用九
見羣龍无首吉也九天之德者言六爻俱九乃
成天德非是一爻象曰大哉乾元萬物資始乃統
之九則爲天德也

飛騰而居天位德備天下爲萬物所瞻觀故天下
利見此居王位之大人
義曰龍德在天則大人之路得亨通猶若文王拘在羑
居在天位也夫位以德興者謂聖人有龍德
里是大人道路未亨也夫位以德興者謂聖人有龍德
以聖德而居王位則大人之道路得亨通猶若文王拘在羑
之人得居王位乃能興王位也德以位叙者謂有聖德
有聖德而无其位不能以位叙也
龍有悔
正義曰上九亢陽之至大而極盛故
聖人有龍德上居天位又元極則反故
悔也純陽雖極未至大凶但有悔吝而已繫辭云
悔吝者言乎其小疵也凡有凶咎則在
朝是以有悔未大凶也鄭引堯之末年四凶在
當有此悔則此經是也其悔若无則言悔亡言其
單稱悔也必以餘字配之其悔若无則言悔亡言其

恆是也欲進其道迫乎在下非躍所及者謂欲進已聖道而居王位但逼迫於下群眾未許非已獨躍所能進及也欲靜其居處百姓既未離禍患須敢拯救志者謂志欲靜其居處非所安既未離禍患須志而苟進也用心存公進不在私者本爲救亂除當不爲於已是不進不在私疑以爲患苟欲求進當者謂謬錯果謂果敢若不思慮以爲慮苟欲求進當患於果敢之事而致敗若宋襄公與楚人戰錯謬於果敢之事其錯謬者若宋襄公與楚人戰謬於果敢之事敢果敢若不思慮以爲慮苟欲求進當而致敗也

九五飛龍在天利見大人 注云不行不躍而在乎天非飛而何故曰飛龍也龍德在天則大人之路亨也夫位以德興德以位叙以至德而處盛位萬物之覩不亦宜乎 疏 正義曰言九五陽氣盛至於天故云飛龍在天此自然之象猶若聖人有龍德

疑也躍跳躍也言九四陽氣漸進似若龍體欲飛猶疑或也躍在於淵未即飛也此自然之象猶若聖人位漸尊高欲進於王位猶豫遲疑不即果敢以位未即進也云無咎者以其遲疑進退不即取物所尊位故無咎也若其貪利務進時未可行而則物所不與故有咎也若周西伯內執王心外率諸侯以事紂也無咎也注云下至無咎也正義曰去下體之極者離下體入上體但在下體之上故云去與此別也云乾道革之時者革變也九四去下體入上體是乾道革之時者革之時者易之爲體三與四爲人道人道近不在上體之極彼仍處九三去下體入上體云處下體之極九四去入上體故云革之時也九三與四俱爲人道但人道本在於天下今九四旣不在天下復不入上體是不在人上也云九四以陽居陰旣不在上又不在下近於上故九四云中不在人上下不在田中而無定位所處者以斯誠進退无常之時者文言云上下無常進退無常者文言云上下無常進退無常

雖危无咎是實有危也據其上下文勢若字宜為語辭但諸儒並以若為如似有厲是實无厲也理恐未盡今且依如解之因時謂因可憂之時而言因時而惕因時而惕又云知至時之可與幾也文言云因時而惕不失其幾者也而勞者若厲是雖危終日乾乾是因時而惕不失其幾故雖危無咎故曰乾乾也力而後免其於位猶晚至至之極故九三處上九下九相並也下卦之極其位猶上九三與上九相並也在上卦之上其位極尊雖晚勝於上也不免元極言下不免其亢極言九三勝於上九也

九四或躍在淵

无咎 注云去下體之極居上體之下乾道革之時也上不在天下不在田中不在人履重剛不免於危故或之也猶疑而未決志用心存公進不在私疑以為應不謬於果故无咎也

險而无定位欲進其道迫乎在下非躍所及欲靜其居非所安持疑猶豫未敢決志用心存公進所以无咎也

疏正義曰或

體之極終也三是上卦之下體之極故云
極也又云居上體之下與此別但居三居
四下未入上體之下故九四居上體之下
居其上體之下故云履重剛之險云上下皆有陽爻剛強好爲險
也故云履重剛之險者上下不在天未可以安其尊
卦之若在天位其尊故不得安其居下道又
者既不可以寧其居田是所居之處又
田未可以安其居田是所居之處又
所廢不在其尊故不得安其居下道則居上之
德廢者言若純修下道以事上則已居下卦之
上其德廢壞言其太卑柔也純修上道則處下
禮曠者謂空曠言己純修居下卦之上道以自
驕矜則處上其禮終竟空曠夕惕猶若厲
也者言雖至於夕恒懷惕懼猶如未夕之前當若
厲也案此卦九三所居之處實有危厲又文言云

極居上體之下在不中之位履重剛之險上不在天未可以安其尊也下不在田未可以寧其居也純修下道則居上之德廢純修上道則處下之禮曠故終日乾乾至於夕惕猶若厲也居上不驕在下不憂因時而惕不失其幾雖危而勞可以無咎處下卦之極愈於上九之亢故竭知力而後免於咎也

答曰乾三以三居下卦之上故免龍戰之災

疏正義曰以陽居下卦之上故稱大人陽居三位故稱君子在憂危之地故終日乾乾言每恒憂懼如此其不懈倦怠之時猶懷憂惕若者謂既終竟此日後至向夕之時猶懷憂惕如其恒常不敢懈惰故無咎譴如其不然則有咎故繫辭云無咎者善補過也此處下一爻之災因陽居九三之位皆

坤三以三處下卦之上故免龍戰之災

也无厲危也言尋常憂懼如此戒慎則無罪咎

以人事明其象過也注處下至之災

九三為建辰之月之月為建巳之月九四為建午之月九五為建戌之月九三為建辰之月陰氣既盛陽氣漸生似聖人漸出宜據十一月之後至建巳之間於時地之萌芽初出者即是陽氣發見之義乾之卦其陽氣僅存何極之有諸儒此說於理稍乖此乾之陽氣漸生似聖人漸出宜據建寅之時地之陽氣漸生此九二當據建丑建寅之間於時地之萌芽初有出者但易論象不取象論義與此不殊乾之初九則與復卦不殊乾之九二則與臨卦不殊何以復卦與臨卦既有羣陰見象於此論居位一爻无羣陰見象故但自明當爻之地爲此卦之象卦之象義各自爲文無別此乾卦旣无羣陰見象唯九二九二只論居位一爻无羣陰見象故但自明當爻之地爲此卦之象義自爲文無別此乾卦旣无羣陰見象但自明當爻之地爲此下體之

不臨復九三君子終日乾乾夕惕若厲无咎 注云處

其六位則一二為地道三四為人道五上為天道
二在一上是九二處於地上所以田食之處唯在地
上所以稱田也觀輔嗣之注意唯取地上稱田及於萬物盈滿諸
儒更廣而稱田之言田之耕稼利益及於萬物
有益於人猶若聖人益於下其心一等是居中不偏者九二居
普者下小象文謂周普偏居中故稱大人已居
也不偏卦之中而於上位者二為大人之德施周
在下卦則周普也雖非於下位其心不偏其居
位也非君位又云君之德文言云
德博而化者是非君之德也文言初
則不彰故謂潛隱不彰顯也九三則乾者危懼不
安也四則或躍進退懷疑也上則過亢過謂
之一卦故云唯二五焉於別卦言之非唯二五據乾
過甚故謂亢極利見大人於唯二五焉者此
已故訟卦塞以為並云利見當太簇之月陽氣發見則唯
二五也諸儒以為九二

道二在一上所以稱田見龍在田是自然之象利
見大人以人事託之言龍見在田之時猶似聖人
义潛稍出雖非君位而有君德故曰利見大人利
九二之大人故先儒云若夫子教於洙泗利益天
下有人君之德也又言九二之德博而
化又云君德也王輔嗣注云雖非君位君德也初
見大人唯二之與五俱是大人故云利見大人案文言
是九五之大人君之德所以利見大人者以不專
大人此九五之文故施之於卦廣矣故輔嗣注謂九
所利利見也而褚氏張氏同鄭康成之說皆以爲九
二利見九二之大人也且大人之云不專九
在九五與九二故大人之義非也
大人非在九五是大人非專據九五
於地故曰在田
是大人故先儒以爲重卦之時正義曰處
兩體故初與四相應二與五相應三與上相應及
下兩體論天地人各別但易含萬象爲例非一及

稱六所以老陽數九老陰者以揲蓍之數九
遇揲則得老陽六遇揲則得老陰其少陽稱七少
稱六且有義亦準此張氏以為少陽數有七有九之老陽不
陰稱八有六但七為少陽八為少陰質而不變為交數
有八有九既為老陽六為老陰不可復畫陰之老陽故為交
之本體七九為老陽八六為老陰文數故稱九也
別之名且所以重體避少陽不可復畫陰為交故
可復數而畫陰今六但易含九二見龍在田利見
為陰其體避八而稱六
交萬象所託避多塗義或然也
大人汪德施周普居中不偏雖非君位君之德也在
初則不彰三則亢利見大人唯二五焉
上則過
二陽氣發見在地故曰見龍在田且一之與二俱為地
處二陽氣發見在地故曰見龍在田

之世故六爻所述皆以聖人出處託之其餘卦六
爻各因象明義隨義而發不必皆論聖人他皆倣
爻者因象明義隨義而發不必皆論聖人他皆倣
此謂之爻者繫辭也者效此者也聖人以易占之
以倣效萬物之象先儒云後代聖人以易畫卦之
時先用蓍以求數得數以定爻累爻而成卦今筮
以生辭則著以求數數以定爻因爻而成卦之末今筮
卦而倚數觀變於陰陽而立卦發揮於剛柔而生
地而倚數觀變於陰陽而立卦發揮於剛柔而生
爻神物聖人之又曰乾鑿度云垂皇策者犧據
生神物聖人之又曰乾鑿度云垂皇策者犧據
陽此諸文皆是用蓍以其說卦先儒有二者之說理當然矣然
陽爻稱文皆是用蓍以其說卦先儒有二者之說理當然矣然
其數六三者老陽得兼陰故其數九老陰老陽皆變故
其數六三者老陽得兼陰故其數九老陰老陽皆變故
坤體有六畫陽兼陰故其數九老陰老陽皆變故
周易以變者為占故杜元凱注襄九年傳遇艮之
八及鄭康成注易皆稱周易以變者為占故稱九

此自然之象聖人作法言於此潛龍盛聖人雖有龍德聖時若未可行故稱勿用潛藏勿可施用此言聖人道雖有龍德於此時唯宜潛藏勿可施用故言勿用張氏云以道未可行故稱勿用若漢高祖生諸儒於敵眾弱之不勝唯強隱居爲泗水亭長是勿用若漢之世當堯君在建子之月於上皆以不得爲舜始漁於雷澤舜之時當堯君在建子之月於上言終第六位當言初者莊氏云下上有末義故小象云潛龍勿用陽在義則上言上則初當言下故大過彖云棟橈本末弱是上有末初者欲明萬物積漸從無入有所以言初且第下者欲明萬物積漸從無入有所以言初且第一言也與此初九之等是乾之六爻之辭但乾卦是陽生

云上下无常剛柔相易不可爲典要韓康
不可立定準是也元亨利貞者是乾之四德也韓康伯注云
夏傳云元始也亨通也利和也貞正也言乾
德有純陽之性自然能以陽氣始生萬物而
始亨通能使物性和諧令物有其利又能使
貞正得終此卦自然令物有此四種使得其所
謂之四德言聖人亦當法此卦而行善道以
物令使開通而爲利也又當以貞固幹事使
物得其理而爲亨也又當以聖人嘉美之事會合萬
各得其宜而爲貞也是以聖人法乾而行此四
物故曰元亨利貞其委曲條例備在文言
德故曰元亨利貞其委曲條例備在文言
其正而爲貞也是以聖人法乾而行此四

龍勿用 注云文
言備矣○疏
正義曰居第一之位故稱初潛者隱伏
龍者變化之物言天之自然之氣起于建子
之月陰氣始盛陽氣潛在地下故言初九潛龍也

既象天何不謂之天而謂之乾乾者體也言天者定體之名乾者體用之稱故說卦云乾健也言天之體以健為用聖人作易本以教人欲以法天之用不法天之體故名乾不名天也天以健為用者運用不息應化无窮此天之自然之理故聖人當法此自然之象而施人事亦當應此自然務云聖人為事不已終日乾乾自然象化而无窮人此天事也所以懈倦也諸卦之時則純陽剛尊故或在諸卦之首而為易理之初但聖人名卦體例不同或以物象而為卦名者若否泰剝頤鼎之屬是也或以象之所用而為卦名者即乾坤之屬是也如此之類多矣雖取物象乃以人事而為卦名者即家人歸妹謙履之屬是也但物有萬象人有萬事若執一事不可以包萬物之象所以易卦之名取義不一也辭之象若限局一象求之總不可有一類取之故繫辭有之象若蹄駁不可一例

周易注疏卷第一

國子祭酒上護軍曲阜縣開國子臣孔穎達奉

勑撰

☰乾下
☰乾上

乾元亨利貞

疏正義曰乾者此卦之名謂之卦者易緯云卦者掛也言懸掛物象以示於人故謂之卦但二畫之體雖象陰陽之氣未成萬物之象未得成卦必三畫以象三才寫天地雷風水火山澤之象乃謂之卦也故繫辭云八卦成列象在其中矣是也但初有三畫雖有萬物之象於萬物變通之理猶有未盡故更重之而有六畫備萬物之形象窮天下之能事故六畫成卦也此乾卦本以象天天乃積諸陽氣而成天故此卦六爻皆陽畫成卦也此

影印宋版
《周易注疏》卷一